改訂版

地域社会学入門

山本 努 ● 編著

学 文 社

はじめに

山本　努

地域社会学には，いろいろな「入り口」がある。本書では，地域社会学の「入り口」を示す。

地域社会学入門というのは随分ありふれたタイトルのようだが，随分大胆なタイトルでもある。このようなタイトルの書物はないからである。しかし，このようなタイトルの書物が必要だとはずっと思ってきた。それでここは自分たちで書いてみようと思い立ったのが本書である。編者，共著者は共通の地域調査などを行うことも多く，あうんの呼吸のような共通了解をもっている。それは（地域）生活構造論という視点である。本書の各章で濃淡はあるが，この視点は本書に貫かれている。

とはいえ，本書は網羅的な地域社会学入門書ではない。地域社会学にはいろいろな「入り口」があるが，そのいくつかを示したにとどまる。地域社会学の場合，網羅的な入門書を作るのは難しい。地域社会学は多くの「入り口」があり，しかも，その「入り口」が地域の個性を強く残すからである。それが地域社会学のいいところでもある。

たとえば，パーク，ワースらのシカゴ学派の都市社会学はシカゴが，フィッシャーの下位文化論はサンフランシスコ大都市圏が強い刻印を残している。有り体にいえば，「いかにもその地域らしい地域社会学がその地域から生まれる」のである。日本の都市社会学，農村社会学も事情は同じである。筆者自身は西日本の過疎農村調査が中心だが，西日本と東日本（というのも大雑把ないい方だが）でも，農村はかなり違う。すべての社会理論には下部構造があるといったのは，グルドナー（1974）の卓見と思うが，それは，地域からの刻印という意味でも妥当である。

このように地域社会学はどこで（どの地域で）考えられたかは，非常に重要である。そこで，本書の一応の守備範囲（対象地域）を示しておきたい。

2019年1月1日の住民基本台帳によれば，日本全体は前年より43万人（0.35%）と過去最大の人口減少であるが，都道府県別の人口増減率（前年比）で見ると，以下の3つの地域が想定できる。

1．人口増加地域………東京，埼玉，千葉，神奈川の1都3県
（ただし，東京の人口増加率（0.56%）が突出，3県は0.05～0.02%で辛うじて人口増）
2．人口横ばい地域……沖縄県のみ1県，増加率は0.18%
3．人口減少地域………上記以外のすべての42道府県

同じく，国立社会保障・人口問題研究所の2045年都道府県別推計人口によれば，日本全体の人口減少率（2015年比）は16.3%であるが，都道府県別の人口増減率で見ると以下の3つの地域が想定できる。

1．人口増加地域………東京のみ1都，ただし，増加率はプラス0.7%の微増
2．人口横ばい地域……沖縄県のみ1県，減少率はマイナス0.4%の微減
3．人口減少地域………上記以外のすべての45道府県，マイナス7.8%の愛知県からマイナス41.2%の秋田県までが含まれる。

これら3つの地域にはそれぞれの地域社会学的研究が必要である。実際，人口増加地域には（大）都市社会学，人口横ばい地域には沖縄研究がある。これに対して，人口減少地域は地方地域社会が中心だが，比較的最近まで研究は少なかった。

しかし，このところ（2015年頃からか），地方地域社会の研究はかなり様子が変わってきた。いくつかの注目の労作が現れてきたのである。これについては，山本（2017）の表1を参照してほしい。本書はこのような研究動向と連動

するが，前記の人口減少地域を対象にして書かれている。前記の人口減少地域の中には，人口減少の激しい過疎地域から，そこまで人口減少が激しくはない地方中小都市，さらには，一応，人口増の地方大都市までが含まれる。本書に出てくる地域でいえば，中津江村（過疎山村）や豊北町（過疎農漁村）から福岡市（地方大都市）までの地域バリエーションがそれである。本書ではこれらが一応の守備範囲である。またこれらが今後の地域社会学の中心となる。社会学が現状分析の学である以上，それは当然のことである。

なお，本書の第１章，第２章には練習問題をつけた。これを使って自分の理解を確認しながら読みすすむのもよいだろう。第１章，第２章は本書の基礎部分である。また，各章には自習のための文献案内を付した。これを使ってどんどん先にすすんでいってほしい。本書でも学文社の田中千津子社長にはお世話なった。厚く御礼申し上げる。

初出を示しておく。本書に所収するに際しては，改訂を施している。

第１章……書き下ろし
第２章……書き下ろし
第３章……山本努・ミセルカ アントニア，2018,「過疎農山村における人口還流と地域意識―大分県中津江村 1996 年調査と 2016 年調査の比較―」『社会分析』45
山本努，2019,「離島（徳之島）の人口還流・定住経歴と生きがい意識の基礎集計分析」高野和良研究代表『「伊仙町構造分析調査」報告書１』(2016 ～ 18 年度科研費成果報告書：16H03695)
第４章……書き下ろし
第５章……吉武由彩，2016,「福祉―高齢化と支え合う社会―」山本努編『新版 現代の社会学的解読―イントロダクション社会学―』学文社：２節，５節
第６章……吉武由彩，2016,「福祉―高齢化と支え合う社会―」山本努編『新版 現代の社会学的解読―イントロダクション社会学―』学文社：３節，４節
吉武由彩，2017,「過疎地域における住民主体の地域福祉活動の展開とその可能性―下関市豊北町の事例から―」難波利光編『地域の持続可能性―下関からの発信―』学文社：３節，４節，５節

第７章……山本努，2016,「社会調査―方法を理解する，作品を味わう―」山本努編『新版　現代の社会学的解読―イントロダクション社会学―』学文社
第８章……書き下ろし

2019年３月１日　　沖縄辺野古の県民投票，厚生労働省の「毎月勤労統計」の不適切調査など，社会調査の意義をめぐる報道に接しつつ

参考文献）……………………………………………………

Gouldner, A.W., 1970, *The Coming Crisis of Western Sociology*, Basic Books.（＝1974，岡田直之・田中義久ほか訳『社会学の再生を求めて⑴⑵⑶』新曜社）
山本努，2017,「書評：『現代地方都市の構造再編と住民生活』」『西日本社会学会年報』16：139-140

付記：本書１章，２章，３章（付論３を除く）はJSPS科研費15K03853（研究代表者：山本努），３章付論３はJSPS科研費16H03695（研究代表者：高野和良九州大学教授）による。４章はJSPS科研費16H03695（研究代表者：高野和良九州大学教授）のデータを含む。５章，６章はJSPS科研費16K17236（研究代表者：吉武由彩）による。

改訂版によせて

本書は拙編『地域社会学入門―現代的課題との関わりで』（学文社，2019年）を改訂したものである。旧版の７章「社会調査」，８章２「都市の下位文化調査」を削除し，８章１「T型集落点検」を改訂して，新たな７章に書き換えている。その他の１章から６章は必要な改稿が施されている。論旨の明晰化，資料の追加，最新のデータへの差し替えなどがそれである。

本書の意図は旧版の「はじめに」から変更はない。本書の姉妹編の拙編著『入門・地域社会学―現代的課題との関わりで』（学文社，2024年）がある。あわせて読んで下さればこんな嬉しいことはない。

個人がバラバラになって，強い者が幅をきかせて，格差の拡大する新自由主義なるものが跋扈している。バラバラになった個人が，強く優しく逞しく，つまり自立した個人なら何ら問題はない。しかし，現実はそこからはほど遠いように思える。個人が強く優しく逞しく，かつ，幸せになるには，中間集団（他者からの支え）が必要であるというのが，社会学の洞察である。本書はこの問題に地域社会という中間集団を核に据えて考えるために書かれている。

各章に練習問題を配してあるので，それも理解を確かめるのに活用するといいだろう。自習のための参考文献も示したので，どんどん先に進んでいくことを期待する。

2023年11月25日

パレスチナ，ウクライナからの戦争報道に接しつつ

山本　努

目　次

第 1 章　地域社会学入門／都市研究から

山本　努

1．地域社会とは：社会学的地域社会と経済学的地域社会

われわれの暮らし（の多く）は，地域社会の中で営まれている。すなわち，遊びにいくのも，仕事をするのも，学校に通うのも一定の地理的範囲の中で行われる。そして，その地理的範囲を「自分たちの（所属する）地域である」と思うことがある。その時，そこには「地域社会」があるという。たとえば，○○市という地理的範囲で，遊びや仕事や学校などの多くの生活活動が営まれていて（つまり，いろいろな生活欲求が充足されていて），人びとがそこを自分たちの（所属する）地域だと思えば，そこには「地域社会」がある。

つまり(1)**一定の土地の広がり（地理的範囲）があり**，(2)**そこで人びとの多くの生活活動が営まれており**，(3)**そこに人びとが帰属意識（＝そこが自分たちの地域であるという「われわれ感情（we-feeling)」）をもっていれば**，そこには**地域社会が**ある。

さらに地域社会の外側には，(1)**あまり帰属意識はもてないが（＝つまり，自分たちにとっては「よそ」の地域だが)**，(2)**いろいろな生活活動でそこを利用するので**（たとえば，通勤，通学，通院，購買，交際など），(3)**一定の親しみ（や「なじみ」の感覚）をもてる地理的範囲（や場）がある。**これを**地域利用圏**という。

たとえば，○○市（という地域社会）の住民は，××市の職場や病院に行き，△△町のキャンプ場に行く（ことが多いとしよう)。その場合，この××市や△△町は○○市の人びとの地域利用圏である。地域利用圏はそこを利用する（○○市の）人びとにとっては，よその土地であり，自分の所属する地域ではない。しかし，いつも行く（使う）場所なので，「親しみ」や「なじみ」の感情をもつことが多い。

そこで，**地域社会を広義にとらえる場合**には，①**（前記のような狭義の）地域社会（＝多くの生活活動がそこで営まれかつ，帰属意識をもてる地理的範囲）**と，②**地域利用圏（＝いろいろな暮らしの必要（生活活動）でそこを利用するが，狭義の地域社会の外にあるため，地域社会の住民はあまり明確な帰属意識はもてないが，ある程度の「なじみの意識（や親近感）」はもつ地理的範囲や場）**を含むことにしたい。

ただし，ここでの地域社会は広義であれ，狭義であれ，ある程度の地域意識（＝地域への帰属意識や「なじみ」の意識など）と，そこでの生活を基盤にもつ。その点でここでの地域社会（広義であれ，狭義であれ）を**社会学的地域社会（コミュニティ：community）と名づけよう**。つまり，**人びとの意識（気持ち）と生活（暮らし）が累積している，一定の地理的範域（土地の広がり）が社会学的地域社会（コミュニティ：community）である**（表 1-1）。

これに対して，人びとにとって，ほとんど帰属意識も「なじみ」の意識ももてないが，もの，カネ（＝経済），情報，権力（＝政治権力，行政の権限など），エネルギーなどの流れで客観的／手段的／利益的に連結している土地のつながり（地理的範囲）がある。この土地のつながりは人びとにほとんど意識されていない（ことが多い）が，地理的連関を作っている。たとえば，△△町の農産物（リンゴ）は，まったく見ず知らずの□□市のスーパーで大量に売られていることはあるだろう。このような土地のつながりは経済学や経済地理学などが取り上げることが多い地域社会である。そこでこれを経済学的地域社会（リージョン：region）と名づけたい。つまり，**ものやカネの流れ（つまり「流通」や「物流」）などを土台にもつ地理的連結や範域が経済学的地域社会（リージョン：region）である**（表 1-1）。

言い換えれば，社会学的地域社会は何ほどかの一体感（われわれ意識）に基づくゲマインシャフト的地域社会，経済学的地域社会は手段的／利益的関係に基づくゲゼルシャフト的地域社会といってもよいだろう。地域社会学は経済学的地域社会にもちろん無関心ではない。しかし，地域社会学の主な関心は社会学的地域社会（コミュニティ）にある。

表1-1　コミュニティ（社会学的地域社会：狭義の地域社会と地域利用圏）**とリージョン**

		地域生活（人々の暮らし）	地域意識（人々の気持ち）	流通や物流（物やカネの流れなど）
社会学的地域社会（コミュニティ）	地域社会（狭義）	○	○	×
	地域利用圏	△	△	×
経済学的地域社会（リージョン）		×	×	○

注）○「土台として強くある」，△「一応ある」，×「あまりない」。

▶練習問題１

自分にとっての社会学的地域社会（地域社会と地域利用圏）はどこだろう。経済学的地域社会はどこだろう。言い換えれば，本文中の○○市や××市や△△町や□□市に実例を入れてみよう。

■2．社会学の中での地域社会学の課題

前節でみたように，地域社会学の主要な関心は地域社会（コミュニティ）である。つまり，地域社会学とは「地域社会（コミュニティ）の社会学」である。それでは，何故，「地域社会の社会学」が必要なのだろうか。これについて答えるには，社会学とは何かから説明する必要がある。

では，社会学とは何か。これについては，**社会学とは集団（や社会関係）の学である**との立場をとりたい。これは清水幾太郎（1959）の立場である。集団とは「複数の行為者間に持続的な相互行為の累積があることによって成員と非成員との境界がはっきり識別されており，また内と外とを区別する共属感情が共有されているような，行為者の集まり」（富永　1996：69）などの定義がある。つまり，複数（2人以上）の人びとがいて，その人びとの間に相互行為（の累積，繰り返し）があり，その人びとが**われわれという意識（we-feeling）**をもつ時，そこには**集団**がある[1)]。具体的には，家族や職場や学校や友達や趣味の集まりなどがそれである。

したがって，家族や職場や学校や友達や趣味の集まりといった集団はどれも社会学の重要な研究対象である。しかし，それらの集団の社会学を単純に合計

(sum) しても社会学は完結しない。言い換えれば，家族社会学，産業（職場）社会学，教育（学校）社会学など個々の集団の社会学をいくら集めても社会学は完成しない。それは生活の一部を担う個々の集団の社会学の並列にとどまるからである。

社会学は人びとの生活を理解する学問である。**生活はこれらの集団（や社会関係[2]）が累積し，連関し，展開する全体（totality）である。**全体は部分の合計以上のものであり（Totality is more than sum[3]），社会学はその生活をとらえる必要がある。**そして，その生活が営まれる場が地域社会である。だから，地域社会学が必要なのである。**

つまり，地域社会という入れもの（空間）の中に，種々の集団（や社会関係）があり，それら集団（や社会関係）に人びと（個人）が参与することで人びとの生活（暮らし）という totality（全体）が営まれる。そのような生活（暮らし）を研究するのが地域社会学である。

ということは，地域社会（＝という，入れもの，空間）の性質によって，集団（や社会関係）の性質が変化し，それによって，人びとの生活も変わる。つまり，**〈「地域社会」→「集団（や社会関係）」→「生活」〉という因果関係や社会過程が想定できる。**それはちょうど，鍋（入れもの／地域社会）の種類によって，鍋の中の肉や野菜や米（集団や社会関係）の煮え方（や焼け方）が異なり，でき上がり（生活）が違うのと似ている。それを探るのが地域社会学の課題である。たとえば，都市か農村かという「地域社会」（入れもの）の違いによって，余暇集団の種類（＝「集団」）は違ってくる。それによって，人びとの遊び方（＝「生活」）は変わってくるだろう。

ただし，ここでは，矢印（因果の方向）を「→」と一方向的に描いたが，逆の方向（「←」）も必要だろう。人びと（の生活）は受動的なだけでなく，主体的，能動的な性質ももつ。「生活（者）の論理」とか「行為者の主体性」などとよばれるものがそれである。したがって，正確には，**〈「地域社会」⇄「集団（や社会関係）」⇄「生活」〉という因果関係や社会過程**を探るのが地域社会学ということになる。

▶練習問題２

〈「地域社会」⇄「集団（や社会関係）」⇄「生活」〉の因果関係や社会過程の実例を５個くらい考えてノートに書き出すといいだろう。

3．生活とは／社会学の立場から

では「生活」とは何か。これは実は難問であり，生活は英語で表すのも難しい日本語である（鳥越　2018：519）。ここでは，生活をとらえるための，一応の社会学の見方を示しておこう。

そこでこれについては，人びとが「生活」（=「世の中で暮らしていくこと」『広辞苑』第五版）の中で何が重要と思うか，つまり，何について悩んだり（喜んだり）するか考えてみればよい。

「お金」が大事だという人もいるだろう。これはとても重要な生活の要素である。しかし，これは社会学の立場ではない。社会学も関心は寄せるが，一義的には経済学の立場である（パーソンズ AGIL 図式の A）。

「権力」が大事だという人もいるだろう。これもとても重要な生活の要素である。しかし，これも社会学の立場ではない。社会学も関心は寄せるが，一義的には政治学の立場である（AGIL 図式の G）。

「理念」や「理想」や「観念」（またそれらへの「懐疑」も含めて）が大事だという人もいるだろう。これもとても重要な生活の要素である。しかし，これも社会学の立場ではない。社会学も関心は寄せるが，一義的には哲学や思想や宗教の立場である（AGIL 図式の L）。

では，社会学の立場は何か？

「集団（や社会関係）」が重要である（それが悩みや幸せのもとである）。これが社会学の立場である（AGIL 図式の I）。つまり，**社会学の立場では，「集団（や社会関係）」への人びと（個人）の参与（の束，総体）が「生活」または「生活構造」である。**[4)]

この立場を理解するには，フィッシャー（2002：19）の以下のやや長い引用は非常にすぐれている。「諸個人の相互結合は，社会の精髄である。われわれの日常生活は人びとのことで頭が一杯であり，是認を求めたり，情をかけたり，ゴシップを交換したり，恋に落ちたり，助言を求めたり，意見を述べたり，怒りを静めたり，礼儀作法を教えたり，援助を与えたり，印象づけをしたり，接触を保ったりしている——そうでなければ，われわれはなぜそのようなことをしないでいるのかと悩んだりする。こうしたいっさいによって，われわれはコミュニティを作り出している。そして人びとは，今日，近代社会の中でもこのようなことをしつづけているのである」。

同じ主張は，少し古い表現を含むが，つぎの引用も参照してほしい。多分，リアリティをもって理解していただけるように思う。すなわち，「非凡の人間は別として，……人間の喜びも悲しみもほとんど例外なく身近の社会集団との関係において生ずる。人間は家族生活の暗さを嘆き，友人の厚誼に喜び，隣人の非礼に怒り，同僚の慰めを求めて生きるもの」（清水　1954：19）なのである。「社会」と翻訳されたsocietyの原義はそもそもこのような意味を含むのである（宮永　2011：48-63）。社会という言葉（観念）は日本人には外来のものであり，理解は意外に難しい。それに触れたのは，近世，日本人が西洋の思想に接してからである。慶応２年の英和辞典では，societyは仲間，一致などと訳されているそうである（蔵内　1978：3）。**社会学が生活をとらえる時，このように社会生活として生活をみる。**このような社会生活は通常，社会によって構造化された型（パターン）を持つ。たとえば，若いサラリーマンと老いた労働者の生活の型は随分違うだろう。そのような生活の一定の型を社会学では生活構造という。型を持たない生活は（概念的にはともかく）現実的にほぼ考えられないので，生活は生活構造と殆ど等しい。

ここから，生活構造を「生活主体としての個人が文化体系および社会構造に接触する，相体的に持続的なパターン」（鈴木　1976：220）という定義もでてくるのである。ただし，この定義はやや抽象的なので，次の定義も参照したい。「生活構造とは，生活主体の社会構造と文化構造への主体的な関与の総体であり，社会構造への関与はフォーマル・インフォーマルな社会関係のネットワークによって，文化構造への関与は生活主体の設定する生活目標および様式選好として，具体的に把握できる」（三浦　1986：5）。[5)]

▶練習問題3

自分が参加している集団や社会関係を10個くらい考えてノートに書き出すといいだろう。

■4．地域社会には都市と農村がある

地域社会（＝以下，社会学的地域社会（コミュニティ）をこのように略記する）には都市と農村という両極が設定できる。そして，それぞれに優っているところ，劣っているところがある。これについては，いろいろの論者が種々の学説を提出してきた。またそもそも，都市とは何か，農村とは何かという概念規定上の大問題もある。表1-2は有力な都市社会学者と都市概念を示すものだが，ここからも種々の都市概念があることがわかる。

都市には大きく分けて4つのタイプの定義がある。人口学的定義，制度的な定義，文化的な定義，行動による定義がそれである（Fischer　1984＝1996：42-43）。これを表1-2の都市概念の項目と関係づければ，下記のようになる。

人口学的定義………人口（規模と密度）
制度的な定義………機関，施設，自治体など特定の制度
文化的な定義………文化
行動による定義……社会関係，心理状況

加えて，この表1-2には含まれていない有力な都市社会学者や都市概念もあって（本章のあとにでてくる有力な学者たちも表1-2には含まれていない），この問題は，単純なようで実は単純ではない。その概念規定次第では，「日本にはそもそも『都市』は存在しなかったのではないか」（ウェーバー　1979：616）

表1-2　都市社会学者と都市概念

研究者／都市概念	ジンメル	ウェーバー	パーク	ワース	マンフォード	柳　田	奥　井	磯　村
人　口		○	○	◎			○	
機　関							◎	
施　設		○		○	○			○
自治体		◎						
社会関係 心理状況	◎		◎	○	○	○		◎
地域社会			○					○
文　化				○	◎	◎		

注）著名な都市研究者が，都市の都市たる理由をどこに置いているのか。強くアクセントを置いている点を◎で，これに次ぐ側面を○で表示した。
出典）藤田（1999：12）

と指摘する非常に高名な学者すらいる。

そこでここでは，都市とは何か，農村とは何かという概念規定上の大問題はおいておきたい。本書では具体的には，現代日本（や先進諸国）の都市や農村を念頭において考えたい。これをあえてやや概念的に示すとすれば，さしあたり，ソローキン＆ツインマーマン（1940：3-98）の有名な**都市・農村の９項目対比**を想定しておけばいいだろう。すなわち，①職業（農業／非農業），②環境（自然優位／人為優位），③人口量（小／大），④人口密度（低い／高い），⑤人口の同質性・異質性（農村の同質性／都市の異質性），⑥社会移動（少ない／多い），⑦移住の方向（農村から都市へ移動が多い），⑧社会分化・階層分化（小／大），⑨社会的相互作用組織（一次的／二次的），の９項目比較がそれである。以下では，このような都市・農村を念頭において，都市・農村のよいところ・悪いところについて考えよう。

▶練習問題４

今まで生きてきて，都市的（または農村的）だと思える経験はどのようなことだっただろう。想起してみるとよい。

5．都市のよい（悪い）ところ，農村のよい（悪い）ところ：祖田の見解

さてそこで，現代（日本）の都市や農村のすぐれたところ，劣ったところについてのいくつかの見解を示しておきたい。

これについて，まず，周到な一覧は祖田修（2000）の表 1-3 がある。これは「農村の魅力」「都市の魅力」「農村の欠点」「都市の欠点」を経済，生態環境，生活の３側面で比較を試みたものである。

ここから「農村の魅力（たとえば，水・空気のおいしさ）」の逆が「都市の欠点（たとえば，大気・河川の汚れ）」であり，「都市の魅力（たとえば，ビジネス・チャンスの多さ）」の逆が「農村の欠点（たとえば，就業機会が少ない）」であることがわかる。つまり，都市と農村は相互補完的な関係にあり，「都市民は農村の魅力を，農村民は都市の魅力を欲し，両者の適切な結合」（祖田 2000：183）が必要である。したがって，現代社会においては，「都市と農村の適切な結合」なくしては，持続的農村の形成にも，都市人の総合的価値の実現にも展望を与えるのは難しい（祖田　2000：190）。祖田のこの問題提起は重要である。

ただし，表 1-3 は網羅的な対比であるが故に，都市・農村の（魅力と欠点における）本質的差異が判然としないという憾みがある。いろいろな有益な違いは充分説得的であり重要である。しかし，都市と農村におけるどの違いが本質的で重要なのか，そこが判然としないのである。

▶練習問題５

表 1-3 の都市，農村のよいところ，悪いところの一覧をみて，それぞれの項目が具体的にはどのような現象を指すのか考えてみよう。

表1-3　都市・農村の魅力と欠点

	A　農村の魅力	B　都市の魅力	C　農村の欠点	D　都市の欠点
経済的側面	家族経営や兼業の持つ強みと面白さ 安い土地と広い家・屋敷・離れ座敷 安い生活費 十分な物置の場所（使い捨ての回避） 山菜・きのこ・野菜などを利用した多数の漬物（「味噌蔵」などでの貯蔵） 手作りの味噌 庭先の果実（柿，なし，みかん，ブドウ，びわ……） 家庭菜園の野菜（家族の仕事・趣味） 通勤時間・信号や渋滞の少なさ　など	ビジネス・チャンスの多さと成功の可能性 市場・業界・政界・消費者情報などの収集に便利 高等専門教育の機会と人材の豊富さ 就業機会の多さ 多様な職種と選択可能性 賃金・所得の高さ 先端的な消費生活 集中・集積に伴う経済的利益・交通・運輸の利便　など	就業機会が少ない 選択可能な職種の多様性が低い 一般商店やコンビニ・ストアが少ない又は無い 消費生活の華やかさがない 交通・運輸の利便性が低い　など	地価が高い 事務所の賃貸料・家賃が高く家が狭い 通勤時間が長い 交通マヒ ゴミ問題・エネルギー問題など無駄が多い　など
生態環境的側面	水・空気のおいしさ 冷涼な涌き水・井戸水の利用 あふれる自然と景観美 移り変わる四季と成長する生命の実感 十分な日照 庭園の借景 多様な植物・動物の存在と接触 無農薬で安全で新鮮な食品の自給 小川の清水と沢がに，岸辺の草花 鳥の鳴き声や姿 温泉 集落を還流する小さな河川と池，鯉や亀の飼育 物のリサイクル利用の可能性 地域エネルギー利用可能性　など	自然生態系を破壊した完全に人工的な都市空間（スマートな高層建築，街路樹とフラワーボックス，都市公園）など	近代的建築物など人工的な美がない 鳥獣の害がある（猪，猿，鳥，鹿など）	自然の欠如 大気・河川の汚れ 地下水の枯渇と汚れ 飲用水の汚れ 添加物入りの既製食品の氾濫 日照の不足 都市災害時の大量死の可能性 地下利用・高層化・暖房による温室化効果 限りのない都市農地や緑地の追い出しと宅地化・工場用地化　など
生活—社会的・文化的側面	社会の協同性・連帯性，義理人情 親しみやすく温かい人間関係（内部の開放性） ゆとりと安らぎ（農村的生活リズム） 治安の良さ 子供を育てるのに良い環境（自然体験，遊び場の広さ，手づくりの遊び） 感謝の念 心と体のバランスを保てる 多様性・安定性・永続性 年齢や性にあった農作業がある トータルな人間性の回復 自営の独立性・自由性 農閑期の自由性 伝統行事や新しいグループ活動への参加 晴耕雨読の可能性 農村的な芸術・趣味・研究活動と素材の豊富さ（俳句，陶芸，木工，魚釣り，染色と織物，民謡，各種伝統芸能，絵画，郷土史研究，方言研究，農民文学など） 庭園・盆栽・菜園作りの楽しさ　など	各種生活施設の整備（上下水道，ガス，道路，情報） 買い物に便利 先端的で華やかな生活 流行に遅れない 医療システムの充実 スポーツ・娯楽施設の充実（サッカー，野球，遊園地，飲食店，映画，演劇，ダンス，盛り場） 多様な接触・社交の仲間が多い 恋愛・結婚へのチャンスが多い 文化施設の充実（博物館，美術館，図書館，水族館） 教育施設の充実（大学，専門学校，研究所，各種生涯学習施設，職業訓練施設，子供の学習塾） 知識・芸術・文化など情報収集・交流の機会が多い 社会参加の種類と機会が多い（社会奉仕，社会事業，赤十字，NGO，各種市民運動） しきたり・家柄・身分・慣習・因習・古い倫理からの人間解放 匿名性や秘密性 ある種の無責任性 変化と流動性 刺激性と緊張性 人生の生き方の多様性を許容する　など	かなりの農村に過疎性がある 生活・文化的施設の少なさ（図書館，集会ホール，スポーツ施設，劇場，美術館，博物館など） 生活環境整備の低さ（用排水施設，道路，鉄道，バス） 買い物の場が少ない 基礎的及び専門的な教育施設がない 娯楽施設が少ない 人権意識が低い（特に女性の地位） 家の構造とプライバシーの少なさ 対外的な閉鎖性 伝統固執的である　など	画一化と個性の埋没 生活空間の過密性 学校格差と校内暴力 登校拒否や家庭内暴力 青少年犯罪の増加・悪質化 コミュニティーの欠如 情報の過多 過剰の競争性と過労死の可能性 孤独と心身の健康阻害 振動・騒音・喧噪 核家族化と高齢者の疎外　など

注）諸文献，アンケートなどに私見を加えて相対化し，整理したもの。
出典）祖田（2000：184-185）

▩6．都市のよい（悪い）ところ，農村のよい（悪い）ところ：徳野の見解

これに対して，徳野貞雄（2007）の図1-1は祖田の表1-3にくらべて，対比の項目が少数に限定されており，「農村のよさ」を示すのに成功している。具体的には，都市と農村のイメージを鮮明にするために，「都会のサラリーマン」と「安定兼業農家」の生活比較という設定で，所得，生活財，家屋／部屋数，自然／環境（食料），教育（学校）／学歴（病院），70歳時点の仕事，自分の葬式の会葬者予測，家族／世帯員数の8点で比較を試みている（ただし，カッコ内は徳野（2014：149-152）で改訂された項目）。

ここから**農村が都市よりもすぐれているのは**，(1)生活財，家屋／部屋数，自然／環境（食料）からなる「地域が固有にもつ空間資源」，および，(2)70歳時点の仕事，自分の葬式の会葬者予測，家族／世帯員数からなる「地域の人間関係資源」，とされる。これに対して，**都市が農村よりすぐれているのは**，所得と教育（学校）／学歴（病院）の2項目にすぎない。学校／病院は都市部に非常に有利な項目といっていいだろう。ただし，所得と教育／学歴は個人主義的，業績主義的に獲得される属性であり，個人の努力や達成によってはじめて入手可能なものである。これにくらべて，上記の農村の良さは，地域で普通に暮らしていれば，大概の場合，地域が与えてくれる地域固有の良さである。

この図1-1から示されるのは，山本陽三（1981：24）が熊本県矢部調査で紹介した，農民の名セリフ，「矢部は儲けるところでなく，暮らすところだ」と同型の認識であり，その具体的（経験的）提示といえるだろう。徳野も山本も農村の評価は（やや）高く，都市の評価は（やや）低い。「このように分析を進めていくと，現代の日本でもっとも豊かな社会階層は，大都市のサラリーマンでなく，田舎の安定兼業農家ではないかという結論になる」というのが徳野（2014：152）の主張である。

ただし，図1-1には含まれなかった「都市の良さ」もあるだろう。これを考える時，表1-3の「都市の魅力」にある「人生の生き方の多様性を許容する」

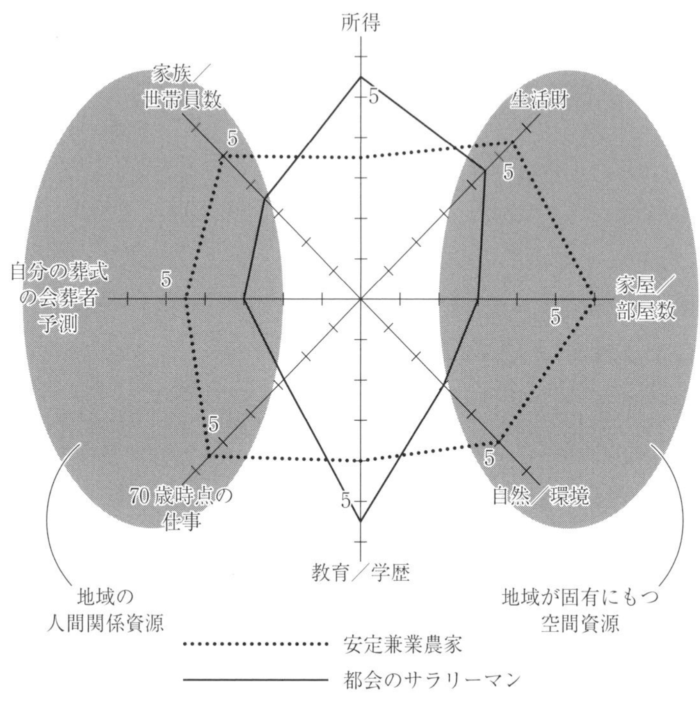

図1-1　都市・農村の生活比較

出典）徳野（2007：135）

という項目は重要である。「都市の空気は人間を自由にする（City air makes men free）」というドイツの古い格言があるが，これは今日でもかなりの程度，真実である。**都市おいてこそ可能な（逆に，農村（小コミュニティ）では難しい），自由な個性の発揮，生き方の選択**というのは，現代でも確かにあるだろう。とはいえ，図1-1は農村の良さを強調することに眼目がある。その限りで図1-1は非常に有益である。

▶練習問題6

今後の人生は，都市で暮らしたいだろうか，農村で暮らしたいだろうか？　その理由はなんだろうか？　考えてみるとよい。

■7．アメリカ都市社会学にみる都市認識：ソローキン＆ツインマーマンの都市・農村認識，パークの「社会的実験室としての都市」

都市の良さに「人生の生き方の多様性を許容する」という特性があることは前節，前々節でみた。この点を都市の特徴のひとつに据えるのは，前掲（4節）のソローキン＆ツインマーマン（1940：3-98）の見解がある。すなわち，9項目比較の5番目の項目である，人口の同質性・異質性がそれである。ソローキン＆ツインマーマンによれば，農村は人口の同質性が高い。同質性とは言葉，信念，意見，風習，行動型などの社会心理的性質が似ていることを意味する。都市は人口の異質性が高い。都市は国民性，宗教，教養，風習，習慣，行動，趣味の異なる個人が投げ込まれた溶解鍋のようなものである。都市では人間のもっとも対立的な型，天才と白痴，黒人と白人，健康者と最不健康者，百万長者と乞食，王様と奴隷，聖人と犯罪者，無神論者と熱烈な信者，保守家と革命家が共存する。

このような都市の性格を描いた古典的な学説はパークにある。パークはアメリカの**シカゴ学派都市社会学**の総帥とよぶべき人物である。パーク（1864～1944年）は1916年のA. J. S. 論文「都市（The City）」で著名だが（この論文は本章の参考文献欄にある），1925年度アメリカ社会学会会長を務めた人物でもある。弟子のフェアリス（1990：57-58）によれば，「彼は研究に没頭するあまり，人に接するときでもうわのそらのことが多かった。……だが，彼は度量の大きい人で，見込みがある学生に対しては生涯を通じて弟子として面倒をみるという人でもあった。彼は，学生たちと時を忘れて話し込み，彼らが書こうとしている学位論文や著書の構成について意見を述べた。もっとも，パークから受けた恩恵の大きさを正確に理解できる人びとは少なかった。彼は，その人が自分で考えたと感じられるような方法で社会学を体系的に教えていたからである」。パークがシカゴ学派都市社会学の総帥たるゆえんを理解していただけるだろう。

パークが「都市」について考えたのはシカゴにおいてであるが，シカゴは激烈な人口増加を示した都市である。シカゴは法制上1837年に発足するが，表1-4はその少し前（1831年）からの人口推移を示している。ここから，「1833年には木造の小さなとりで（fort，交易市場の前身）だけが目につく，将来性の乏しい沼地であった」（Faris 1990：45）シカゴが猛烈な勢いで膨張していく様がみえる。ちなみに，シカゴは1890年時点で人口100万を超えて，ニューヨークに次ぐ全米第2の都市となる。そして，1890年までにシカゴ人口の78％が外国生まれか，あるいはその子どもたちであった（倉沢 1999：27）。

このように急膨張したシカゴは，1920年代には組織犯罪で有名な都市となる。アル・カポネは著名なシカゴ・ギャングのボスだが，シカゴでは一種の名士的な存在でさえあった（Faris 1990：45）。「都市は個人個人の特殊な才能に対して市場を提供している。……都市では，すべての職業は，たとえばそれが乞食といった職業であっても，専門職としての性格を帯びるようになってきている」（Park 1972：12-14）。ここにあるのは，まさに都市（＝シカゴ）人口の異質性という事態だが，パークによれば，都市にはあらゆるタイプの人が暮らすことができる。

これに対して，農村（小さなコミュニティ）ではそれが難しい。農村では「変人」は「普通でない者」とみられ，交際を切断され，孤独な生活を送ることになる。「犯罪者でも，欠陥のある者（the defective）でも，天才でも，都市では常に彼の生まれつきの性質を伸ばす機会があるが，小さな町ではそうした機会はないのである」（Park 1972：42）。一方，「都市の自由の中では，どんなに風変わりであろうとあらゆる個人が，各自の個性を伸ばしてそれを何らかの形で表現できる環境を，どこかで見つけ出す。もっと小さなコミュニティでも異常さが許容されることが時にはあろうが，都市の場合，それが報酬をもたらすことさえしばしばある」（Park 1986：34-35）のである。

「それが報酬をもたらすことさえしばしばある」というパークの指摘は都市の特徴を端的に示す鋭い指摘である。このように都市はあらゆるタイプの人間を共存させる。ここから，パークの**「社会的実験室としての都市」**（The City as Social Laboratory）という都市の見方が出てくる。つまり，「大都市は，その機

表1-4　19世紀後半以後のシカゴの人口数，人口増加数

1831年	約100人	10年間の人口増加数
40	4,470	4,370人
50	29,963	25,493
60	109,260	79,297
70	298,977	189,717
80	503,185	204,208
90	1,099,850	596,665
1900	1,698,575	598,735
10	2,185,283	486,708
20	2,701,705	516,422
30	3,375,329	673,634

出典）鈴木（1986：57），秋元（1989：178）

会をとくに例外的でアブノーマルなタイプの人びとに与えているところから，小さなコミュニティでは普通は曖昧にされ，抑圧されている人間のすべての性格や特質を，都市では大量的な形で公衆の面前に繰りひろげ，また赤裸々に露呈してみせるといった傾向がある。いわば，都市は，人間的自然（human nature）の良い面と悪い面を極端な形で示しているのである」（Park　1972：47）。このことから，「おそらく他のいかなるものよりも，都市は人間的自然や社会過程を巧みに，また有効に研究できる実験室あるいは臨床講義室である」（Park　1972：47）といえるのである。

▶練習問題７

日本の都市でシカゴに近い性格をもつ都市はどこだろうか？　11節の都市分類（表1-6）も参照して考えてみるとよい。

8．アメリカ都市社会学にみる都市認識：フィッシャーの「都市の下位文化理論」

パークの「社会的実験室としての都市」に非常に似た内容をもつのが，フィッシャーの「**都市の下位文化理論**（Subcultural Theory of Urbanism）」である。どちらの理論も**都市の異質性**，言い換えれば，「人生の生き方の多様性を許容する」という都市の特性を強調する。

フィッシャーによれば，「都市的なところに住むか都市的でないところに住むかによって，諸個人の社会生活は違ったかたちになる。しかも主に，人口の集中によって人びとが特別の下位文化を形成できるようになるという理由からそうなるのである」（Fischer　2002：i）。都市は人口の集中する地域社会である。したがって，都市では移民の流入，経済，居住，制度などの分化，人口臨界量（下位文化を成立させる一定以上の人口量）の達成などが可能になり，多様な下位文化が生み出される（図 1-2）。こうして都市では多様な人びとの多様な生き方が可能になる。

ここで**下位文化**とはつぎのように定義される。「それは人々の大きな集合―何千人あるいはそれ以上―であって，① 共通のはっきりした特性を分かちもっており，通常は，国籍，宗教，職業，あるいは特定のライフサイクル段階を共有しているが，ことによると趣味，身体的障害，性的嗜好，イデオロギーその他の特徴を共有していることもある。② その特性を共有する他者と結合しがちである。③ より大きな社会の価値・規範とは異なる一群の価値・規範を信奉している。④ その独特の特性と一致する機関（クラブ，新聞，店舗など）の常連である（patronize）。⑤ 共通の生活様式をもっている」（Fischer　2002：282）。

具体的には，ミュージシャン，学生，中国系アメリカ人・アイルランド系アメリカ人・ドイツ系アメリカ人，東部都市の労働者階級のイタリア系アメリカ人，ヒッピー，企業エリート，黒人ゲットーの福祉受給家族，警察官・ダンス・スポーツ・鉄鋼労働・医者・港湾労働者などの職業的世界，ダンス愛好

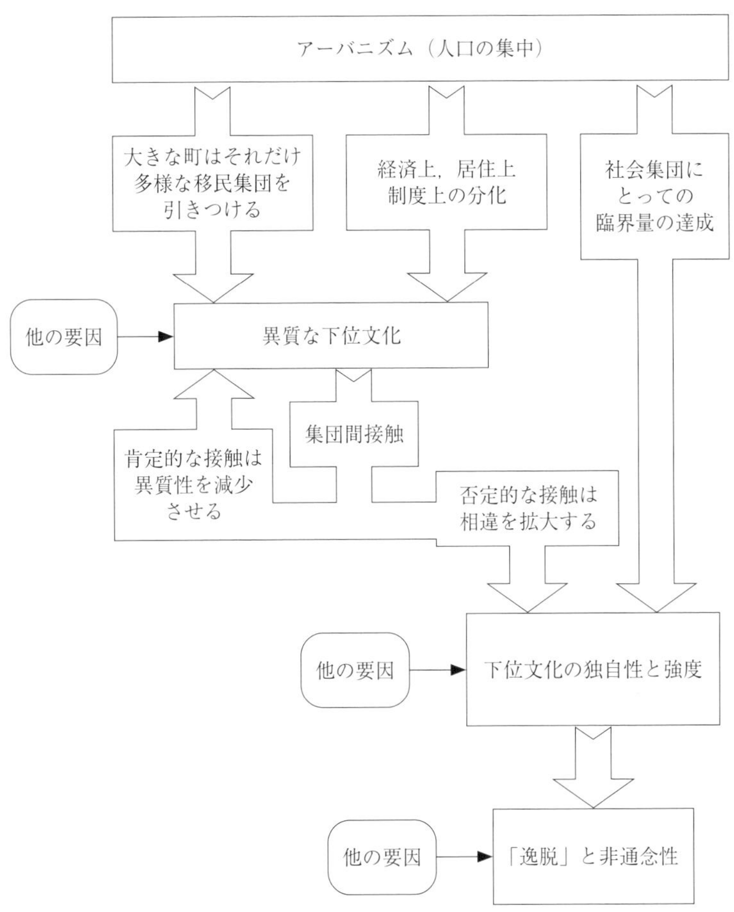

図1-2　フィッシャーの下位文化の形成

出典）Fischer（1996：61）

者，などがそれである。

人口の集中によって形成，強化された下位文化は，通常，以下の３つのタイプを含む。① 非行少年やプロの犯罪者や同性愛者などの「逸脱（deviant）」的と見なされている者，② 芸術家や新興宗教教団の宣教師や知識人などの「変わっている（odd）」と見なされている者，③ ライフスタイルの実験者やラジカルや科学者など「伝統やぶり（breakers of tradition）」と見なされている者，がそれである。① は逸脱，② ③ は**非通念性**（あるいは「**自由さ**」「**型破り性**」）（unconventionality）とよぶべき性格をもつ（Fischer 1996：59）。

したがって，フィッシャーの「都市の下位文化理論」では，都市とは「人口集中→下位文化形成→逸脱と非通念性」という因果連鎖が成り立つ場所である（Fischer 1996：55-61）。ここから，「都市の自由の中では，どんなに風変わりであろうとあらゆる個人が，各自の個性を伸ばしてそれを何らかの形で表現できる環境を，どこかで見つけ出す」という先のパーク（1986：34-35）の主張する，都市での多様な生き方が可能になる。言い換えれば，アーバニズムは，「コミュニティを弱体化させない。むしろコミュニティの多元性を維持する助けとなっているようだ」ということになる（Fischer 2002：379）。つまり「人びとは概して自分と類似した他の人びととコミュニティをともにすることが良いのである」（Fischer 2002：382）が，都市はそれをより現実のものにするのである。

▶練習問題８

フィッシャーのいう非通念的な下位文化の実例はどのようなものがあるだろうか？

■9．アメリカ都市社会学にみる都市認識：下位文化の有用性，新しい文化を生み，マイノリティを支える

フィッシャーのいう都市の下位文化は「逸脱」や「非通念性」（つまり「変わっている」者や「伝統やぶり」と思われる者）を含んでいた。このような都市の革新性（や自由さ）は古くはウェーバーの都市論にも指摘されていた。ウェーバー（1955：175 176）によれば，「文化の全領域にわたって，都市はたぐいない大きな貢献を残している」。具体的には，都市は政党（パルタイ），民衆指導者（デマゴーグ），都市芸術，科学（学問，数学，天文学など），宗教（ユダヤ教や初期キリスト教），神学的思索，束縛されない思索（プラトンなど）などを生

表1-5　地域別の下位文化

成長中の山岳町	ワインカントリーの小都市	バークレイ
2つの水泳活動	2つのブリッジクラブ	文化横断夫婦の会（Cross-cultural couples meeting）
3つのバス旅行（動物園，砦，タホ湖）	鉄道模型愛好者の会	黒人女性の会（Black women） 黒人共学の会（Black co-eds）
ガールズクラブ	5つのアルコール依存症自主治療協会支部	中年グループの会 レズビアンの親の会（Lesbian parents）
ティーンエイジャー・ダンス	2つのスクエア・ダンス（Square dances）	異性装／性転換願望者交流会（Transvestites / trans-sexuals rap）
旅行のスライドを見る会	高齢者のグループ	親子の気軽なグループ（Drop-in group for parents and children）
	農民共済組合（The Grange）	
反射法（Reflexology）のクラス		円舞（Round dancing）
	メーソン（The Masons）	その他多数

出典）Fischer（2002：198）

み出す社会的基盤であった。

このように都市が新しい文化を生むことは都市論の古典的な見解である。フィッシャーが示した「逸脱」や「非通念性」もこれと同様の指摘である。すなわち，「ある時代において非通念的なものは，つぎの時代において完全に通念的なものになりうる」（Fischer　1996：363）が，都市の下位文化は，「逸脱」や「非通念性」を通して，新たな社会的世界を形成する契機になるのである（Fischer　1996：59）。

このような事実の一端を，表1-5にみよう。表1-5は米国カリフォルニア州の地元新聞に掲載されたコミュニティ活動を，大都市（バークレイ），小都市（ワインカントリーの小さな都市），農村的地域（成長中の山岳町）で比較したものである。これによれば，大都市（バークレイ）において，下位文化がもっとも多様であり，非通念性や逸脱的性質の強いコミュニティ活動がみられる。逆に小都市や農村的地域では，きわめて常識的（通念的）な地域活動がほとんどである。

都市のこのような性格は，日本の現状を考えても重要である。前川喜平の見込みによれば，**日本のマイノリティといわれる人**たちの割合は，人口の50％を超える。たとえば，貧困家庭，ひとり親家族，発達障害，LGBT，食物アレルギー，喘息の患者，色覚異常，不登校児，在日コリアン，被差別部落出身者，アイヌの人など……である。さらには，思想的なマイノリティ，極端に背が高い（または，低い）人，泳げない人，自転車に乗れない人，左利き，沖縄県人などもマイノリティとしてとらえれば，「大多数の人は何らかの意味でマイノリティに属している」（前川・寺脇　2017：165）と思われるのである。したがって，さまざまな生き方（社会的世界）が必要であり，それを可能にする，都市の下位文化は非常に重要だということになる。

▶練習問題9

下位文化が新しい文化を生み，マイノリティやさまざまの社会的世界を支える可能性を考えてみよう。資料1-1にはその一例として，作家の村上春樹氏の生い立ちの一部を示した。ここにあるのはまさに都市の下位文化である。参考にするといいだろう。

資料1-1　村上春樹の生い立ち（抜粋）

1964年に兵庫県立神戸高等学校に進学。…中略…
1年の浪人生活ののち，1968年に早稲田大学第一文学部に入学，演劇専修へ進む。在学中は演劇博物館で映画の脚本を読みふけり，映画脚本家を目指してシナリオを執筆するなどしていたが，大学へはほとんど行かず，新宿でレコード屋のアルバイトをしながら歌舞伎町東映でほとんど毎週ヤクザ映画を観た。また歌舞伎町のジャズ喫茶に入り浸る日々を送る。1970年代初め，東京都千代田区水道橋にあったジャズ喫茶「水道橋スウィング」の従業員となった。

…中略…

1975年，7年間在学した早稲田大学を卒業。卒業論文は「アメリカ映画における『旅』の思想」でアメリカン・ニューシネマと『イージー・ライダー』を論じた。

出典）https://ja.wikipedia.org/wiki/%E6%9D%91%E4%B8%8A%E6%98%A5%E6%A8%B9（2023年7月9日，取得）より

■10. 日本の都市社会学にみる都市認識：都市の異質性についての福武の理解

フィッシャーの下位文化理論であれ，パークの「社会的実験室としての都市」であれ，アメリカ都市社会学の中枢は，「人口増加（＝都市化）」が「異質性」をもたらすという認識である。ただし，パークの「異質性」は人間的自然の良い面も悪い面も含む，「なんでもあり」「混沌」のイメージが強い。これに対して，フィッシャーの「異質性」（下位文化）は，新しい生き方（や新しい社会的世界）を生むという都市の創造的，肯定的な側面がむしろ強調される。パークとフィッシャーの違いを象徴的にいえば，次のようになろう。シカゴのパークにはアル・カポネの位置は大きい。これに対して，バークレイ（サンフランシスコ）のフィッシャーにはアル・カポネ（のような人物）の位置は小さい（アル・カポネが収監されたのが，サンフランシスコ湾に浮かぶアルカトラズ刑務所であったのは奇妙な偶然である）。しかし，フィッシャーはもちろん，パークにおいても，「異質性」の肯定的な側面は強調されている。この点では両者の見解は一致している。

これに対して，**日本の社会学者の「異質性」の受けとめ**はかなり異なる。たとえば，福武直は「都市社会は，きわめて異質の，しかも大量の人間が集合している社会である」という。これはアメリカ都市社会学に非常に近い認識である。しかし，そこからあとが相当異なる。福武の考えでは，都市は人口の異質性の故に，次のような特性をもつ。

1. 都市人の社会的結合は一面的な利害結合となる。言い換えれば，全人格的な関係に乏しい。
2. 都市の組織は形式的な法規制による機械的なものにならざるを得ない。
3. 人格とか家柄とかではなくて，人間の貨幣的評価がもっとも支配的になる。
4. 地域や階級の移動が多く，社会的移動性（流動性）に富む。ここから，伝統的なものをもちにくく，共同体意識が低調とならざるを得ない。

したがって,「都市社会は,人間を功利的な,打算的な人間にし,……人間にたいする社会的拘束は,村落にくらべて,非常に弱くなり,道義的なゆるみや……反社会的な人間を生みやすい」(福武　1952：103-104)。

ここに示された「異質性」の帰結は総じていえば,ネガティブである。日本の都市で考えた福武の都市論は,フィッシャーやパークがもち得たような都市(の異質性)の肯定的側面への認識はあまりもてなかったのである。

こうした福武の都市のイメージは実はワースの都市認識に非常に近い。**ワースの「生活様式としてのアーバニズム」**は,**パークの「都市」**とならんで,シカゴ学派都市社会学のもっとも有名な論文である。ワースはこの論文で都市の下位文化(つまり,表1-5のバークレイ)のような活動を**社会解体**とみる(Wirth 1978)。ワースが示した都市化の帰結は以下のように要約できる。「一方では伝統的集団(親族・地域などの親密な第一次集団関係)が弱体化し,また道徳秩序も崩れ,他方では,第二次的社会関係や組織の専門分化・巨大化が展開する。すなわち,第一次集団は後退退化して個人は孤立化し,他方,巨大組織が発達するという形の社会イメージにほかならない」(鈴木　1986：191)。

ここに示されるのは,都市＝大衆社会の中で孤立化し,無力化される個人のイメージである。その故に,ワース理論は,「アーバニズムは直接的に人々の社会生活やパーソナリティを—たいていは悪い方向へ—変化させる」(Fischer 1996：44)と主張するものである。これは,福武の都市認識にきわめて近いが,フィッシャーの下位文化理論はこのような都市認識を批判する学説だったのである。

▶練習問題 10

福武,ワース,パーク,フィッシャー,どれがあなたにとって魅力的な学説だろう。その理由も含めて考えてみよう。

■11. 日本の都市はどのような都市か：山口の都市分類

福武の都市認識は日本の都市に立脚したすぐれたものであった。しかし，やはりワースの都市社会学説の影響が強いといわざるを得ない。ワースは「社会的に異質な諸個人の，相対的に大きい，密度のある，永続的な集落である」（Wirth　1978）と都市を定義したが，福武の定義（前節参照）はこれに従っている。福武が学説を発表した当時，アメリカ社会学の影響は絶大であった。社会学はかつて「世界の大部分のところでは，事実上アメリカ社会学と同義語である」（Gouldner　1974：27）とすらいわれていたのである。しかし，日本の都市社会学者は果敢にも日本独自のすぐれた都市社会学説を生み出している。このことは日本都市社会学の誇りとしてよい。

このことが可能であったのは，日本の都市とアメリカの都市の成立過程が大きく異なるためである。これを知るには，山口恵一郎（1952）の都市分類は有益である。山口によれば，日本の都市には**在来都市（古い都市）と新興都市（新しい都市）**がある。在来都市とは都市の原型（母体）が江戸時代末期までにすでにできていた都市である。言い換えれば，古い歴史をもつ都市のことである。これに対して，新興都市は明治以後（厳密には江戸時代末期の開国以後）にはじめてできた都市である。つまり，江戸時代末期までは鄙（農漁村）であり，日本の産業化（産業革命），近代化によってできた都市のことである。

在来都市には城下町，港町，宿場町，市場町，門前町，複合型，生産型，合併型の8種類があり，新興都市には工業都市，鉱業都市，交通都市，軍事都市，行政都市，住宅都市，温泉観光都市，農業地域中心都市，合併型の9種類がある（表1-6）。ここで重要な点は，

(1) 日本都市の大半（1都，210市，78％）は在来都市であり，

(2) 日本の都市の半数（1都，124市，46％）は城下町である

ことである。これら2点はアメリカの都市とはまったく異なる。アメリカの都市には，在来都市や城下町はないのである。言い換えれば，日本の都市の成立には，次節にみるように古い歴史と政治権力が関わっていることが多い。

表1-6　日本の都市の分類，都市数

在来都市		210（78%）
城下町	東京，大阪，名古屋，福岡，仙台，熊本，広島など	124
港町	長崎，函館，新潟，境，下関，尾道など	29
宿場町	浦和，大宮，藤沢，八王子，枚方，平塚など	25
市場町	船橋，一宮など	4
門前町	長野，鎌倉，奈良，宇治山田など	7
複合型	防府，泉佐野	2
生産型	西宮（酒造），瀬戸（製陶），坂出（製塩），関（刀工），宇治（製茶）など	10
合併型	鈴鹿，日南，豊川，半田，日向など	9
新興都市		59（22%）
工業都市	川崎，八幡，宇部，水俣，釜石，室蘭など	14
鉱業都市	夕張，田川（炭鉱），新津（油田）など	4
交通都市	横浜，神戸，小樽，門司，青森など	13
軍事都市	横須賀，佐世保，呉（軍港），旭川（師団）など	5
行政都市	札幌，千葉，宮崎	3
住宅都市	川口，豊中，吹田，池田，芦屋，三鷹など	13
温泉観光都市	別府，伊東，熱海	3
農業地域中心都市	帯広，北見	2
合併型	下松，光	2

（合計　269）

注）ここでの都市分類は1951年末の1都268市による。
出典）山口（1952）

▶練習問題 11

あなたの住む（あるいは，最寄り）の都市は山口分類のどれだろうか？

12. 日本の都市社会学にみる都市認識：矢崎の統合機関論

矢崎武夫はシカゴ大学で直接，シカゴ学派の都市社会学を学んできた学者である。そのような経歴をもつが故であろうか，矢崎は日本の都市の現実から日本の都市社会学を作ることの重要性を強調した。矢崎はいう。「私は米国の都市社会学が，優れたものであることを知っている心算であるけれども，米国の都市社会学が米国の都市分析の結果発展して来たように，日本の都市社会学は，日本の現実に密着したものであることの必要を痛感した」（矢崎　1962：1）。

日本の都市はアメリカの都市とも違うし，西ヨーロッパの都市とも違う。アメリカの都市は「最初から近代都市として，……自由の精神をもって新たな土壌の上に建設された」（矢崎　1962：5）。西ヨーロッパの近代都市は「古代からの連続ではなく，中世において衰頽し，千年以上も大都市的なものが見られない時期があった」（矢崎　1963：15）。これに対して，日本の都市は「古代律令都市からはじまって，城下町を主とする封建都市を通して生まれ……産業革命を通じて近代化したのであって，都市そのものの成立過程を異にする」（矢崎　1962：5）。東洋の都市は「古代あるいは封建時代から近代まで継続しているものが多い」（矢崎　1963：15）。

このように日本（や東洋）の都市をみる矢崎からすると，アメリカ都市社会学には都市の本質について見落としがあるという。すなわち，「都市構造の中核をなすものは農村と異なって，政治軍事権力，官僚統制，経済，宗教支配の機能であって，これが都市の本質をなすものであることを（アメリカ都市社会学は：引用者）見落としている」（矢崎　1963：34）。言い換えれば，アメリカ都市社会学は都市を独立変数と見ることが多い（矢崎　1963：35）。先述のフィッシャーの下位文化理論にしても，都市（人口増大）は因果連関の起点におかれている（図1-2）。

これに対して，矢崎（1963：24；1962：6, 440）にとって都市とは，「一定の地域に，一定の密度をもって定着した一定の人口が，非農業的な生活活動を営むために，種々な形態の権力を基礎に，水平的，垂直的に構成された人口である」。つまり，都市の成立にはまず権力が大きく関与している。したがって，都市は独立変数とは考えられず，「都市は，特定の政治，軍事，経済，宗教，教育，娯楽その他の組織を通じて，広範な地域と結合し，農村の余剰を時代や社会により異なった種々な形態で都市に吸収することによって可能となる」（矢崎　1963：24；1962：440）。

そしてさらに「農村の余剰」を「都市に吸収」することで都市が可能になるのであるから，都市の基盤には農業・農村の一定以上の発展が前提となる。つまり，「都市は，それを覆う全体社会がどのような段階にあっても，農村が生産力を上昇し，地域的に広い統合に進む社会変化の過程において，その一部として発生する」(矢崎　1963：47) のである。

すなわち，**都市の成立，拡大には，⑴農業・農村の一定以上の発展を基盤にして，⑵政治，軍事，経済，教育，宗教などの権力が大きく関与するのである。**これは以下の例証を参照すれば，了解できる。まず，日本の都市は，律令都市，封建城下町，明治以降の東京・県庁所在地，軍事都市，貿易都市，その他多くの都市にみられるように，国家や藩や軍事権力などに大きく依存してきた。また，パリ，ロンドン，ベルリン，ウィーン，ペテルブルグ，モスクワはいずれも政治都市であり，東洋の大都市のほとんどすべては政治的首都であった (矢崎　1963：53)。

社会の支配層は政治，軍事，経済，宗教などの何らかの権力・権威によって，余剰生産を収取する能力をもつ。律令制度の天皇の租税徴収権，封建領主の貢租の収受，特権商人の利潤，近代国家官僚の徴税権，資本家の利潤獲得などがそれである。これらの統合活動が拡大してくる時，大規模な**統合機関**が生み出される。律令の官僚機関，寺社，封建社会の幕府，藩の行政軍事機関，問屋商人，市場，近代社会の官僚機関，金融機関，会社，軍事機関，教育機関，宗教団体，問屋，百貨店，専門化した大規模な商店，中央郵便局，中央駅，新聞・ラジオ・テレビ本社，大劇場，大ホテル，大学，研究所などがそれである。「これら統合機関の集中地点であり，支配層が統合機関を通じて，全体の統合活動を行なう中心的な核をなす」のが都市なのである (矢崎　1963：50)。このような考え方を (都市の) **統合機関論**という。

統合機関論の示すような都市の成り立ちは現代でも有効である。それを端的に示すのは，東京，大阪，神奈川の極端に低い食料自給率である。これら大都市都府県の食料自給率 (カロリーベース) は1％～2％にすぎない (山本　2017：151)。都市 (東京や大阪や神奈川) は今もまさに「広範な地域と結合し」，

「農村の余剰を都市に吸収する」ことで成り立っているのである。

さらには，歴史的にはどこでも「みずからは食料を生産しない**都市の方が，農村よりも飢えない**のである。現在の飢餓が日常的なものとなっている第三世界においても，よほどのことがないかぎり都市での大量の餓死者が出ることはない」（藤田　1987：4）。このことは，統合機関論の冷厳なリアリティを示している。

▶練習問題 12

都市で飢えるのはどんな時であろう。統合機関論を使って考えてみよう。野坂昭如の名作『火垂るの墓』などを読むと参考になるはずである（野坂 2015）

13. 日本の都市社会学にみる都市認識：鈴木の結節機関論

鈴木栄太郎の都市社会学も日本の都市に基づいた，きわめて独創的な都市学説である。鈴木栄太郎（1969：79-80）は都市を次のように定義する。「都市とは，国民社会における社会的交流の結節機関をそのうちに蔵している事により，村落と異なっているところの聚落社会である」。聚落社会とは，「共同防衛の機能と生活協力の機能を有するために，あらゆる社会文化の母体となってきたところの地域的社会的統一であって，村落と都市の二種類が含まれている」（鈴木　1969：80[6)]）。ここで重要なのは，①国民社会の中に都市を位置づけたこと，および，②結節機関で都市を定義したことである。この発想はシカゴ学派都市社会学にはない非常にユニークなものである。

結節機関には以下の9種類がある（鈴木　1969：141-142）。①商品流布（卸小売商，組合販売部），②国民治安（軍隊，警察），③国民統治（官公庁，官設的諸機関），④技術文化流布（工場，技術者，職人），⑤国民信仰（神社，寺院，教会），⑥交通（駅，旅館，飛行場），⑦通信（郵便局，電報電話局），⑧教育（学校，その他各種教育機関），⑨娯楽（映画館，パチンコ屋など）。①から⑤は封建都市にすでにあった結節機関である。⑥から⑨は近代都市で発達した結節機関である。

結節機関の関与関係（上位，下位関係）から，都市的存在は5つの段階に分けられる。① 前都市的存在（農山村の孤立商店や床屋がある程度），② 農村市街地（役場，警察，駅，郵便局，組合事務所，技術機関，商店，学校，お寺などがある。この程度から都市である），③ 小都市（農村市街地2カ所以上を含む結節機関がある），④ 中都市，⑤ 大都市がそれである（鈴木　1969：413）。

国民はみなこれら結節機関に連結され，国民社会を構成する。すなわち，「国民社会は，中央の巨大都市から中小都市を経て農村の一軒家に至るまで，みなもれなく連結する組織をもっている。大中小の都市は，国の中央から僻地の一軒家の農家に至るまで，全国民に文化の雛形を示し，行動の方向を教えている伝達の結節である。また国民の求める種々の物資を，過不足なからしめるように，万遍なく配給する大小の出張所でもある。しかし，それと共に，国民がその生産物を貢納したり，治安を求めたりするための通路であり，中央からいえば調達命令の通路である。あらゆる意味において，中央の意志に反し平安を乱した者に対しては，直ちに中央の威力が暴力の形において鎮定にでかけてくる通路でもある」。このような連結は国民社会内には行き渡るが，外部に対しては封鎖的である。国民社会が文化的・社会的独立性をもつのはこの理由による（鈴木　1969：143）。

ところで，従来の都市学説は都市の特徴を，都市は未知の人びとからなる社会であるとか（農村は相互によく知り合った人の社会），都市は打算の世界であるとか（農村は愛情の世界），都市は人口が密であるとか，社会分化や社会流動が多いとか，住民の異質性が高いとか，職業項目が多いとか指摘してきた。鈴木（1969：80）は，これら従来の学説が都市の特徴としてきたものは，都市に結節機関が存することによる「随伴的特性」にすぎないとみる。つまり，鈴木の結節機関論は，従来の多くの都市理論（とくに4節でみた，ソローキン&ツインマーマンの都市・農村の9項目対比，10節でみたワースの都市論など）を批判する，きわめて独創性豊かな学説である。

しかし，結節機関論では都市・農村の差異が結節機関の量的差異に還元され，都市・農村生活の基本的・質的差異がみえなくなるとの批判もある。すなわち，「社会的交流という普遍的な相互作用の形態と量にのみ基づいて説明しようとするならば，村落の様式と都市の様式の基本的・質的差異が見失われてしまうのではなかろうか」という倉沢進（1987：303）の指摘がそれである。

倉沢によれば**都市的生活様式**が村落的生活様式と基本的に異なるのは，第１に問題の自家処理能力の低さであり（村落では逆に個人的自給自足性が高い），第２に共通・共同問題の共同処理のシステムとして専門家・専門機関による専業・分業的なシステムを有することである（村落では逆に非専門化ないし住民による相互扶助的な問題処理が原則）。「鈴木のいう結節機関の有無は，この一層基本的な特性（＝都市的生活様式：引用者）から導かれる随伴的特性と考えるべきではないか」と倉沢（1987：303-304）は問題提起するのである。倉沢の都市的生活様式論は，今後の検討が待たれている（倉沢　1999；214-215）。

▶練習問題 13

結節機関論の有効性を自分の生活体験に照らして例証してみよう。結節機関論は1957年刊行の『都市社会学原理』（有斐閣）という鈴木の書物で示された学説である。したがって，今日からみて，９つの結節機関の提示はやや古めかしくもある。これをどのように新しくできるだろうか。考えてみよう。

■14. 日本の都市社会学にみる都市認識：磯村・第三空間論と鈴木・正常生活（人口）論

最後に，磯村英一の第三空間論と鈴木栄太郎の正常生活（人口）論を取り上げる。両学説とも非常にユニークだが，主張は正反対である。磯村は都市生活の原則は職住分離にあり，それによって作られる，「交通」＝「移動の空間」こそは，都市にあって農村にない最大のものとみる。この生活の移動性によって作られる空間を，**第一空間**（住居・家庭），**第二空間**（職場）に対して**第三空間**とよぶ。第三空間は「移動の空間」だが，それに付随する盛り場や酒場などを含み，むしろこちらを重視する。

第三空間の人間関係は盛り場が典型だが，匿名的である。これは身分や地位をはっきりさせて生活する，第一空間，第二空間と大きく異なる。都市はソローキン&ツインマーマンの第8番目の項目（社会分化，階層分化）にあったように，格差のいちじるしく大きな社会である（4節，参照)。「このような生活格差の著しい環境のなかで，もしも身分や地位，役割などから解放されることがなかったならば，現代の人間は，おそらく，毎日闘争や革命の修羅場のなかにいるであろう。……しかし，現代の社会には，幸いにこのきびしさから瞬間に逃れる場がある」(磯村　1976：17)。第三空間がそれである。第三空間では匿名であるが故に，身分や地位から解放され，自由である。また第三空間では，“顧客”として重んじられ，主体性をもつことも可能である。「都市の形成が，もし，第一の空間である住居と，第二の空間である職場と，それをつなぐ交通機関だけのものであったならば，どれだけ味けないものとなるであろう」(磯村　1976：18)。第三空間こそが都市の魅力であり，第三空間こそが都市の広がりを示す。この磯村の第三空間論は，オルデンバーグ（2013）の「第三の場所(third place)」に非常に近いアイデアである。ただし，磯村のアイデアはオルデンバーグよりもずっと早く出てきている。磯村の先駆性を示すものである。

しかし，この第三空間の意義をめぐっては，否定的な見解もある。「ある専門科学の一部—特に社会学者—では，このような現象（＝第三空間：引用者）をば，社会の形成のうえでは人間生活の“泡”のごときものであり，地域社会の本質を形成するものではないとする」(磯村　1976：17-18）のである。

このように第三空間を“泡”のような，重要でない問題と位置づけるのは鈴木の**「正常人口の正常生活」論**である。鈴木によれば，都市には世帯（家族)，職域集団（職場)，学校，生活拡充集団（レクレーション団体，社交団体，文化団体など)，地区集団（町内会や隣組など）の5つの集団がある。「正常人口の正常生活」論が重視するのは，これら5つの集団の内，世帯と職域集団（と学校）である。つまり，鈴木は磯村と反対に，第一空間，第二空間（鈴木の言葉では世帯と職域集団）こそが重要と考える。生活拡充集団（≒第三空間)，地区集団は，“浮光的泡沫的集団”とされ，重視されない。

鈴木のいう「正常」（およびその反対の「異常」）な生活とは次のように定義される。「正常な生活とは，その生活の型を続けて行く事によって，少なくとも社会の生活が存続し得るものであり，異常な生活とは，その生活の型を続けては社会の生活が存続し得ないものである」（鈴木　1969：150）。

鈴木は人の一生を幼児期，就学期，職業期，老衰期と分け，上記の定義により，幼児期と老衰期は異常，職業期と就学期は正常の範疇に入れる。職業期では家族と職場が，就学期では家族と学校が生活の中心にある。したがって，**正常生活の中核は，世帯，職場，学校にある。**「都市生活を構成している基盤的集団として，世帯と職域集団の外に学校を私は認めている。この三種の集団が，都市生活の基本的な枠をなしているのである」（鈴木　1969：36）。

生活拡充集団と地区集団はともに余暇集団である。「余暇集団は，いわば現代都市の花である。人は，その花の華麗さに魅せられ，千種万様の色香に惑乱する。そして，そこに現代都市の形と動きとを看取しているように誤認する」。しかし，そこには生活と社会の基盤は存在しないのである（鈴木　1969：235）。

このように余暇集団（や磯村の第三空間）の意義を小さくみる鈴木の正常生活論は，少し古い時代の都市論で今日からみるとやや魅力に欠けるかもしれない。しかし，それでも正常生活論は生活の土台を的確にとらえているというべきだろう。これを確認するためにオルデンバーグの都市論を参照しよう。

オルデンバーグ（2013）は都市の喫茶店，コーヒーショップ，書店，バー，ヘアサロン，および，いろいろな行きつけの場所（hangout）は，**「とびきりの居心地の良い場所（great good place）」**であり，インフォーマルな公共の場であり重要であるという。すぐれた文明や都市には，「人のよく集まる気楽な公共の場」が組み込まれているというのである（Oldenburg　2013：33）。そこは，家庭とも職場ともちがうが，「アットホーム」な気持ちでいられる大事な場である（モラスキー　2013：468-469）。この場所をオルデンバーグ（2013：17）は（第一の家庭，第二の職場に続いて）**「第三の場所（third place）」**とよんでいる。ただし，「第三の場所」というのは，産業社会に適した名前である。産業社会では，職場と住まいが分離して，この２つが優先されることを暗に示す言葉であるからである（Oldenburg 2013：379）。このように考えると，オルデンバーグも産業社会での正常生活の重要性を否定するわけではない。これは磯村も同じである。

▶練習問題 14

サードプレースは都市社会学の新しい論点である。オルデンバーグは日本の茶室なども含めているようだが，日本の都市でこれをどうとらえるべきか？　たとえば，川上弘美『センセイの鞄』（の居酒屋）あるいは，資料 1-1 のジャズ喫茶あたりの記述を読んで考えてみよう。

15. さまざまな都市の見方，都市の姿

さまざまな都市の見方，都市の姿を示してきた。多少の整理をして締め括りたい。

① 非日常（いうなれば，匿名のハレ空間である第三空間）を重んずる磯村（やオルデンバーグ）と，日常（いうなれば，実名のケ空間である正常生活（人口））を重んずる鈴木の立場はまったく正反対である。この問題に決着をつけるのは難しい。人間生活にとって日常は重要だが，だからといって，非日常が重要でないとはいえない。なお，オルデンバーグの「第三の場所」を想起すれば，磯村の先駆性は明らかである。

② 鈴木・正常生活（人口）論はワースの着目した社会解体論的都市研究ともちがう研究方針を提起する。すなわち，鈴木・正常社会学（正常人口の正常生活論）とワース・異常社会学（社会病理学）の対比がここにある。

③ 鈴木・結節機関説，矢崎・統合機関論＝社会体制論的都市論・国民社会論的都市論，アメリカ都市社会学のアーバニズム論＝人口論的・生態学的都市論の対比も，② の正常・異常の対比とならんで，日本都市社会学の独創であり，重要である。日本の都市社会学は「機関」や「権力」が上から人びとを作る，人口を編成するイメージである。これを社会体制論的都市論とよんでおく。人びとの自由度，主体性，創造性は小さいようにみえる。

アメリカの都市社会学は大量の異質な「人口」が,「社会（的世界)」を作るイメージである。これを人口論的・生態学的都市論とよんでおく。まさに「実験室」であり，どんな「社会（的世界)」ができてくるかわからない。人びとの自由度，主体性，創造性は大きいように思える。

加えて，日本都市社会学は都市を農村と都市を含んだ国民社会の中に位置づける。これを国民社会論的都市論とよんでおく。これもアメリカ都市社会学にはあまりみられない[7)]，日本都市社会学のすぐれた点である。

④鈴木・正常生活（人口）論とフィッシャー・下位文化論は，都市の統合について興味深い対比を提供する。フィッシャーは逸脱や非通念性への着目から都市の統合についてつぎのように述べる。「大都市は，市民が共通の“社会的世界（social world)”を所有することで統合されているわけでもなければ，無規制状態にある“大衆社会”のフォーマルな媒介手段によって統合されているのでもない。……厳密に考察したわけではないが，仮に（都市が）統合されたことがあるなら，それは，多様な下位文化のあいだに行われる交流や交渉や紛争等を基礎にして成立するのではないだろうか」(Fischer　1975＝1983：81)。

このようなコミュニティの多元性を基盤にした，フィッシャーの都市統合（下位文化の交流・交渉・紛争を通しての統合）のイメージは，鈴木の正常生活（人口）論による統合とは相当異なる。正常生活（人口）の典型は職業期にある。「それは食うために働いている生活である。そこに，人生のもっとも赤裸々な姿がある。そこにこそ社会生活の基本的な構造の原則もひそんでいる」(鈴木　1969：173)。鈴木の統合は「食うために働く」生業関係（職域集団）の冷厳な合理（鈴木　1969：558）による。

⑤以上のように，現代の都市研究は研究の基本方針を模索しながら進んでいる。日本の人口の9割（91.8％）は市部に住む。4分の1（24.0％）は人口100万以上の都市に住む（2020年国勢調査)。このように多くの人が都市に住むが，都市の見方，都市の姿を確定するということは，予想以上に困難な課題であった。このことは都市という複雑な対象を研究する場合，少なくとも現時点ではやむを得ないことであり，健全なことでもある。

▶練習問題15

自分にとってもっとも面白い都市学説はどれだろうか？　またそれは何故だろうか？　考えてみよう。

注)

1）ここでは富永の集団の定義を示したが，種々の集団概念は山本（2023a）参照。

2）社会関係の概念については，山本（2023b）参照。

3）この命題は創発的特性（emergent properties）といわれる。本文中の英語表記は清水（2018）によるが，“the whole is greater than the parts”などとも表記される（Jary & Jary　1991：141)。これについて，「農業は二人でやって十のもんが，一人になっては五はできんのです」といった農民の言葉（芥川・阿部 2014）を，「まさに1+1＝2+ α，『全体は総和以上のもの』が日々の生活からあぶり出されている」と清水（2018：12）は紹介している。その他の清水の例示も興味深いが，この点は地域社会学（あるいは生活の社会学）の存立根拠に関わる重要な論点になるはずである。

4）本章（山本）の定義では「生活」と「生活構造」の区別を積極的にはしていない。これについては，3節後段を参照してほしい。

5）生活構造の概念については山本（2023c）を参照されたい。鈴木，三浦と本章（山本）の生活構造の相違について説明されている。

6）聚落社会の概念については，山本（2023a）参照。

7）ただし，アメリカ社会学の中でソローキン＆ツインマーマン（1940）の都市・農村社会学はこの点において特異である。明確に都市と農村の関係が問題となっているからである。この点については，第2章や山本（2020）を参照。

参考文献)

秋元律郎，1989，『都市社会学の源流―シカゴ・ソシオロジーの復権―』有斐閣

芥川仁・阿部直美，2014，『里の時間』岩波書店

Faris, R. E. L., 1967, *Chicago Sociology 1920-1932*, Chandler Publishing Company.（＝1990，奥田道大・広田康生訳『シカゴ・ソシオロジー　1920-1932』ハーベスト社）

Fischer, C. S., 1975, “Toward a Subcultural Theory of Urbanism”, *American Journal of Sociology*, 80: 1319-1341.（＝1983，奥田道大・広田康生訳「アーバニズムの下位文化理論に向けて」同訳編『都市の理論のために』多賀出版：50-94）

――, 1982, *To Dwell among Friends : Personal Networks in Town and City*, The University of Chicago Press.（＝2002，松本康・前田尚子訳『友人のあいだで暮らす―北カリフォルニアのパーソナル・ネットワーク―』未来社）

――, 1984, *The Urban Experience*, Harcourt Brace Jovanovich.（＝1996，松本康・

前田尚子訳『都市的体験』未来社）
藤田弘夫，1987，「都市と国家―戦争・内乱・革命―」藤田弘夫・吉原直樹編『都市―社会学と人類学からの接近―』ミネルヴァ書房：2-21
――，1999，「都市社会学の方法と対象―ひとつの都市，いくつもの都市像―」藤田弘夫・吉原直樹編『都市社会学』有斐閣：1-18
福武直，1952，「社会の構造」福武直・日高六郎『社会学―社会と文化の基礎理論―』光文社：73-138（『福武直著作集2』東京大学出版会，1975年）
Gouldner, A. W., 1970, *The Coming Crisis of Western Sociology*, Basic Books.（＝1974，岡田直之・田中義久訳『社会学の再生を求めて(1)　社会学＝その矛盾と下部構造』新曜社）
磯村英一，1976，『都市学』良書普及会（『磯村英一都市論集Ⅱ』有斐閣，1989年：699-867）
Jary, D. and J. Jary, 1991, *The Harper Collins Dictionary of Sociology*, HarperCollins Publishers.
川上弘美，2001，『センセイの鞄』平凡社
倉沢進，1987，「都市的生活様式論序説」鈴木広・倉沢進・秋元律郎編『都市化の社会学理論―シカゴ学派からの展開―』ミネルヴァ書房：293-308
――，1999，『都市空間の比較社会学』放送大学教育振興会
蔵内数太，1978，『社会学』（蔵内数太著作集第一巻）関西学院大学生活協同組合出版会
前川喜平・寺脇研，2017，『これからの日本，これからの教育』ちくま新書
三浦典子，1986，「概説　日本の社会学　生活構造」同編『リーディングス　日本の社会学　5　生活構造』東京大学出版会：3-13
宮永孝，2011，『社会学伝来考―明治・大正・昭和の日本社会学史―』角川学芸出版
モラスキー，M.，2013，忠平美幸訳「解説」（＝レイ・オルデンバーグ，『サードプレイス―コミュニティの核になる「とびきり居心地よい場所」―』みすず書房：467-480）
野坂昭如，2015，『火垂るの墓』ポプラ社
Oldenburg, R., 1989, *The Great Good Place: Cafés, Coffee Shops, Bars, Hair Salons and Other Hangouts at the Heart of a Community*, Da Capo Press.（＝2013，忠平美幸訳『サードプレイス―コミュニティの核になる「とびきり居心地よい場所」―』みすず書房）
Park, R. E., 1916, “The City: Suggestions for the Investigation of Human Behavior in The Urban Environment”, *American Journal of Sociology*, 20: 577-612.（＝1972，大道安次郎・倉田和四生訳「都市：都市環境における人間行動研究のための若干の提案」パーク，R. E.，バーゼス，E. W. ほか『都市―人間生態学とコミュニティ論―』鹿島出版会：1-48）
――, 1929, “The City as Social Laboratory”, T. V. Smith and L. D. White eds.,

Chicago: An Experiment in Social Science Research, The University of Chicago Press: 1-19.（＝1986，町村敬志訳「社会的実験室としての都市」パーク，R. E.『実験室としての都市―パーク社会学論文選―』御茶の水書房：11-35）
清水幾太郎，1954，『社会的人間論』角川文庫（『清水幾太郎著作集 3』講談社，1992 年）
――，1959，『社会学入門』光文社（『清水幾太郎著作集 3』講談社，1992 年）
清水新二，2018，「私の社会病理学研究」日本社会病理学会『現代の社会病理』33 号：1-15
祖田修，2000，『農学原論』岩波書店
Sorokin, P. A. and C. C. Zimmerman, 1939, *Principles of Rural-Urban Sociology*, Henry Holt and Company.（＝1940，京野正樹訳『都市と農村―その人口交流―』巌南堂書店）
鈴木栄太郎，1969，『都市社会学原理（鈴木栄太郎著作集Ⅵ）』未来社
鈴木広，1976，「生活構造」本間康平・田野崎昭夫・光吉利之・塩原勉編『社会学概論―社会・文化・人間の総合理論―』有斐閣：215-230
――，1986，『都市化の研究―社会移動とコミュニティ―』恒星社厚生閣
徳野貞雄，2007，『農村の幸せ，都会の幸せ―家族・食・暮らし―』NHK 出版
――，2014，「現代農山村分析のパラダイム転換―『T 型集落点検』の考え方と実際―」徳野貞雄・柏尾珠紀『家族・集落・女性の底力―限界集落論を超えて―』農山漁村文化協会：114-172
富永健一，1996，『近代化の理論―近代における西洋と東洋―』講談社学術文庫
鳥越皓之，2018，「生活環境主義とコミュニティのゆくえ」鳥越皓之・足立重和・金菱清編『生活環境主義のコミュニティ分析―環境社会学のアプローチ―』ミネルヴァ書房：519-535
山口恵一郎，1952，「形成次第による日本の都市分類」『都市問題』43(1)，東京市政調査会：33-56
山本努，2017，『人口還流（U ターン）と過疎農山村の社会学（増補版）』学文社
――，2020，「P. A. ソローキン」社会調査協会『社会と調査』(24)：92
――，2023a，「地域社会―鈴木栄太郎の聚落社会の概念を基底において」山本努・吉武由彩編『入門・社会学―現代的課題との関わりで―』学文社：43-64
――，2023b，「社会学入門―富永社会学批判を含んで，高田社会学を軸にして」山本努・吉武由彩編『入門・社会学―現代的課題との関わりで―』学文社：13-41
――，2023c，「生活構造――生活への懐疑から，問題の「突きつけ」とその対応・対抗へ，生活構造論の新たな展開のために」山本努・吉武由彩編『入門・社会学―現代的課題との関わりで―』学文社：209-224
山本陽三，1981，『農の哲学』御茶の水書房
矢崎武夫，1962，『日本都市の発展過程』弘文堂
――，1963，『日本都市の社会理論』学陽書房

ウェーバー，M.，倉沢進訳，1979,「都市」尾高邦雄編集責任『ウェーバー（世界の名著　61)』中央公論社：600-704
ウェーバー，M.，黒正巖・青山秀生訳，1955『一般社会経済史要論』岩波書店
Wirth, L., 1938, "Urbanism as a Way of life", *American Journal of Sociology*, 44: 1-24.（＝1978，高橋勇悦訳「生活様式としてのアーバニズム」鈴木広編『都市化の社会学（増補)』誠信書房：127-147）

自習のための文献案内)

① 山本努編，2024,『入門・地域社会学―現代的課題との関わりで』学文社
② 新明正道，1985,『新明正道著作集 10　地域社会学』誠信書房
③ 森岡清志，2008,「地域社会とは何だろうか」同編『地域の社会学』有斐閣：21-43
④ 山本努編，2022,『よくわかる地域社会学』ミネルヴァ書房
⑤ 吉原直樹，2018,『都市社会学―歴史，思想，コミュニティ―』東京大学出版会
⑥ 倉沢進，1999,『都市空間の比較社会学』放送大学教育振興会
⑦ 神谷国弘，2000,『社会と都市の理論』晃洋書房
⑧ 鈴木広編，1978,『都市化の社会学（増補)』誠信書房
⑨ 町村敬志ほか編，2011,『都市社会学セレクション（第1巻・第2巻・第3巻)』日本評論社
⑩ 鈴木栄太郎，1969,『都市社会学原理（鈴木栄太郎著作集Ⅵ)』未来社

①は数少ない地域社会学の入門書。守備範囲がやや違うので，本書（『地域社会学入門』）とあわせて参照すればいいだろう。②は地域社会学の基礎論を学説史に遡って勉強するには重要。今日でも重要な論点が出てくる。③では地域社会の概念を学びたい。本書と少し違う考えを示している。比較してみるといいだろう。④は地域社会学のテキスト。都市・農村の広い範囲を取り扱っている。⑤は都市社会学の新しい動きを示してくれるテキスト。現代都市社会学の論点を知るには有益。⑥は国際的（日・アジア・欧米・メキシコなど），国内的な比較の視点で書かれた都市社会学テキスト。⑦は社会学の基礎を解説し，それを土台に都市社会学入門を果たす試み。⑧は欧米都市社会学の必読論文の編訳集。⑨は⑧の続編。日本，欧米都市社会学の重要論文集。興味ある論文から取り組んでみるといいだろう。⑩は今でも日本都市社会学の最高の著作。じっくり取り組みたい。

第2章　地域社会学入門／過疎農山村研究から

山本　努

1．高度に都市化した社会における農山村の位置

日本の人口の９割は都市に住むが（2020年国勢調査，後掲の表2-2），**農山村は都市にない良さをもっている**（1章5節，6節）。**都市だけでは，日本の社会は長もちしないだろう。**このことを示した地域社会学の学説は多くはないがソローキン＆ツインマーマンの指摘は重要だろう。

ソローキン＆ツインマーマン（1940：362-367）は，高度に都市化した社会の将来を予測して次のようにいう。「超都市化した社会の将来はどのようになるのか，……。この問いに対する答えは，その高度に都市化した社会が……農村的後背地（rural hinterland）を持つか……持たないかによるところが大きい」。そして，農村的後背地が充分にある場合には社会の存続に問題はないが，「もしも農村的後背地が少な過ぎるならば，……そして，農村地域が半農半都市化（rurbanized）しているならば，……社会の安定性は著しく危険なものである」。

その理由は，「都市化した地域は，その社会の増大をもたらすことができない程，出生率が非常に低くなりがちである。また，僅かな農村的後背地は既にかなり半農半都市化しているので同じく出生率が非常に低くなりがち」であるからである。その結果，「その社会は……人口が停滞するようになるか又はそれよりも事実に近いのであるが……人口が減少するようになる。そして，そこから徐々にあるいは，急激にその社会は死滅する」。つまり，「**充分な農村後背地を持たない，高度に都市化した社会（a highly urbanized society with an insufficient rural hinterland）**」が安定的に存続するのは難しいのである（Sorokin and Zimmerman　1939＝1940：367）。

ここにあるのは「**都市化（または半農半都市化）**」→「**出生率減少**」→「**社会の**

消滅」という社会過程（因果連鎖）の指摘である。この事態は，都市（東京）の「ブラックホール現象」と「地方消滅」から人口消滅に向かう「極点社会」（増田・人口問題研究会　2013）とほぼ同じであり，現代の日本社会に非常に近い姿である。ただし，ソローキン＆ツインマーマンの造語である，半農半都市化という用語については，さらに説明が必要だろう。

▶練習問題 1

あなたの住む（あるいは，最寄りの）都市の農村的後背地はどこだろうか。そこは充分にあるだろうか。

2．半農半都市化：農村・都市の相違の縮小（同型化）

かつて福武直はソローキン＆ツインマーマンの都市・農村の多元的判定基準（1 章 4 節の 9 項目対比）を批判して，都市と農村の一元的な違いを職業の差に求めた。すなわち，「都市と農村との区分は，住民の職業的活動の差異に求められるのが適切であり，**農村は農業に従う人々を主体とする地域社会**」であると定義したのである（福武　1976：251-252）。同様の定義は鈴木栄太郎にもみられ，「農村社会学が対象とする農村社会は，農業者の社会を意味する」（鈴木　1976：37）という。しかし，今日の過疎農山村はこのような農村の定義に従えば，農村といえるのだろうか。現代の過疎地域では，少なくとも農業（第 1 次産業）がマジョリティの職業ではない。

このことを表 2-1 で確認しよう。まず，1970 年時点においては，**過疎地域の産業就業別人口**でもっとも多いのは第 1 次産業であり，はば半数（44.1%）の数字を示した。これに対して全国の産業就業別人口では第 3 次産業がもっとも多く，こちらもほぼ半数（46.6%）を占めた。つまり 1970 年時点では，過疎地域は第 1 次産業中心，全国は第 3 次産業中心で，両者はほぼ対照的な職業構成をもつ地域といえた。言い換えれば 1970 年頃までの過疎地域は，一応，先の福武（1976：251-252）の定義するような，「農業に従う人々を主体とする地域

表2-1　第1次，第2次，第3次産業就業別人口割合：過疎地域と全国（%）

	過疎地域			全　国		
	第1次	第2次	第3次	第1次	第2次	第3次
1970年	44.1	22.3	33.6	19.3	34.1	**46.6**
1980年	29.3	29.2	**41.5**	11.0	33.6	**55.4**
1990年	22.8	31.9	**45.3**	7.2	33.5	**59.4**
2020年	13.7	24.3	**61.9**	3.5	23.7	**72.8**

出典）総務省『過疎対策の現況（令和3年度版）』数字は国勢調査による

社会」としての農村社会であった。1970年といえば，すでに，日本社会はかなり都市化した社会となっている。この時点で日本の市部人口は７割（72.1%）を超えているのである（後掲，表2-2）。それでもまだ一応，日本に農村社会はあったということがいえよう。

これに対して1980年時では，過疎地域でも全国でも産業就業別人口でもっとも多いのは第３次産業（過疎地域41.5%，全国55.4%）である。さらに，1990年時点では，過疎地域でも全国でも，もっとも多いのが，第３次産業（過疎地域45.3%，全国59.4%），次いで，第２次産業（過疎地域31.9%，全国33.5%），もっとも少ないのが，第１次産業（過疎地域22.8%，全国7.2%）である。つまり，この時点で過疎地域と全国の職業構成は基本的には同型化している。この同型化はさらに進み，2020年では過疎地域，全国とも，もっとも多いのが，第３次産業（過疎地域61.9%，全国72.8%），次いで，第２次産業（過疎地域24.3%，全国23.7%），もっとも少ないのが，第１次産業（過疎地域13.7%，全国3.5%）となっている（表2-1）。ここにみられるのはまさにソローキン&ツインマーマンのいう半農半都市化，つまり，都市と農村の相違（都鄙分化）の縮小（＝同型化）である。

▶練習問題２

過疎農山村地域に親戚，知人，友人などがいる人はその人たちの職業を思い出してみよう。第何次産業だろうか。

■3．半農半都市化：その歴史的趨勢，農村の都市化，都市の農村化

この都市と農村の相違（都鄙分化）の程度は歴史的にみると，微少→拡大→拡大の頂点→縮小といった形の放物線的趨勢をなす。すなわち，ソローキン＆ツインマーマン（1940：332-333）によれば，「広く人類の又は単一の社会の初期においては，農村及び都会の分化は行われなかったが，後に追々それが現れ始めたが，その初期は極く微弱な認め難いくらいのものであった。あらゆる人類の又は単一社会の後の時代にはそれが増大し続け，遂に頂点に達するや，それはまた次第にその尖鋭度及びその強度を減じ，現在は多くの西欧諸国においてむしろ減退の傾向さえある。……これが都鄙分化の本質的な動向である」というのである。

そしてソローキン＆ツインマーマンによれば，現代はこの放物線的趨勢の最終局面にあり，都市と農村の相違が相対的に希薄化した（しつつある）時代にある。ここにみられるのは，**都市と農村の「両端よりの差異の溶解（Melting of the difference from the ends）」**であり，ソローキン＆ツインマーマン（1940：342-343）はそれを**半農半都市化（Rurbanization）**とよぶ。

ただし，この半農半都市化は，「農村地方において都市社会および文化の基礎的な特徴がより強力に浸透し……，都市部分に田舎の特徴の二，三がより弱い程度においてではあるが浸透して行く方法において行われる」（ソローキン＆ツインマーマン　1940：335）。すなわち，**半農半都市化のプロセスは，「都市の農村化」より「農村の都市化」において強力に進行するのである。**

さて，以上の事態（とりわけ「農村の都市化」）は，まさに現代農山村や過疎地域の状況である。このことは，就業人口の非農林業（非第１次産業）化のみならず，家族の小・核家族化からもいえる（山本　1998）。ちなみに，2020年国勢調査の数字では，世帯規模（1世帯あたり人員数）は全国で2.21人，過疎地域で2.36人となり，全国，過疎地域とも，小家族が基調である。就業人口の非農林業（非第１次産業）化，家族の小家族化は都市的地域の特徴である。過疎地域の基礎的な生活部分（正常生活）には，このような都市的な形態が大

きく浸透している。

かくて，今日の農山村（過疎地域）研究の課題は，従来の農村社会学（＝農家・農業の地域社会学）が依然として重要であるにしろ，「農山村の都市化」をも射程にもちうる地域社会学が想定されなければならない。

▶練習問題３

「農村の都市化」や「都市の農村化」は自分のまわりでは起こっているだろうか？　考えてみよう。

■4．高度経済成長と暮らしの変化：「自然」からの離脱（＝産業化）

1950 年代後半から始まる高度経済成長は日本社会に巨大な変化をもたらした。「農山村の都市化」という事態もこの巨大な社会変化との関わりから理解される必要がある。そこで，高度経済成長前後の基本的な社会（暮らし）の変化を下記の２つから示しておきたい。

1.「自然」からの離脱（＝産業化）
2. 都市での「物」に囲まれた暮らしの主流化（＝都市化，「豊かな」社会の到来）

まずひとつは，**「自然」からの離脱（＝産業化）**である。産業化とは，産業革命以降の技術・経済的な変化を示す用語だが，第１次産業から第２次，第３次産業への移行を指標にすることが一般的である。そこで，日本の第１次，第２次，第３次産業就業人口割合を示すと，以下のことが指摘できる。

(1) 第１回国勢調査の 1920 年から 1955 年まで一貫して，第１次産業の従業者割合がトップであった（1920 年：第１次 53.8%，第２次 20.6%，第３次 23.7% → 1955 年：第１次 41.1%，第２次 23.4%，第３次 35.5%）。一応，ここまでの日本は，有史以来から続く**農業（≒第１次産業）中心の社会**であった。

(2) この状態に変化があらわれるのが 1960 年であり，はじめて第３次産業（38.2%）が首位になり，第１次産業（32.7%）は２位に落ちる。さらに，1965

年では，第3次産業（43.7%）がトップで，ついで第2次産業（31.5%）が2位，第1次産業（24.7%）が3位に落ちる。この変化は有史以来の大変貌であり，**日本は1960年～65年頃はじめて，農業中心の社会ではなくなった**のである。その後，1位第3次，2位第2次，3位第1次産業という従業人口割合のパターンは完全に定着し，ますます第3次産業の比率を高め，第1次産業を極小にしつつ，今日に至っている（表2-1）。

これに加えて，**日本農業の三大基本数字**とよばれる数字をみよう。日本農業の三大基本数字とは1920年の第1回国勢調査のあと，農業経済学者の横井時敬があげた数字だが，農業就業者1,400万人，農家数550万戸，農地面積600万ヘクタールという数字がそれである。この数字は三大不変数字ともいわれ，明治以降大きく変わらなかったし，今後も変わらないだろうと思われていた。実際，この数字は1960年までは，農業就業者1,313万人，農家数606万戸，農地面積607万ヘクタールと大きな変化はなかったのである。しかし，高度経済成長を契機にこの数字が，大きく後退する。2000年時点でこれらの数字は，

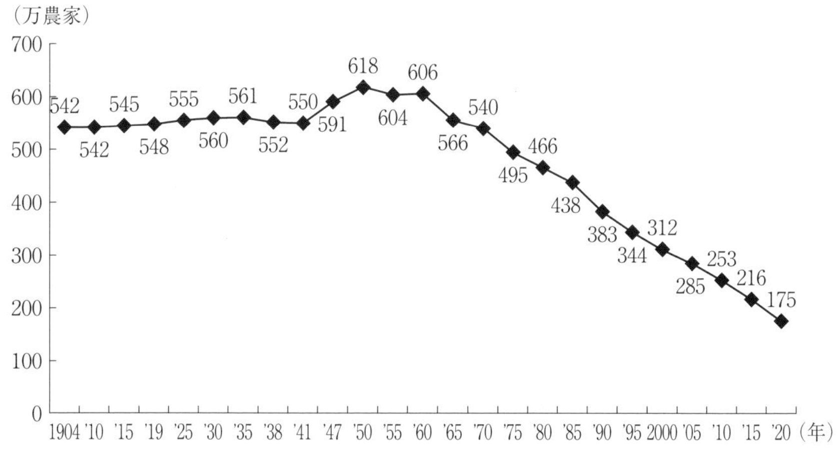

図2-1　農家数の推移

注）農林業センサスでは農家とは，「経営耕地面積が10アール以上の農業を行う世帯又は過去1年間における農産物販売金額が15万円以上の規模の農業を行う世帯をいう」。戦前の統計はセンサス方式によらないが，一応の比較は可能である。

出典）農林業センサス累年統計

農業就業者389万人，農家数312万戸，農地面積486万ヘクタールとなっている（木下　2003a：68）。図2-1はこの内，**農家数**の変化のみ示したが，高度経済成長の始まる1960年ころから急速に農家数が減少するのがわかる（直近の2020年では1,747,079戸まで減っている）。

ここにみられる統計数字（第1次産業人口割合，農家数など日本農業の三大統計）の巨大な減少は，まさに「農業」＝「自然」からの離脱（産業化）を示す。

▶練習問題4

第1次，第2次，第3次産業による職業をそれぞれ3つあげてみよう。

5．高度経済成長と暮らしの変化：都市での「物」に囲まれた暮らしの主流化（＝都市化）

このような産業化にともなって，前節に示した，もうひとつの大きな社会変化が起こる。**都市での「物」に囲まれた暮らしの主流化（＝都市化，「豊かな」社会の到来）**がそれである。都市（化）の概念は1章でみたようにそう単純ではない。しかし，ここでは都市化の程度を**市部・郡部人口割合**でみておこう（表2-2）。これによれば，1920年の第1回国勢調査では，日本社会は郡部8割（82.0%），市部2割（18.0%）の人口構成であった。つまり，かつての日本は圧倒的に農村中心の社会だったのである。そして，これが，徐々に都市化していくにしても，1950年までは郡部（農村）人口（62.7%）の方が多かったのである。つまり，この時点までは，日本社会は多くの人びとが農村に暮らす**農村型社会**であった。農村型社会は日本社会の有史以来の形であり，日本社会の原型といってよい。

ところが，これが大きく変わるのが，1955年であり，市部人口が56.1%となり半数を超える。ただし，1950年（37.3%）から1955年（56.1%）の市部人口の変化には「昭和の大合併（市町村合併）」の影響が大きい。したがって，この統計数字（の変化）は，都市化の進行を現実よりもかなり大きくみせている。実際，1955年時点では，第1次産業の従業者がまだトップで（前節，参照），都市型社会というにはやや早い。

しかしその後，日本社会は産業化した都市型社会に大きく変貌する。すなわち，市部人口は1960年（63.3%）→1970年（72.1%）と大きく増え，**都市型社会**の到来をむかえる。この頃同時に，日本が農業中心の社会ではなくなったのは先にみた（前節）。すなわち，1960年ではじめて，第3次産業従事者（38.2%）が就業人口割合のトップに立った。また，1965年ではじめて，第1次産業従事者（24.7%）が最下位となったのである。

ここから，およそ1960年頃以降，日本社会は**農業中心の農村型社会**（日本社会の原型）から，**産業化した都市型社会**（日本社会の現代的形態）に大変貌したといえる。その後，この変貌はさらに進み，2020年で第3次産業は72.8%，市部人口は91.8%までに拡大している（表2-1，表2-2）。

この産業化した都市型社会は，「物」（耐久消費財）に満たされた「豊かな」

表2-2　市部・郡部別人口割合（%）

年　次	市　部	郡　部
1920	18.0	82.0
1930	24.0	76.0
1940	37.7	62.3
1945	27.8	72.2
1950	37.3	62.7
1955	56.1	43.9
1960	63.3	36.7
1970	72.1	27.9
1980	76.2	23.8
1990	77.4	22.6
2000	78.7	21.3
*2000	86.0	14.0
2005	86.3	13.7
2010	90.7	9.3
2020	91.8	8.2

*2005年10月1日現在の市町村の境域に基づいて組み替えた平成12年の人口を示す。

出典）国勢調査

暮らしの始まりでもあった。図2-2をみれば高度経済成長以降，いかに「物」に囲まれて生きるように変わったかがわかる。1950年代の3種の神器（冷蔵庫，洗濯機，白黒テレビ）や電気掃除機は，1970年代後半にはほぼすべての世帯に普及した。また，カラーテレビ，クーラー，カー（自動車）のいわゆる3Cも，1970年代から急速に普及している。

加えて，高度経済成長を経て，高校へいくのが「普通」になった。高校進学率は1950年42.5％，60年57.7％，70年82.1％，80年94.2％と増大する（2020年95.5％）。また，大学にいく者がめずらしくなくなった。大学進学率は1955年10.1％，65年17.0％，75年38.4％，85年37.6％と増大する（2020年58.5％，学校基本調査より，大学進学率には短大含む）。

以上から，高度経済成長を経て，「現代社会」が現れてきたのがわかる。**日本社会は「自然」から離脱して（＝産業化），都市に暮らし（＝都市化），「物」に囲**

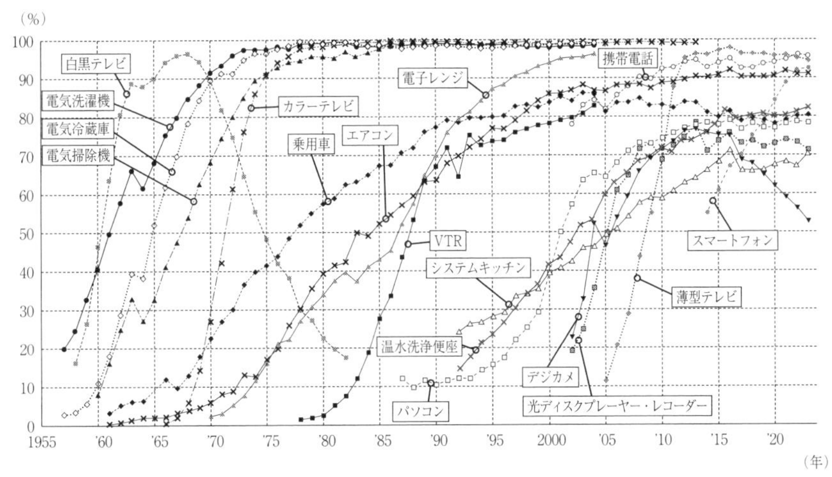

図2-2　主要耐久消費財の世帯普及率の推移（1957年～2023年）

注）二人以上の世帯が対象。1963年までは人口5万以上の都市世帯のみ。1957年は9月調査，58～77年は2月調査，78年以降は3月調査，05年より調査品目変更。多くの品目の15年の低下は調査票変更の影響もある。デジカメは05年よりカメラ付き携帯を含まず。薄型テレビはカラーテレビの一部。光ディスクプレーヤー・レコーダーはDVD用、ブルーレイ用を含む。カラーテレビは2014年からブラウン管テレビは対象外となり薄型テレビに一本化。

出典）内閣府「消費動向調査」

まれ（＝「豊かな」社会になり），「学校」にいく（＝学校化），「現代の暮らし（現代社会）」（＝産業化した都市型社会）に変貌したのである[1]。

▶練習問題 5

図 2–2 で自分が生まれた時期（年）をみて，高度経済成長以前の暮らしといかにちがうか想像してみるといいだろう。これについてはたとえば，3 章注 3（図 3–1）も参照するといいだろう。家継承という規範が急速に消えていくのである。また，高度経済成長以前の暮らしを描いた映画やアニメや小説やマンガなどなんでもいいから読んでみよう。思いつかない人には，『となりのトトロ』（宮崎駿監督）などを薦める。さらには，吉川（2012）の高度経済成長の社会科学的分析もよい。

6．過疎問題の出現

高度経済成長を経て，産業化した都市型社会が現れたが，それは，過疎地域の出現も意味した。これを確認するために，図 2–3 をみよう。同図によれば，高度経済成長期（昭和 40/35，昭和 45/40，昭和 50/45）の人口増減率は，東京圏，3 大都市圏で 10 数％程度の大きな増加を示す。地方圏も総じていえば人口増である。これに対して，過疎地域のみ，人口が大きく減っている。ここからいえるのは，日本全体が「繁栄」（人口増加）する中，過疎地域のみが取り残されて，「衰退」（人口減少）するという事態である。

このような事態を背景にして，政府が「過疎」という言葉をはじめて使ったのは，「経済社会発展計画」（昭和 42（1967）年 3 月 13 日閣議決定）であり，次いで「経済審議会地域部会報告」（昭和 42（1967）年 11 月 30 日）であった。そこには，下記のような文言が示されていた。

「……40 年代においては，生活水準，教育水準の向上や産業構造の高度化に伴って，人口の都市集中はいっそうの進展をみせるとともに，他方，農山漁村においては，人口流出が進行し，地域によっては地域社会の基礎的生活条件の確保にも支障をきたすような，いわゆる過疎現象が問題となろう。」（「経済社会発展計画」抄）

「……都市への激しい人口移動は人口の減少地域にも種々の問題を提起して

いる。人口減少地域における問題を『過密問題』に対する意味で『過疎問題』と呼び，『過疎』を人口減少のために一定の生活水準を維持することが困難になった状態，たとえば防災，教育，保健などの地域社会の基礎的条件の維持が困難になり，それとともに，資源の合理的利用が困難となって地域の生産機能が著しく低下することと理解すれば，人口減少の結果，人口密度が低下し，年齢構成の老齢化がすすみ，従来の生活パターンの維持が困難となりつつある地域では，過疎問題が生じ，または生じつつあると思われる。昭和 40 年には，

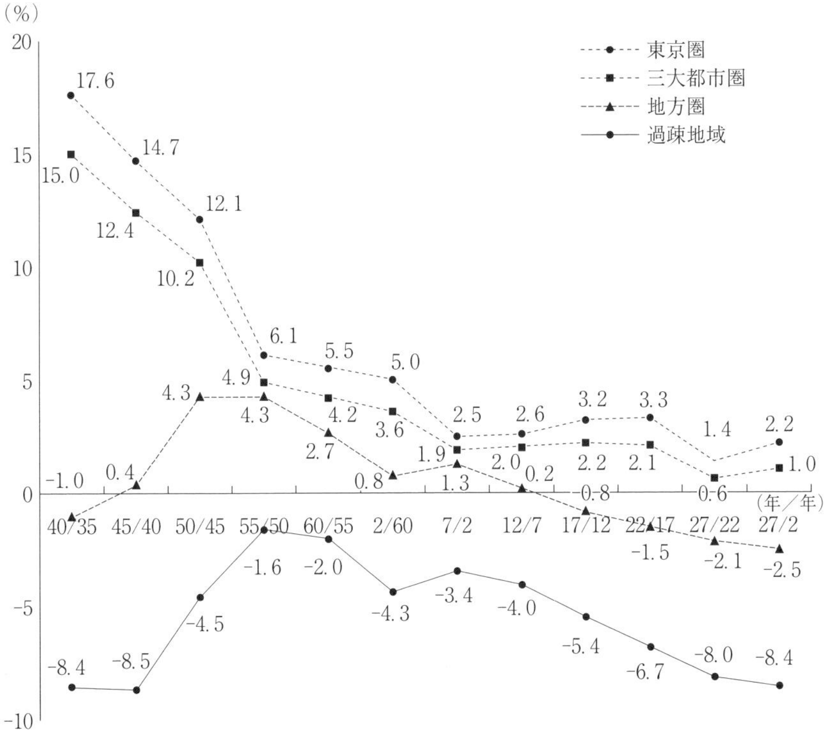

図2-3　地域別の人口増減率

注）1　国勢調査による。
　　2　過疎地域は，令和4年4月1日現在。
　　3　三大都市圏とは，東京圏（埼玉県，千葉県，東京都及び神奈川県の区域），大阪圏（京都府，大阪府及び兵庫県の区域），名古屋圏（岐阜県，愛知県及び三重県の区域）をいい，地方圏とは三大都市圏以外の区域をいう。

出典）総務省『過疎対策の現況（令和3年度版）』の国勢調査の数字による

人口の自然増加率がマイナス，すなわち死亡数が出生数を上回っている町村が約200町村，全国市町村の約6%にも及んでいることは注目すべきことである。」（「経済審議会地域部会報告」抄）

ここに示されたのは，「生活水準，教育水準の向上や産業構造の高度化」にともなう，「都市への激しい人口移動」であり，過疎問題とは，土着的な農村の解体（流動化）であり，先述の「農村の都市化」という事態でもあったのである。

▶練習問題6

過密，過疎の地域問題について，具体例をいくつか例示してみよう。

7．過疎問題の変容

さて，前節の政府の文書によれば，過疎は高度経済成長にともなう「都市への激しい人口移動」（農村からの向都人口移動）によるものである。この認識は間違いではなかったので，高度経済成長の終焉とともに，過疎地域の人口減少率は小さくなって，過疎問題は収束に向かうものと思われた。実際，高度経済成長終了後（昭和55/50，昭和60/55），東京圏，3大都市圏の人口増加率は5%程度に縮小し，過疎地域の人口減少率はマイナス2%程度とかなり小さくなった（図2-3）。ここから，過疎は歯止めがかかったかに思われた。また，1980（昭和55）年国勢調査で人口減少したのは全国で東京都ただひとつであった（山本　1996：6，表1-4）。これは高度経済成長の終わりを示した象徴的な出来事であった（ちなみに，東京からの人口移動を歌う「津軽海峡冬景色」がレコード大賞をとったのが1977年12月31日である）。

しかし，**1990（平成2）年の国勢調査は過疎地域に再びショックをもたらした。**同年の国勢調査で人口減少は18道県（北海道，青森，岩手，秋田，山形，新潟，和歌山，鳥取，島根，山口，徳島，愛媛，高知，佐賀，長崎，大分，宮崎，鹿児島）

に広がり（山本　1996：6，表1-4），過疎地域の人口減少率が再び拡大に転じたのである。平成2（1990）／昭和60（1985）年の人口減少率マイナス4.3％がそれである。その後，人口減少率はさらに大きくなり，令和2（2020）／平成27（2015）年でマイナス8.4％となっている。これは高度経済成長期（昭和40/35，昭和45/40，昭和50/45）の人口減少率に匹敵する，非常に厳しい数字である（図2-3）。

しかも，1990年頃から以降の過疎はそれより前の過疎とは人口減少のメカニズムがちがう。すなわち，1990年には高度経済成長はすでに終わっているので，都市はかつてほどの人口吸収力をもたない。それにもかかわらず過疎が進むのである。では何が過疎を進めるのか。それをみるために，表2-3をみよう。

ここからまず，1987年，88年の過疎地域は人口自然増であったことを確認しよう。加えて，それ以前の過疎地域の自然増減率は，1970年＋0.25％，75年＋0.24％，80年＋0.16％，85年＋0.06％とすべてプラス（自然増）あった（山本　1998：4の図1-3，参照[2)]）。すなわち，過疎の始まった1970年頃から1988年まで過疎地域は常に，自然増であった。ということは，1988年までの過疎地域の人口減少はすべて社会減によるものである。何故ならば，地域の人

表2-3　過疎地域の人口減少の内訳（社会増減と自然増減）

	社会増減a（千人）	自然増減b（千人）	社会増減寄与率 a／（a+b）（％）	自然増減寄与率 b／（a+b）（％）
1987年	－157	＋14	110	－10
1988年	－151	+4	103	－3
1989年	－146	－8	95	5
1990年	－122	－13	90	10
2000年	－69	－50	58	42
2005年	－87	－71	55	45
2010年	－58	－89	39	61
2021年	－60	－130	31	69

注）社会増減＝「転入数－転出数」，自然増減＝「出生数－死亡数」。
出典）『過疎対策の現況（令和3年度版）』の住民基本台帳人口台帳の数字による

表2-4　日本の人口増減率の推移

	人口増減率（%）	自然増減数（千人）	社会増減数（千人）
2005年＊	−0.01	+9	−52
2007年	+0.10	−2	+4
2010年＊	+0.02	−105	+0
2011年	−0.17	−183	−79
2012年	−0.19	−201	−79
2013年	−0.14	−232	+14
2014年	−0.14	−252	+36
2015年＊	−0.11	−275	+94
2020年＊	−0.32	−501	+142
2021年	−0.51	−609	−35
2022年	−0.44	−731	+175

注）人口増減率は前年10月から当年9月までで計算。
出典）総務省統計局による人口推計（2022年10月1日現在），＊は国勢調査より

口増減は人口の自然増減と社会増減で決まるからである。つまり，**1970年から1988年までは，「人口自然増＜人口社会減」（人口自然増より人口社会減が大）**というパターンで過疎地域の人口が減少したのである。

ところが，1989年これが変わる。1989年にはじめて，過疎地域は自然減になる（表2-3）。過疎地域は一貫して人口社会減の地域だから，この**1989年以降，過疎地域は「人口社会減プラス人口自然減」**になったことになる。ここに示される人口減少は，地域消滅の方向であり，過疎地の緩慢な滅びともよぶべき深刻な事態である。

しかも，表2-3によれば，人口減少にしめる自然減の比率（自然増減寄与率）は年々大きくなっている。2021年の数字では，過疎地の人口減少の69%は自然減によるものである。ちなみに1989年の自然減寄与率は5%であるからこの変化は大きい。ここから，かつて（1988年以前）の過疎は都市への人口流出に起因したが，今日（1989年以降）の過疎は少子高齢化（にともなう人口自然減）が重要な要因として加わっているということがわかる。

少子高齢化にともなう人口自然減は日本全体の趨勢でもある。このため日本

全体の人口は，2011年以降，明確に人口減少を示している（表2-4)。過疎地域はその人口減少の最先端にいる。かつての人口増加期[3)]では人口急増地域＝シカゴをモデルにした（シカゴ学派）都市社会学が地域社会研究を牽引した（第1章，参照)。これに対して，**2011年以降，人口減少期に入った日本社会では過疎農山村社会学が地域社会研究を牽引するはずである。**過疎地域は国土面積で日本国土の63.2%，過疎市町村数は885，51.5%（全国の市町村数は1,719）を占めるが，人口は9.3%（11,668,630人）にすぎない（2017年4月1日現在，『過疎対策の現況（令和3年度版)』)。しかし，今日，過疎農山村研究の意味は重い。

▶練習問題7

自分の住む県の過疎地域の広がりを調べておこう。また，自分の住む県で人口増加しているのはどこであろう。調べておこう。

8．過疎問題の等閑視

過疎研究は，今日，重要な課題となっていることをみた（7節)。では，かつての過疎問題はどのようにみられたのか。

6節で示したように，過疎問題は昭和42（1967）年，政府の文書ではじめて登場した。しかし，この当時，社会学は過疎をあまり重要な問題とはみなかった。この理由は過疎が起こる少し前の段階で，社会学は日本の農業や農村を解体されるべきものとして否定的に位置づけてきたからである。すなわち，日本の農業は「零細な家族的過小農経営」であり，資本主義社会では弱い立場であり，農村は窮乏せざるを得ない。また，農村は封鎖的な社会であり，村の共同体の拘束は強い。その故に，農村の人間は「伝統的非合理的な家族主義的人間」であり，進歩に乏しく，「家族や村に没入した人間となって，人間の自由の尊厳をさとりにくい」のである。したがって，都市との接触などで「村落の都市化」が進む「こんにちは村落の代表する古い秩序の世界が解体してゆく時代なのであり，……村落の生きる道は，古い秩序の解体のうえに，新しい秩序を，都市の近代的進歩性との総合によって，きずきあげるよりほかにないのである」(福武　1952：106-108)。

つまり，頑固，頑迷で遅れた農村は，むしろ解体して作り直すのがよいとされた。ここにあるのは，「進歩的農村の再建の課題」とでも名づけるべき問題意識である。ここから，社会学の過疎問題への対応は鈍いものになったと思われる。「進歩的農村の再建の課題」からみれば，村落の解体（＝過疎）は是認されるべき（あるいは，やむを得ない）事態とみなされるからである。そのせいだろうか，過疎の進んだ1973年に刊行された『農村社会学（社会学講座4)』(蓮見　1973）でも，過疎問題はほとんど触れられていない（山本　1996：15)。

しかもさらには，その「進歩的農村の再建の課題」もあまり展開されることはなかった。そのような研究の土台となるべき現実の展開がとぼしかったためである。その故であるが，「日本の農村社会学はまったくの停滞におちいってしまった。しかも最もわるいことに，他に代替的な立場に立つ有力な流れがなくなったために，農村社会学の内部にそのことを批判する人がいなくなってしまった」(富永　1995：184-185）という非常に厳しい指摘まででてくることになる。

▶練習問題８

かつての農村は「人間の自由の尊厳をさとりにくい」と指摘されたが，具体的にはどのようなことだろうか。考えてみよう。

■9．「過疎問題の出現」の時期に対応した農山村社会学

前節で農村社会学への厳しい指摘をみた。しかし，この指摘は現実とややちがうように思う。少なくとも西日本の農村社会学をみると，富永健一の指摘は肯んずることができない。1960年代，70年代の過疎の現実に取り組んだ新しい農山村社会学が，過疎が進んだ中国，四国，九州などからおこっていたからである。安達生恒，山本陽三，乗本吉郎などの研究がそれである。いずれも

「過疎問題の出現」（6 節）の時期に対応した農山村社会学の研究である。これらの研究は後の過疎農山村社会学への影響も非常に強く，きわめて重要な研究である[4)]。

この内，島根県弥栄村などから有力な過疎農山村研究を提起したのは安達生恒である。安達は過疎を次のように規定した。「農村人口と農家戸数の流出が大量かつ急激に発生した結果，その地域に残った人びとの生産と社会生活の諸機能が麻痺し，地域の生産の縮小とむら社会自体の崩壊がおこること。そしてまた住民意識の面では資本からの疎外という農民のもつ一般的疎外の上に普通農村からの疎外がもうひとつつけ加わる形でいわば二重の疎外にさいなまれるという意識の疎外状況がおき，これが生産や生活機能の麻痺と相互作用的にからみ合いながら，地域の生産縮小とむら社会の崩壊に向かって作用していく悪循環過程である」（安達　1981：88）。

この**安達の過疎の定義**は，次のような意味で重要だった。まず，人口のみならず農家戸数の流出が取り入れられている。これによって安達は，過疎を人口流出という人口論的問題から解き放ち，家族と集落（「地域の生産の縮小とむら社会自体の崩壊」）という村の生活や生産の問題（つまり社会学的問題）に置き換えている。この点は，前掲の「経済審議会地域部会報告」の記載と読みくらべてほしい。

さらには，過疎地域の住民意識の問題も重要な問題として提起している。「二重の疎外にさいなまれるという意識の疎外状況」というのがそれである。ここで「疎外」というマルクス主義などに淵源をもつ難解な用語が使われているが，それにあまり拘泥する必要はないだろう。ここでは，「疎外」を「本来の価値より不当に低く見られる」とか，その故に「過疎地域の住民自身が自分の地域に引け目を感じる（誇りをもてない）こと」というくらいに理解しておけば十分だろう。住民意識の問題は「経済審議会地域部会報告」の記載にないものであり，きわめて社会学的な重要な問題提起である。なお，安達の過疎概念は図 2-4 のように整理されている。この過疎の図式は，後の限界集落論を先取りしたすぐれたものとなっている（山本　2017：169-183）。

図2-4 過疎化のメカニズム

出典）安達（1981：98）

さらに，**山本陽三の熊本県矢部町などでの農山村研究**も非常にすぐれている。山本は矢部調査から次のようにいう。「『家族』と『集落』を無視した，いわゆる近代的農法は，結局日本の農業を破壊させるのではなかろうか。日本の家族，日本のムラをふまえた，新しい農業観と農法が発明されるべきだろう。矢部の農民は，それを次のようにいっている。『矢部は儲けるところではなくて暮らすところだ。農業は労働ではなくて仕事だ』」（山本　1981：24）。山本はこのように**「家族」や「集落」や「暮らし」や「仕事」**を重くみた。

これらの観点は，他出子・他出世帯論，修正拡大集落論，T型集落点検（7章参照），さらには，最近の「小農」論などへの展開を用意するものであった。「小農」論は日本村落研究学会2018年度大会テーマセッション「小農の復権」などで議論がされはじめたが，山本の「仕事」は「小農」に他ならない。山本の「労働」と「仕事」のちがいは，紙幅の関係でここでは紹介できないが，「アメリカ農民の貧困」（山本　1981：119-121）や「農業は資本主義になじまない」（山本　1981：127-129）などを参照してほしい。

このように豊かな内容をもつ山本の研究の根底を理解するには，以下の木下謙治（1998：8）の指摘がすぐれている。「（山本は1972年の著作『風と土と人』の：引用者）序（「失わし村をもとめて」）のところで，福岡県矢部村（現八女市：引用者）の詩人椎窓猛の衰退する村と，それでもなお生きつづけている村の根源とをうたった詩（資料2-1）を引いて述べている。『椎窓猛の密造者の群にくわわり，燻蒸された村々の美酒を尋ねてみよう。……全国各地の美酒でどのような瞑想にふけるかは，飲むものの自由である。そこから，どのような思想が残るかもまた飲むものの能力によろう。ともかく「村」と「農業」に市民権を与えるささやかな歩みを，九州の辺境，カソの矢部村からおこしてみよ

資料2-1　椎窓猛の詩

村はかつて人間の故郷であった
胸底のなかで　村は青空をうかべ
地下水をこんこんとひめていた

その村にそびえた朴訥な山林を倒し
メカニックな化粧をこらした現代が
目に見えない鉄拳をふりあげて
村をならしてしまった

「カソ　カソ」と奇態なつぶやきをあげ
うつむいている村

しかしそれが文明であればそれもよい
それが現代であればそれもよい

うばわれぬ胸底の青空と地下水の声を
こっそりわれらは密造して売りあるく

出典）山本（1972：3-4）

う』（山本　1972：3-8）」。

椎窓は「カソカソと奇態なつぶやきをあげている村」（資料2-1）と書いた。そうであればこそ，山本の「ささやかな歩み」は過疎農山村社会学の重要問題である。かつて鈴木栄太郎はアメリカ農村社会学の起こりを，「農村社会学は農村生活が正調を欠いてきた時に生まれたのである」（鈴木　1970：13）と説明した。安達や山本の研究をみると，同じような動きは，日本の過疎農山村社会学にもあったように思う。なお，紙幅の関係で乗本（1996，1989）のすぐれた著作を紹介できない。参考文献に入れておくので，是非，読んでみるといいだろう。

▶練習問題9

安達の過疎定義（とくに「二重の疎外にさいなまれるという意識の疎外状況」）と椎窓猛の詩を対比させて理解してみよう。「二重の疎外にさいなまれるという意識の疎外状況」の実例を考えてみよう。

■10.「過疎問題の変容」の時期に対応した，新しい農山村社会学（1）：限界集落論

1990年頃以降から過疎地域は「人口社会減に加えて人口自然減」になった

ことは7節でみた。また，同じく2011年以降，日本社会が人口減少の時代に入ったことも確認した。ここから，**「過疎問題の変容」（7節）の時期に対応した，新しい農山村社会学**が必要となった。そこで圧倒的に影響力が大きかったのは，大野晃の**限界集落論**である。

大野によれば，集落には存続，準限界，限界，消滅の4段階がある（表2-5）。その内，限界集落とは「65歳以上の高齢者が集落人口の半数を超え，冠婚葬祭をはじめ田役，道役などの社会的共同生活の維持が困難な状態におかれている集落」のことである（大野　2009）。あるいは，「65歳以上の高齢者が集落人口の50％を超え，独居老人世帯が増加し，このため集落の共同活動の機能が低下し，社会的共同生活が困難な状態にある集落をいう」（大野　2005：23）。

さらに大野によれば，「人口，戸数が激減し高齢化が急速に進行している現代山村では……集落間格差が拡大するなか，存続集落から準限界集落へ，準限界集落から限界集落へと集落の状態が移行する流れが着実に進行して」いるという（大野　2005：23）。

大野は高知県の山村調査から，限界集落の概念を作り上げた。大野が調査するのは，高知県でももっとも厳しい山村である。その故か，そこでの生活実態

表2-5　集落の状態区分とその定義

集落区分	量的規定	質的規定	世帯類型
存続集落	55歳未満人口比50％以上	後継ぎが確保されており，社会的共同生活の維持を次世代に受け継いで行ける状態。	若夫婦世帯，就学児童世帯，後継ぎ確保世帯
準限界集落	55歳以上人口比50％以上	現在は社会的共同生活を維持しているが，後継ぎの確保が難しく，限界集落の予備軍となっている状態。	夫婦のみ家族，準老人夫婦世帯
限界集落	65歳以上人口比50％以上	高齢化が進み，社会的共同生活の維持が困難な状態。	老人夫婦世帯，独居老人世帯
消滅集落	人口・戸数がゼロ	かつて住民が存在したが，完全に無住の地となり，文字通り集落が消滅した状態。	

注）準老人は55歳～64歳までを指す。
出典）大野（2009：表1）

報告にはおどろかされる。

「(調査地域の：引用者) 奥大田の人々は，週一度移動スーパーが来ていた時代には日常の買い物はこのスーパーで済ませていたが，5年前から移動スーパーが来なくなり，日常の買い物は国道32号線の沿線にある大田口の商店まで出かけている。16戸の内，車がない家が8戸あり，70歳を越えた老人が大田口まで8kmの道程を下りに2時間，上りに3時間かけて徒歩で買い物をしている」(大野　2005：116)。

「年金をよりどころにしている独居老人」I子さん (72歳) の事例では，「買い物は，公民館前にやってくる移動スーパーで，週1回魚，卵を買う。買物にやってくる老人のほとんどは，立ち話を楽しむこともなく，買物をすませるとすぐに家へもどるという。長い間気管支喘息を病んでいるI子さんは，月に2回から3回地元の病院へ通っている。病院はバスがないのでタクシーを使うが，片道タクシー代が2070円かかり，家計の負担になっているという。一人で暮らしていると一日誰とも口をきかないで過ごすことが多く，月に1回やってくるホームヘルパーと話しをするのが楽しみだという」(大野　2005：96)。

かくて，限界集落は「独居老人の滞留する場と化しつつある」(大野　2005：118)。しかも，「山村の老人は日常生活において意外に相互交流に乏しく，テレビを相手に孤独な日々をおくっている」(大野　2005：97)。大野はこのような老人の暮らしを**「タコツボ」的生活**とよぶ。大野によれば，限界集落の老人は総じて，このように孤独で貧しい人びとなのである。

▶練習問題 10

過疎地の老人の「タコツボ」的生活について考えてみよう。自分の親戚の過疎地のお年寄りなどを思い浮かべてみよう。過疎地域に親戚のお年寄りがいない人は，自分の身のまわりの都市や町のお年寄りはどうだろう。

■11．限界集落論への経験的批判

このような大野の現状規定には批判も多い。徳野（1998）などがそれだが，ここでは**農山村高齢者のよい点**がむしろ強調される。農山村高齢者は，元気であれば農作業を続け生涯現役でいられるし，地域社会から期待もされている。これらのことから，都市の高齢者とくらべて，農山村の高齢者は恵まれているというのである（徳野　1998：154-156）。このことは，山本努（2017：186-209）の高齢者生きがい調査でも確かめられている。**中国山地山村の限界集落高齢者の生きがい意識は決して低くない。**むしろ，低いのは全国都市部の方である。そして，もっとも高いのは中国山地の過疎小市となった。

さらには，山村集落の高齢者の生活を支える仕組みはまだ滅び去っていない。たとえば，木下（2003b）によれば，**山村高齢者の暮らしは「他出した子どもとのネットワークで，かろうじて命脈を保っている」**（表 2-6）。この知見はその後，徳野の**Ｔ型集落点検**へと発展する。Ｔ型集落点検は「現在集落に居住している人だけでなく，他の地域に居住している他出子およびその世帯の人々のこともかなり詳しく調べる」（徳野　2015：30）調査方法である。この方法の詳細は本書７章を参照してほしいが，ここから，限界集落の人びとの暮らしは，最寄りのマチ，近くの市部など含めて，集落外の人びととの交流によって成り立つことが示された（4 章７節参照）。また，山村高齢者の暮らしは，家族（別居子），自然，農業（作物），同じ集落に住む人びと（集団参加，集落維持活動），生活費の安さ，土地に対する愛着などによっても支えられている（高野 2008；吉岡　2010）。

これらの論稿に示される共通点は限界集落論への疑義である。つまり，山村集落にも人びとは現に生活しているのであり，「『限界』というレッテルを貼ることは，……ためらわざるを得ない」（吉岡　2010）のである。高野和良（2008）のいい方を借りれば，「集落での生活を端からみればかなり厳しいようにうつるが，（集落の：引用者）女性独居高齢者４人の生活は，深刻な状況ばかりではない」ということになる。このような状況を理解するには，資料 2-2 の

表2-6　山口県玖珂郡錦町Ａ集落の世帯構成と子どもの関係

世帯・性・年齢	生活基盤	子どもとの関係
独居・女・69	自給農業 原爆被爆者	2男1女。長男長女は町内におりよくしてくれる。前夫との子岩国におり月1度くらい来訪。
独居・女・69	年金・農業	長男は山口市。月に1～2回生活必需品をもってくる。長女は柳井市におり，長男と交替でくる。
独居・女・73	年金・自給農業	1女。五日市（広島）に居住。月2～3回夫とともにくる。米やおかずをもってくる。
独居・女・74	年金・生活保護	3男1女。月2～3回電話あるが，めったに帰省しない。
独居・女・92	年金・自給農業	1男（あとの子は死亡），広瀬（錦町内）に住んでいる。役場勤務。頻繁にくる。物心両面の援助をしてくれる。
夫婦世帯・男75・女71	年金・農業	3女。広島，三原，福岡にいる。それぞれ週2～3回の電話と年2～5回の帰省。
夫婦世帯・男79・女79	年金・農業	4男1女。長男は大野町（広島県）に。年2～3回来訪。電話は頻繁。
夫婦世帯・男74・女68	年金・農業	1男2女。長女大阪，長男広島，次女福山にいる。長男，農業の手伝い。正月，長女のところですごすことも。
夫婦世帯・男84・女77	恩給・年金・自給農業	1男2女。長男は岩国市で小学校の教頭。病院は岩国に行く。どの子もよく電話してくる。
夫婦世帯・男59・女59	大工・農業	3女。みんな広島市に在住。年4～5回は行き来する。贈り物はもらうが，仕送り，小遣いはもらわない。

出典）木下（2003b：表1）より抜粋。調査は2002年

新聞記事は示唆的である。記事に出てくる山村集落は山本（2017：186-209）の調査地域の一部だが，町内会長はいう。「私たちは二重三重の人間関係で（高齢者の暮らしを：引用者）守っている。まちの人は大丈夫なんだろうか」。ここでは，**山村集落の生活共同（防衛）の機能**は残っている。山村集落は決して受け身の存在ではない。

▶練習問題 11

限界集落という言葉が新聞などにどのように出てくるか調べてみよう。

資料2-2　山村限界集落の集落機能

悪質商法 地域で撃退

お年寄りをねらった悪質商法が後を絶ちません。なぜだまされてしまうのでしょう。どうすれば相手にせずにすむでしょう。悪質商法の撃退に取り組む広島市の集落を例に、人と人のつながりで被害を抑える方法を考えました。

安心・見守り編

訪問販売は皆でお断り
集落の看板 抑止力に

「この地区での訪問販売は皆でお断りしています」「一人暮らしの老人を皆で見守っています」

広島市佐伯区湯来町の上多田集落には、そんな看板が道路脇のあちこちに立つ。集落に七つある町内会の会長の一人、白井義和さん(78)によると、2年ほど前、それぞれの町内会が費用を出して計14枚作った。「訪問販売をなんとか食い止めたい」と、白井さんがほかの町内会長に呼びかけたのがきっかけだ。

白井さんが提案して町内会でつくった看板。集落のあちこちに立っている＝広島市佐伯区湯来町多田

山と川に挟まれた斜面に家が並ぶ集落は77世帯130人。うち3分の2が65歳以上。かつて悪質商法の被害が出たことがある。

数年前、ある業者が布団の販売会を開いた。一軒家の持ち主を巧みに取り込んで借りた座敷が「会場」だった。「金だらいを無料であげる」と人を集めた。

うわさを聞いて集まった住民に「金だらいが欲しい人」と尋ね、手を挙げさせる。場が盛り上がったところで、今度は高額の布団セットを持ち出してきてまた聞く。「欲しい人」

雰囲気にのまれて手を挙げると大変だ。値段を聞いておじけづいたお年寄りに「さっき欲しいと言ったじゃないか」とやりこめる。引けなくなったお年寄りが契約――という手口だ。

布団を買わされた男性は、一定期間なら契約を解除できるクーリングオフを周りが勧めても「男だから返すのはみっともない」と断ったという。

シロアリ駆除に呉服、リンゴ販売……。集落にはいろんな業者が入ってくる。「移動スーパー以外の訪問販売は、安くても買わんでおこう」と住民の間で申し合わせている。

「看板のお陰で断る理由が相手にも見えて、抑止力になってます」と白井さん。一方で、こうも思う。「私たちは二重三重の人間関係で守っている。まちの人は大丈夫なんだろうか」

出典）『朝日新聞』2012年6月23日

■12. 限界集落論の生活状態の把握への批判

前節で限界集落論の経験的批判をみた。それでは，限界集落論がまったく無効かといえばそうはいえない。大野の限界集落論の知見は高知の山村調査からのものであり，前節に示した限界集落論批判の知見は九州，中国などの山村調査からのものだからである。そうであれば，高知では限界集落論が，九州，中国では限界集落論批判がそれぞれ正しいのかもしれない。

とはいえ，限界集落論の調査には不足があるように思える。集落の生活状態についての社会学的な調査があまりなされていない（ように思われる）からである。限界集落論の生活状態の把握は，大野（2005）の「物部村別役集落住民の生活状態（大野　2005：72-73の表1-13）」「K地区調査結果一覧（大野　2005：94-95の表20-7）」などをみると，世帯構成，土地所有（農地，山林），就労・生活状態，健康状態，備考の項目による。ここから，大野の調査項目には，世帯の項目はあるにしても，社会関係や集団参加の調査が重視されていない。備考で補足的にふれられる程度である。言い換えれば，**限界集落論の生活状態の把握は，世帯を別にすれば，経済（土地所有，就労・生活）と健康重視である。**

これに対して，社会学の立場では，「集団（や社会関係）」への人びと（個人）の参与（の束，総体）が「生活」である（1章3節）。**限界集落論を批判した木下や徳野の調査では，集団や社会関係が重要な調査項目としてでてくる。**木下（2003b）の「家族ネットワーク」の調査や徳野（2015）のT型集落点検，他出子調査などがそれである。さらには，限界集落論を批判した，山本（2017：186-209）の調査では住民意識が重要な問題として取り上げられている。これに対して，限界集落論では住民意識の問題もほとんど触れられていない。つまり，**限界集落論は「生活」と「生活意識」（住民意識）をほとんどみないのである。これは，山本（2017：169-183）が「限界集落論が生活をみないこと」として批判した点である。**

▶練習問題12

生活を把握するにはどのような調査が必要だろうか？　7章のT型集落点検による調査事例などを読んで考えたことを書きだしてみよう。

■13. 限界集落論への概念的批判とその改訂

「限界集落論が生活をみないこと」以外に，限界集落への批判として重要なのは，この概念の必要性についてである。大野は彼の主著『山村環境社会学序説』で，過疎概念の必要性を次のように否定する。「私の論文を読むとお気づきと思うが，山村研究にもかかわらず『過疎』という用語がまったく使われていない。それは，過疎という概念と実態がずれているように思えるからである。より事態が深刻化しているにもかかわらず相変わらず過疎という言葉ですませていいのだろうか，という疑問をもっているから使えないのである。事態がより深刻化しているその実態に合わせた概念化が必要になってきた時，限界集落という用語が生まれたのである。社会調査におけるリアリズムの追求の中から限界集落という用語が生まれたのである」（大野　2005；295）。

このように大野はいうが，過疎概念は本当に不要であろうか。安達（1981）の過疎概念は1968年時点での認識を示した古い論稿だが，「人口・戸数の急減」にともなう「部落の消滅」が過疎の問題とされており，大野の限界集落論が示す事態を明確に含んでいる（9節，図2-4参照）。

限界集落概念の意味を最終的に担保するのは人口減少（集落消滅）への傾向である。大野の存続，準限界，限界，消滅の集落区分（表2-5）が人口減少（集落消滅）の傾向と何らの関係がなかったと思考実験してみよう。その時には，大野の集落区分に意味を見いだすことは難しいだろう。そうだとすれば，わざわざ高齢化率を使って限界集落という概念を立ち上げる必要性があるのだろうかという疑問がある。**限界集落とは，「高齢化にともなう，共同性維持の困難（地域の消滅，崩壊）」を示す概念である**（表2-5の限界集落の規定も参照）。これに対して，**過疎とは「人口減少にともなう，共同性維持の困難（地域の消滅，崩壊）」を示す概念である**（図2-4過疎化のメカニズムも参照）。

つまり，両者は図2-5のように対比されるわけであるが，どちらが，「共同性（地域）維持の困難」をより直接に示すだろうか？　それは過疎概念（人口減少）であると考える。このことは，一定の実証的知見にも支えられている

	独立変数		従属変数
限界集落……	高齢化	――――→	共同性（地域）維持の困難
過疎…………	人口減少	――――→	共同性（地域）維持の困難

図2-5　限界集落と過疎の概念比較

出典）山本（2017：180）

（山本，2023a）。またこれは，限界集落の警告するものが，消滅集落（集落人口の消滅）への趨勢（つまり，人口減少）であることからの論理的必然でもある。したがって，**過疎概念は今日でも必要である。**

ただし，限界集落という概念を過疎のいちじるしく進んだ，非常に厳しい集落の状態を記述する用語として残すのはありえるかもしれない。その場合の規定は，「65歳以上の高齢者が集落人口の半数を超え」という量的規定はカットして，「冠婚葬祭をはじめ田役，道役などの社会的共同生活の維持が困難な状態におかれている集落」という質的規定から定義するのがよい。つまり，限界集落を過疎の下位概念（つまり，過疎のいちじるしく進んだ集落の意味）として限定的に用いるというやり方である。

限界集落という概念は，限界集落の展望のなさ（＝限界性）を，高齢化率50％以上という量的規定に依拠して，厳密な検証なしに一方的，一律的に強調したこと（レッテル貼り）に問題があった。このような事態を避けるためには，限界集落概念への上記の改訂は必要である。ただし，その改訂を経ても，「限界」という強い響き（レッテル貼り）は残る。ここに違和感や抵抗を感じれば，問題意識は継承するにしろ，この用語は破棄せざるを得ないだろう[5)]。

▶練習問題13

限界集落という概念が必要かどうか考えてみよう。過疎概念と限界集落概念のどちらが意味ある用語か考えてみよう。

14. 「過疎問題の変容」の時期に対応した，新しい農山村社会学 ⑵：農業，農村の多面的機能（公益的機能）の問題

限界集落論は過疎の深化に対応した認識であったが，もうひとつでてきた重要な認識がある。農業，農村の多面的機能（または公益的機能）をめぐる議論である。この議論は社会学の言葉を使えば，農業，農村の潜在的順機能の指摘ということになろう。つまり，農業，農村が社会や自然に対してよいはたらき

を意図せずに果たしているという認識である。この議論の端緒はどこにあるかは定かではないが，農業白書では1970年代から出始めている（佐藤・横川 2000）。その後，表2-7に示すような「農業・農村の役割の変化と多元化・重層化」（祖田 2000：39）が進む。つまり，**過疎（農業，農村の滅び）の深まりに比例して，農業，農村の重要性が認識されてきたことになる。**

農林水産省のウエブサイト（http://www.maff.go.jp/j/nousin/noukan/nougyo_kinou/#05 2018年11月現在）では「農業・農村は，私たちが生きていくのに必要な米や野菜などの生産の場としての役割を果たしています。しかし，それだけではありません。農村で農業が継続して行われることにより，私たちの生活に色々な『めぐみ』をもたらしています。この『めぐみ』を『農業・農村の有する多面的機能』と呼んでいます」と説明している。

この多面的機能の一覧は，祖田（2000：45の表3-3）や大内力（1990）が有力である。これらの論稿は山本（2017：223-227）で紹介したので，ここでは表2

表2-7　日本社会の展開と農業・農村の役割論の重点

<table>
<tr><th>時期区分</th><th>昭和20年代</th><th>30年代</th><th>40年代</th><th>50年代</th><th>60年代以降</th></tr>
<tr><td>主要な動向</td><td>復興期</td><td>高度成長前期
工業拡大
都市膨張</td><td>高度成長後期
環境・公害問題多発</td><td>低成長期
都市・地域問題多発
生活の質重視</td><td>成熟化・情報化
貿易・国際問題多発
国際交流</td></tr>
<tr><td>農業・農村の役割の変化と多元化・重層化</td><td>生存水準上の経済的役割</td><td>生活水準上の経済的役割
生存水準上の経済的役割</td><td>生態環境的役割
生活水準上の経済的役割
生存水準上の経済的役割</td><td>社会的・文化的役割
生態環境的役割
生活水準上の経済的役割
生存水準上の経済的役割</td><td>総合的役割
社会的・文化的役割
生態環境的役割
生活水準上の経済的役割
生存水準上の経済的役割</td></tr>
<tr><td rowspan="2">農学の動向
（追求価値）</td><td colspan="2" rowspan="2">生産の農学
（経済価値）</td><td colspan="2">生の農学</td><td rowspan="2">場の農学
（総合的価値）</td></tr>
<tr><td>生命の農学
環境農学
（生態環境価値）</td><td>生活の農学
社会農学
（生活価値）</td></tr>
</table>

出典）祖田（2000：39）

表2-8　農業，森林の多面的機能

農業の多面的機能	森林の多面的機能
1. 持続的食料供給が国民に与える将来に対する安心 2. 農業的土地利用が物質循環系を補完することによる環境への貢献 (1) 農業による物質循環系の形成 [1] 水循環の制御による地域社会への貢献 洪水防止 土砂崩壊防止 土壌侵食（流出）防止 河川流況の安定 地下水涵養 [2] 環境への負荷の除去・緩和 水質浄化 有機性廃棄物分解 大気調節（大気浄化，気候緩和など） 資源の過剰な集積・収奪防止 (2) 二次的（人工）自然の形成・維持 [1] 新たな生態系としての生物多様性の保全等 生物生態系保全 遺伝資源保全 野生動物保護 [2] 土地空間の保全 優良農地の動態保全 みどり空間の提供 日本の原風景の保全 人工的自然景観の形成 3. 生産・生活空間の一体性と地域社会の形成・維持 (1) 地域社会・文化の形成・維持 [1] 地域社会の振興 [2] 伝統文化の保存 (2) 都市的緊張の緩和 [1] 人間性の回復 （うち保健休養・やすらぎ） [2] 体験学習と教育	1. 生物多様性保全 遺伝子保全 生物種保全 生態系保全 2. 地球環境保全 地球温暖化の緩和 （二酸化炭素吸収，化石燃料代替エネルギー） 地球の気候の安定 3. 土砂災害防止／土壌保全 表面侵食防止 表層崩壊防止 その他土砂災害防止 雪崩防止 防風 防雪 4. 水源涵養 洪水緩和 水資源貯留 水量調節 水質浄化 5. 快適環境形成 気候緩和 大気浄化 快適生活環境形成（騒音防止，アメニティー） 6. 保健・レクリエーション 療養 保養（休養，散策，森林浴） 行楽 スポーツ 7. 文化 景観・風致 学習・教育 （生産体験・労働体験の場，自然，認識・自然とのふれあいの場） 芸術 宗教・祭礼 伝統文化 地域の多様性維持 8. 物質生産 木材 食料 工業原料 工芸材料

出典）『地球環境・人間生活にかかわる農業及び森林の多面的な機能の評価について』日本学術会議，2001年，15頁

資料2-3　中山間地域の役割や特徴

農村の中では，山間地やその周辺で，傾斜地が多く，まとまった耕地が少ないなど農業生産条件が不利な地域があり，このような地域を「中山間地域」と呼んでいます。中山間地域は，農村の中でも，平野部に比べ，経済性・効率性の向上が難しいと言われています。

一方で，中山間地域は，河川の上流域に位置して，農業生産活動を通じて，国土・環境保全などの機能を発揮し，下流域の都市住民を含め多くの国民の暮らしを守っています。

また，美しい棚田など日本の原風景とも言われる景観を持っているところもあります。

出典）『農山漁村に関する世論調査（2014年）』内閣府大臣官房政府広報室

-8を示しておきたい。これが先行の学説をふまえた最新バージョンだからである。

この「農業の多面的機能」は，『農山漁村に関する世論調査』（内閣府大臣官房政府広報室）によれば，「聞いたことがあり，内容も知っている」19.9%，「聞いたことはあるが，内容までは知らない」26.8%，「聞いたことがない」52.8%，「わからない」0.5%となる（2014年6月，日本国籍の20歳以上からのサンプルに個別面接調査，有効回収1,880人，有効回収率　62.7%）。また，同じ調査で，資料2-3を提示して，対象者に読んでもらってから，「あなたは，このような中山間地域の役割や特徴を知っていましたか」と尋ねると，「知っている」46.2%，「知らない」48.2%，「わからない」6.5%となる。この2つの調査項目はほぼ同じ主旨の質問だが，「聞いたことがない」「わからない」，「知らない」「わからない」が半数以上を占める。つまり，**「農業の多面的機能」の認識は人びとにそんなに広く共有されているとはいえない。**このこと自体，社会学的には検討に値する問題である。社会問題を認知（構築）するかしないかは社会学の重要な問題だからである（マートン　1966；キツセ&スペクター　1987）。ただし，この問題はまだ充分な展開はなされていない。今後の展開を待たざるを得ない。

▶練習問題 14

「農業の多面的機能」の認識が広く共有されているとは言い難いとすれば，何故，そのような状況がおこってしまったのか？　考えてみよう。

15.「農業，農村の多面的機能の問題」への違和感から，農山村社会学の問題へ

農業・農村の多面的機能の認識を広めるために，表 2-8 の「農業，森林の多面的機能」の貨幣評価が試みられている。それによれば，農業が 11 兆 8,700 億円／年，森林が 75 兆円／年という莫大な金額になる（14 節の農林水産省ウエブサイト「日本学術会議からの答申」より）。しかし，「めぐみ（＝農業・農村の有する多面的機能）」を貨幣換算することへの違和感はぬぐえない。「こうしためぐみは，お金で買うことのできないものであり，農業・農村の持つ様々なめぐみを思い，支えていくことが必要です」とは，同じ農林水産省のサイトに出てくる文言でもある。

「農業，農村の多面的機能」論にはこのような「意図しない微妙な問題」が含まれる。すなわち，「過疎農山村地域を考える時，地域に住む人々を中心に考えるのか，それともその地域のもつ公益的機能（農業，農村の多面的機能：引用者）を中心に考えるのか」という問題がそれである（山本　1996：19）。

仮に，公益的機能（農業，農村の多面的機能）を中心に考えるのだとすれば，必ずしも，地域に人びとが住む必要はない。極論すれば（現実的に可能かどうか別にして），上記の金額で多面的機能を買えばよいのである。この金額は巨額といえば巨額だが，日本のいくつかの有力企業の１年間の売上高をあわせれば，この程度の金額にはなる（トヨタ自動車の年間売上高は 30 兆円ほどである）。その場合，これを買うか買わないかは経済合理性の問題であり，経済学の問題となる。だが，そのような経済合理性の立場をとるかとらないかは人びと（社会）の意思決定であり，社会学の問題である。人びとの意思決定には，いろいろな基準があり，経済合理性のみが唯一の基準ではない。かくて，この「微妙

な問題」に決着をつけるのは，再び難しい。

とはいえ，この問題に「答え」を出すのは，人びと（社会）の選択が大きい。「すなわち，過疎・農山村での暮らしが生き甲斐に満ちた楽しいものであれば，人びとはそこに暮らすであろうし，生き甲斐のない苦しいものであれば，流出もしていくだろう。また山仕事などの土地保全，土地利用行為にやり甲斐を感じれば，それを行うであろうし，感じなければ行わないだろう。それが先の『微妙な問題』に対する，現実の側からの『答え』である」（山本 1996：21）。この「答え」には，前節でみた，「農業，農村の多面的機能」への人びとの認識も含む。つまり，農山村に住む人，住まない人含めて，すべての人びとの選択がその「答え」である。

このように考えると，「過疎地域や農山村の生活を自ら選びとる（あるいは選びとらない）選択の構造」（山本　1996：209）が，重要な問題として浮上する。このような問題を**農山村生活選択論**とよぼう。

農業，農村の多面的機能はあくまで，人びとが農山村で住み暮らすことの「意図しない結果（副産物）」（Merton　1936）にすぎない。逆にいえば，その多面的機能の喪失は人びとが農山村で住み暮らさなくなったことの「意図しない結果」である。

そうであれば，人びとはいかに地域に住み暮らすか，暮らさないかの選択の構造が重要である。かくて，「**① 人々はどのように過疎農山村の暮らしを選択するのか**」「**② 人々はどのように過疎農山村の暮らしを選ばないのか**」**が重要な課題となる。**広義の農山村生活選択論はこの２つの問題を含む。① を**（狭義の）農山村生活選択論**，② を**農山村生活拒否論**とよんでおこう。① の（狭義の）農山村生活選択論には農山村への定住・流入論を含み，② の農山村生活拒否論には農山村からの流出論を含む（図 2-6）。

「いまの共同体論をみていて，少し気になるのは，共同性や共同体，コミュニティということが，それを作ると機能的に便利だからということで議論されていることが多いこと」（内山　2012：90）である。この危惧は「農業，農村の多面的機能」論にも当てはまる。それを越えてゆくには，人びとにとって地域

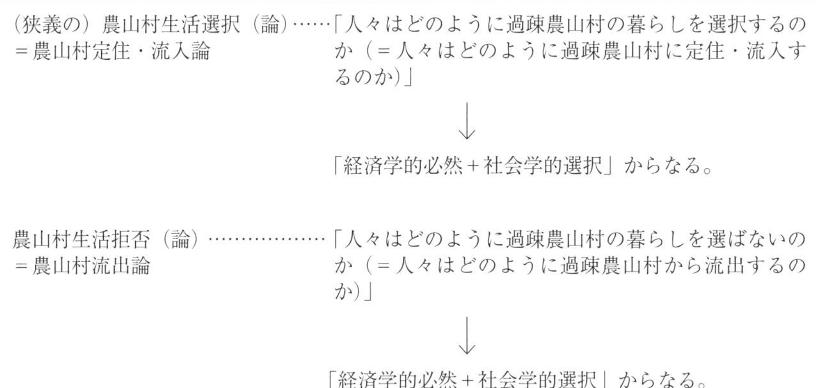

図2-6　農山村生活選択論（広義）**の課題**

社会とはそもそもどのような（根源的な）存在であるのかを問わねばなるまい。農山村生活選択論は究極的にはこの問いとも結びつく。

▶練習問題 15

農山村の生活をあなたは選択したいだろうか，したくないだろうか。その理由も含めて考えてみよう。

■16．農山村生活拒否論（農山村流出論）：経済学の説明

「人々はどのように過疎農山村の暮らしを選ばないのか」という農山村生活拒否論（農山村流出論）から取り上げよう。農山村生活の拒否を考えるにも，農山村の人びとが「どのような問題をかかえ，どのような希望や絶望の構造があるのか。そしてそれらに対して，どのような主体的対応や社会的計画があるのか」（山本　1996：22）という過疎農山村生活の基本的問いは重要である。しかもここで重要なのは，「希望」である。**「絶望」がその状況（生活）の拒否を生むとは限らないからである。**圧倒的でいかんともし難い「絶望」や「困難」は諦め（受容）を生む。「絶望」や「困難」の宿命主義的（fatalistic）な受けとめ（解

釈）がそれである（マートン　1966）。

この宿命論的な受けとめは，図 2-7 の昭和 30 年以前（高度経済成長より前）の状況にほぼ近い。昭和 30 年以前においては，低い経済力（経済的要因），きびしい「自然と生活」の環境（社会的要因）があるにもかかわらず農山村生活の拒否（農山村からの流出）はほとんど起こらなかった。むしろ，農山村の人びとは「経済意識の無自覚と諦観」（主体的要因）中に生きていた。ここにあるのは，本章 8 節に示した「古い秩序」の農村の姿である。これが変わってくるのが，昭和 30 年より後（高度経済成長以後）である。この頃から，農山村生活の拒否＝過疎（農山村地域からの人口流出）が起こるのである。

では何故，過疎が起こるのか。それは図 2-7 の昭和 30 年以降のところに示された，経済的，主体的，社会的な要因から説明することができる。これはさらに経済的要因と，主体的・社会的要因の 2 つの説明要因にわけることができる。前者は経済学，後者は社会学の説明要因である。

まず経済学の説明要因からみていこう。経済学では，過疎地域とは人口流出が経済学的に構造化・必然化されている地域のことである。過疎地域（経済活動の低いところ）から都市部（経済活動の高いところ）への人口流出は**経済学的必然**の性格が強い。すなわち，「大量の人口移動を経済学的に吟味すると，それは経済活動の低いところから，より高いところに向かっての移動である……。いわゆる過疎地域なるものは，これを経済活動の規模と水準に照らして吟味してみると，人口の相対的に多い地域であって，経済学的には過密地域なのである」（伊藤　1974：19）。経済学的にみて人口が多すぎる（過密な）地域から，経済学的にみて人口が希薄な（不足する）地域に人口が流出するのは，経済学的な必然である。

この人口流出の実例は，以下の新聞記事（資料 2-4）の学生をみればいいだろう。この学生は「地方で収入が安定した仕事は何かと考えると，公務員か銀行しか思い当たりませんでした」と考え，「在京の報道機関」に就職している。このような選択はこの学生だけではないだろう。「農山村の生活を選ばない」農山村生活拒否の構造（図 2-6）は強固に作られていることが理解できるだろう。

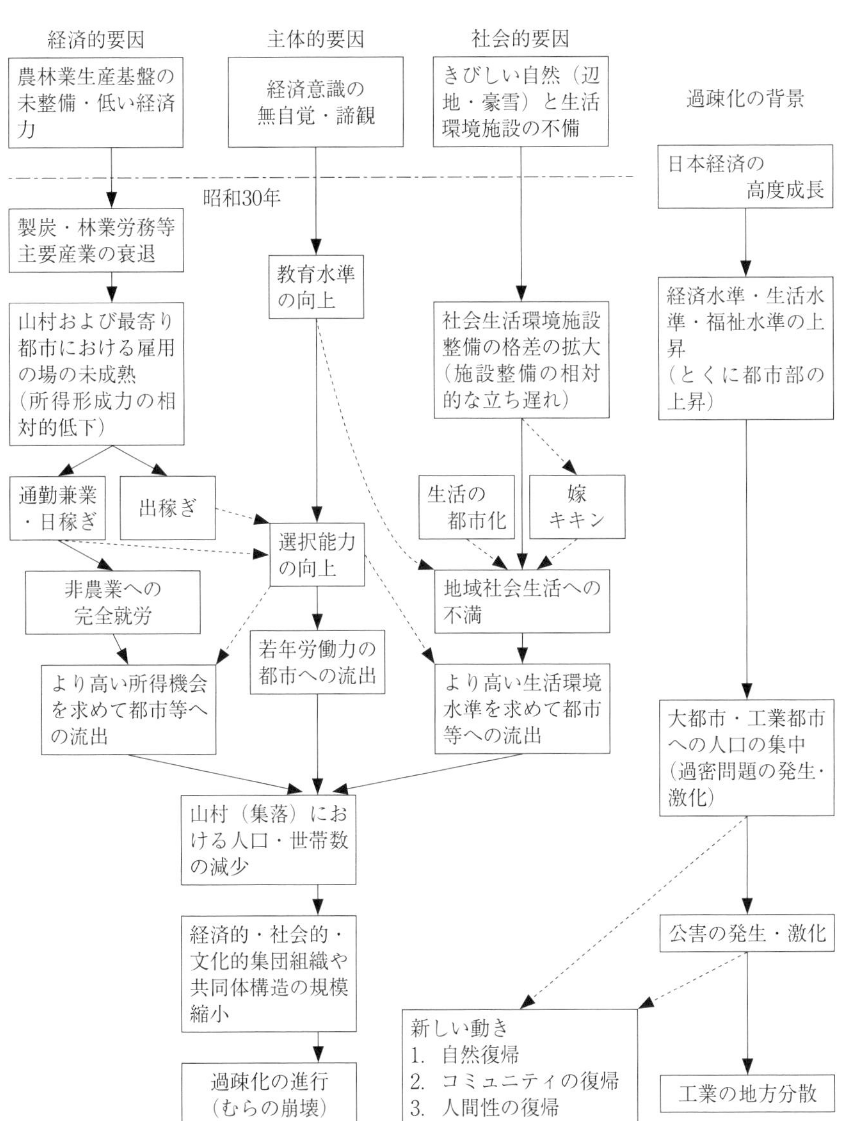

図2-7　過疎化のプロセス

資料）半田（1974）

資料2-4　大学生の記事

熊本市長選　私の選択

市役所に学生集える場を

大学進学を機に熊本市に移り住んで4年。就職は在京の報道機関に内定しました。就職活動中、熊本など地方で収入が安定した仕事は何かと考えると、公務員か銀行しか思い当たりませんでした。

高山未来さん(23)＝中央区黒髪、大学生

就活する上での都会の魅力は企業の多さ。転職先が見つかりやすく、力試しができるベンチャー企業もあります。熊本にはそれらがありません。

友人との会話で、政治の話はほとんど出てきません。耐震不足で建て替えられる市役所本庁舎に学生が集える場ができれば、政治や行政に関心を持つ若者も増えると思います。

（木村恭士）

出典）『熊本日日新聞』2018年11月14日

▶練習問題 16

「絶望」や「困難」の宿命主義的な受けとめについて例をあげてみよう。

17. 農山村生活拒否論（農山村流出論）：社会学の説明

しかし，農山村生活の拒否（＝農山村から都市への移動）は経済学的必然（図2-7の経済的要因）がすべてではない。**社会学的要因**も重要である。社会学的要因（＝図2-7の主体的・社会的要因）からみると，農山村から都市への人口流出は以下のように描ける。

まず，都市ではどんな人間も個性を自由に表現できる。都市のこのような性質については，本書1章5節から9節で示したが，フィッシャーの「都市の下位文化理論」やパークの「社会的実験室としての都市」などの学説を参照してほしい。高度経済成長によって都市化が進んで，窮屈な田舎から，自由な都市へ移動した人びとが少なからずいることは容易に想像できる。

さらに都市は人びとの能力や活動に是認（sanction）を与える。これについては，ソローキン＆ツインマーマン（1940：66-67）の学説が有益である。すなわち，「社会における個人の垂直的循環（社会的昇進および下降）の通路としての役目をなすあらゆる機関，大学，教会，財政的および経済的力の中心，軍隊の本部，政治的権力の中心，科学，美術，文学の中心部，国会，有力新聞，および他の**“社会的昇降機（social elevators）”は都市にあって，田舎にない**」。かくて「富める農夫はなお単に農夫にすぎないのであり，驚嘆すべき田園詩人も，都市の印刷物や都市の是認なしには，なお単に“彼の隣人達の詩人”に過ぎず，且つ世界に広く知られる事はない」。このように人の活動に是認を与え，人の地位を引き上げるはたらき（上昇移動の機能を担う“社会的昇降機”）をもつのが都市なのである。それは都市にしかない魅力であり，権力である。

以上から，農山村生活拒否（農山村からの都市への人口移動）の要因は**職場，お金などの経済学的要因**も重要であるが，**「自由」の追求や「夢」の実現（＝「自由」と「是認」）などの社会学的要因**も重要である。つまり，都市の魅力・権力（都市への人口移動の構造）は，このように非常に強固にできており，そう簡単には崩れそうにない。

都市への人口移動に社会学的要因が重要であるのは，たとえば，劇作家，評論家の**倉田百三**の自伝などが参考になる。倉田百三は「草深い田舎」（広島県庄原市）の裕福な呉服商の子で，「家業を継ぐなら父の大喜びなのは解りきっている」が，「大きな精神と，自由の気魄とのある東京の学校に行きたい」と願っている。「僕は哲学者になりたいのです」と懇願する倉田に，「父は私を憐れむのあまり，私の遊学を許した。但し一高はいけない。早稲田の専門部に3年間だけ遊学してくるがいいというわけだ。私はもう決心していた。断じて一高を受ける。……私はもうどんな事があっても商業は継がないと」書いている。倉田は結局，旧制広島県立三次中学から，第一高等学校（今の東大）に進んでいる（倉田　2002：235-244）。また，「一高はいけない，早稲田の専門部に」といった「父」の発言も学歴の社会的機能を考える上で興味深い。「父」は養子であり，家を継ぐべく生きてきたのである。

夏目漱石の『三四郎』も東京の大学に進んだ学生，小川三四郎が主人公である。福岡県京都郡真崎村の田舎出身で熊本の高校から出てきたのだが，「三四郎は九州から山陽線に移って，だんだん京大阪へ近づいてくるうちに，女の色が次第に白くなるのでいつの間にか故郷が遠退くような憐れを感じていた」（夏目　1969：93）。その三四郎は「どうも日本人じゃないような気がする」人物（日本人）と出会い，この男から「囚われちゃ駄目だ」といわれ，「この言葉を聞いた時，三四郎は真実に熊本を出たような心持ちがした。同時に熊本にいた時の自分は非常に卑怯であったと悟った」（夏目　1969：102-103）。

倉田百三と小川三四郎がともに感じたものは，**経済学的必然とはちがう都市の社会学的な魅力**である。ここに都市へ向かう人間の社会学的選択が想定される。都市の魅力はこのように社会学的にも強固にできており，人びとが農山村の暮らしを選ぶのは難しい。つまり，農山村生活拒否論には経済学的必然の側面は大いにあるが，社会学的な生活選択の関与も大きいのである。

▶練習問題 17

大都市に住みたいだろうか。住みたくないだろうか。その理由は何だろうか？

18. 過疎農山村生活選択論：土着と流動，定住経歴の現状

次に**「人々は過疎農山村の暮らしをどのように選択するのか。また，過疎農山村でどのように暮らしているのか」という農山村生活選択論（農山村定住・流入論）**の問題を取り上げる。そこで，過疎山村（大分県中津江村）の人びとがどのような経緯で村に住むようになったのかをみたい。村に住むようになった経緯を**定住経歴**とよぶが，それを示すのが表 2-9 である。これによると，中津江村の半数程度の人びとは，何らかの他地域体験（＝よそ生まれ，2 年以上よそに出たなど）をもつ流動（的人口）層であり，農山村イコール土着型社会というステレオタイプはもはや成り立たない。

ここで土着と流動とは，鈴木広の提唱する概念である。鈴木によれば，土着

(型）社会とは「社会を構成する大部分の成員の生活構造が，空間的にも時間的にも，また規範的にも，一定の範囲の内に完結して可変性に乏しい社会」をいい，逆に流動（型）社会とは「大部分のメンバーの生活構造が空間的・時間的に，また規範的に多様であり可変的であり，かつ非固定的である社会をいう」(鈴木　1993：1105)。そしてこの両概念を検討した三浦典子によれば，**土着（型）社会，流動（型）社会**とは端的につぎのように定式化できる。「理念的には，一方の極に構成員の全員が社会移動……を経験しない，完全な『土着型社会』が想定され，他方の極には，構成員全員が……移動を経験し，また，しつつある完全な『流動型社会』が考えられる」(三浦　1991：10)。すなわち，土着（型）社会と流動（型）社会の決定的相違は，社会移動の有無である。

表2–9によれば，「生まれてずっと」(42.7%)，「幼少時転入」(4.7%）は50%弱（47.4%）を占めた。この人びとを**土着層**とよぶことには異論はないと思われる。この定住経歴においては，移動はほとんど認められないからである。これに対して，「よそ生まれで仕事で転入」(6.7%)，「よそ生まれで結婚で転入」(22.7%)，「Uターンしてきた」(21.3%）は50%強（50.7%）を占めた。この人びとを**流動層**とよぶことにも異論はないと思われる。この定住経歴には移動が認められるからである。かくて，**現代の農山村はむしろ，流動型定住経歴が**

表2-9　定住経歴：中津江村

	人数	割合（%）
生まれてずっとこの地域	64	42.7
よそ生まれで幼少時転入	7	4.7
よそ生まれで仕事で転入	10	6.7
よそ生まれで結婚で転入	34	22.7
Uターンしてきた*	32	21.3
その他	3	2.0

注）Uターンとは，「学校や就職で2年以上よそに出たが戻ってきた」ことを指す。
出典）2016年調査，中津江村20歳以上住民からの無作為抽出標本調査

多いといえ，村はかなり流動社会的な性質をもつ。ただし，「よそ生まれで仕事で転入」「よそ生まれで結婚で転入」と「Uターンしてきた」では明らかに移動のタイプが異なる。前者は「よそ者（stranger）」であり，後者は「帰郷者（homecomer）」である。帰郷者は地元に帰ってきたのであり，土着的要素をもつ流動層である。

▶練習問題 18

あなたのまわりにUターンしてきた人はいるだろうか？　それはどのような人で，どのような事情からだろうか？

19. 過疎農山村生活選択論：運命的とも，機能的とも違う暮らしの可能性

前節でみたように流動層が多くなるのは，戦後生まれの世代からである。表2-10は島根県弥栄村の**定住経歴調査**だが，「**生まれてずっと**」（＝土着型定住経歴）が「戦前生まれ」の70％程度から，「戦後生まれ」の23.8％に大きく減少している。これに対して，増えてきているのは「**Uターン**」や「その他」や「結婚で転入」の流動型定住経歴である。「Uターン」は5％くらい（「戦前生まれ」）から32.8％（「戦後生まれ」）と，「その他」は4％くらい（「戦前生まれ」）から15.6％（「戦後生まれ」）と明確に増えている。「結婚で転入」は17％くらい（「戦前生まれ」）から20.5％（「戦後生まれ」）と微増（ないし横ばい）とみていいだろう。

つまり，「戦後生まれ」世代以降から，村は大きく流動（社会）化した。すなわち，農山村の生活に「選択（自分で選ぶ）」の要素が大きくなったということである。逆にいえば，「運命（生まれた時に決められたものとして与えられる）」の要素が小さくなったということでもある。

このような定住経歴を考える時，乗本（1989：111-114）の運命的定住と機能的定住の概念は有益である。**運命的定住**とは，代々そこに住んできたからとい

表2-10　定住経歴：弥栄村

	生まれてからずっと	仕事で転入	結婚で転入	Ｕターン	その他	合計
戦後生まれ（30～49歳）	23.8％	7.4	20.5	32.8	15.6	100.0％（122人）
戦前生まれ（50～64歳）	71.3％	3.0	15.9	5.5	4.3	100.0％（164人）
戦前生まれ（65歳以上）	69.5％	6.1	17.7	3.7	3.0	100.0％（164人）

注）1993年11月～12月調査。Ｕターンは「(村の）そとにでていたが戻ってきた」と答えた者。
出典）山本（1996：210）

う理由による定住である。これは，ウェーバー（1972）の社会的行為の類型を使えば，身についた習慣（伝統的行為）による定住といってよい。この場合，生活利便性は定住の根拠としては薄い。場合によっては，自然環境が厳しく災害に襲われても，人はそこに住み続ける。この典型は，離島や僻地の高齢者などにみられよう。これに対して，**機能的定住**とは，生活利便性に基づく定住であり，目的合理的な定住形態である。この典型は，都市住民などにみられよう。

運命的定住は土着社会の定住形態であり，「生まれてからずっと」が典型である。現代の農山村にとっても有力な定住経歴のひとつではあるが，減ってきつつある（表2-10）。機能的定住は農山村に利便性や目的合理性を見いだす人びとの定住形態であり，「仕事で転入」の10％弱の人びとが該当するのだろう（表2-9，表2-10，表2-11）。

これに対して，「Ｕターン」や「結婚で転入」をどう位置づけるべきだろうか。表2-10（弥栄村調査）の「戦後生まれ」でも，表2-11（北広島町調査），表2-9（中津江村調査）でも，この２つの定住経歴の割合はＵターンが20数％～30数％，「結婚で転入」が20％以上おり，現代の過疎農山村のメインの定住経

表2-11　定住経歴：北広島町（20～59歳）

定住経歴	割合
生まれてから，又は幼い頃からずっと（土着）	21.0%
Uターン	33.6
Jターン	0.5
仕事で転入	9.2
結婚で転入	27.6
Iターン	4.2
その他	3.9
合　計	100.0%（381人）

注）調査は2006年8月。Uターンは「北広島町の出身だが，しばらく町を離れてまた帰ってきた」者。Iターンは「町外の生まれだが，北広島町の良さに引かれて転入してきた」者。その他の選択肢のワーディングは山本（2017：114）を参照。
出典）山本（2017：116）

歴である。また，北広島町には「Iターン」が4.2%いる（表2-11）。これらにみられる定住は運命的とも，機能的ともややちがう生活選択のように思う。ここに過疎農山村生活選択論の問題が成り立つ現実的基盤がある。この問題の例解は3章に示す。

しかし，はっきりしているのは，農山村地域への流入や定住に経済学的必然（経済合理的行為）の要素は通常は小さいということである。ここに農山村に暮らす人びとの社会学的選択（過疎農山村生活選択論）が想定される根拠がある。つまり，**過疎農山村生活選択論**は，都市に向かう人口の動きを作る経済学的必然（16節）や，都市の魅力（17節参照）に抗する，過疎農山村に向かう社会学的選択（暮らしの選択）が主な課題である。**「矢部は儲けるところではなくて暮らすところだ」**とは，山本（1981：24；本章9節の引用）の熊本県矢部調査で得られた農民の名言である。ここにある「暮らし」の内実や選択を問うのが過疎農山村生活選択論の課題である。

▶練習問題19

運命的とも，機能的ともちがう生活選択とは具体的にはどのようなものだろうか？

20. 社会学的地域社会（コミュニティ）の重要性

本章では農山村地域社会学の問題構図を考えてきたが，地域社会学の一義的な関心は社会学的地域社会（コミュニティ）にある（1章1節）。そこで，人間にとって社会学的地域社会（コミュニティ）がどのように重要かを考えておかねばなるまい。その時，明治の文豪で，軍医としても栄達を得た森鷗外の遺書は非常に示唆的である。遺書は次のように書かれている。

「余ハ石見人 森林太郎トシテ死セント欲ス」（森　1985）。鷗外は「アラユル外形的取扱ヒヲ辭」シ「石見人 森林太郎」として死にたかったのである。言い換えれば，鷗外にとって「石見人」であることは「外形的」なことではない。ここには，社会学的地域社会（コミュニティ）の根源的意味が凝縮されているように思う。

ただし，鷗外のような心情を好ましいものと思えるにしても，普通の現代人が鷗外のようにいうのは難しいようにも思う。とはいえ，機能しているコミュニティならば「コミュニティは私たちのアイデンティティの一部だ。コミュニティは私たちに力を持っているという感覚を与えてくれる」という事態は，充分ありえる。「私たちは周囲の人びとによって形作られる」からである。「喜びは友人がともに喜んでくれればいっそううれしいものだし，成功は自分が一目置く人たちに褒められればいっそう輝きを増す。支持してくれる人々がいれば，抗議は孤独ではなくなり，憤りに自信が持てるようになる」（Rajan　2019＝2021：3-4）のである。

私たちは，自分という人間を定義している種々の集団に参与して暮らしている（Rajan　2019＝2021：4）。家族，宗教，職業，学校，同じ出身地，趣味，民族集団，階級などがそれである。これらはそれぞれ，「私（アイデンティティ）」

を作るパーツである。そして，このパーツに出会う（参加する）場が，社会学的地域社会（コミュニティ）である。たとえば，A さんは九州のお百姓であり，B さんは神戸の社会学者であり，C さんは離島の△△島の診療所のお医者さんかもしれないし，○○地域のお産をささえる○○市の産婦人科医かもしれない。このようにコミュニティはメンバーに「自分の居場所と帰属の感覚」（Rajan　2019＝2021：8）を与えるのである。

この「感覚」の重要性は資料 2-5 のボクシング元世界王者・ガッツ石松氏や，資料 2-6 の歌手の水前寺清子氏の聞き書きからも例証できよう。ガッツ石松氏にとって「生まれ育った栃木県粟野町（現・鹿沼市）での 15 年間が，私の生きる知恵の大本になっている」。また「東京での生活が栃木より何倍も長くなりましたが，永眠する場所は栃木と決めて……」いるのである。水前寺清子氏は「大好きだったお父ちゃんとお母ちゃんの故郷だから……熊本のためならどこでも歌う」といい，「（自宅のある東京都世田谷区の桜新町は，第二の故郷で）……もう 50 年以上住んでいて，地域の人たちにお世話になってきました」という[6)]。このガッツ石松氏や水前寺清子氏の感覚は森鷗外のそれとほぼ同じである。これは地域社会学にとって非常に重要な「感覚」である。

このような感覚がまったくない，抽象的な「個人」は本書 1 章 1 節に示した，経済学的地域社会（リージョン）において想定された人間である。合理的，理知的，利益的，匿名的な関係システムの中の人間像というべきである。経済学的地域社会（リージョン）はグローバライズし，巨大システムを形成してい

資料2-5　話の肖像画㉗　2023年2月28日
プロボクシング元世界王者・タレント　ガッツ石松（73歳）

《古里への思いは強い》

両親が亡くなってからは、里帰りの回数もめっきり減りましたが、何か壁にぶち当たったときとか行きますね。参院選で落ちたときも行き、しばらく畑で横になって空を眺めていたら、不思議と元気になってきた。生まれ育った栃木県粟野町（現・鹿沼市）での15年間が、私の生きる知恵の大本になっているので、行けば何か感化されるものがあるのでしょう。近くに工業団地ができ、高速道路も通り、だいぶ風景は変わりましたが、少年時代に見た山や川はまだ残っており心が安らぎます。

東京での生活が栃木より何倍も長くなりましたが、永眠する場所は栃木と決めていて、何年か前に鹿沼市に自分の墓を建てました。「ガッツ家の墓」とし、脇の墓誌にはボクサーとしての全戦績が記され、チャンピオンベルトのレプリカも飾られた、こだわりの生前墓です。

もっとも、入るのは20年、いや30年は先だと思っています。これまでガムシャラに走り続けてきたので、今は少々、休憩し、またエネルギーがあふれてきたら、もうひと暴れします。「ガッツ伝説」はまだ閉じません。

出典）『産経新聞』2023年2月28日

る。この巨大システムの代表は，資本主義的市場経済，国民国家群などが典型だが，これらが，人間を幸福にするのであれば，問題はない。

しかし，そこへの懐疑や不安はむしろ広がっている。これについては，本書の「はじめに（改訂版によせて）」でもふれたが，たとえば，次のような認識の広がりである。「個人がバラバラになった社会は資本主義の駒として人間が使われるばかりであり，孤立，孤独，不安，ゆきづまりといった言葉の方が，

資料2-6　語る—人生の贈りもの—⑭　歌手　水前寺清子

語る —人生の贈りもの—

熊本復興のため どこでも歌う

歌手

水前寺 清子 14

《熊本に住んでいたのは生まれてから小学校6年までだが特別な思いを持っている》

大好きだったお父ちゃんとお母ちゃんの故郷だからね。2人とも東京で亡くなったがいつかは熊本に帰りたいという気持ちがあったと思う。親孝行のつもりもあって約20年前に熊本市内にケアハウスを建てたこともあります。諸事情あって今では運営に携わっていませんが。

《2016年の熊本地震には衝撃を受けた。故郷のシンボル、熊本城の惨状を「私の歴史も終わった感じです」と話した》

とにかくショックでした。支援物資も大切ですが、歌を通じて元気になってもらうことも私の大きな使命だと思いました。

地震から約1カ月後に行われた、地元サッカーチーム「ロアッソ熊本」の「熊本地震復興支援マッチ」では、ピッチで「三百六十五歩のマーチ」を歌いました。スタジアムは大盛り上がりで、本当は歌いながらロアッソサポーターの前に行くだけのはずが、相手チームのサポーターも盛り上がっていたので、反対側まで行ってしまいました。ヘトヘトでした。

《その年の11月には米ニューヨークで開催された熊本地震被災地支援のチャリティーコンサートにも参加した》

熊本のためならどこでも歌うつもりでした。フィナーレでは日系の小中学生が一緒に「三百六十五歩のマーチ」を大合唱してくれて、ニューヨークから「がんばろう」の声を被災地に贈ってくれた。感動して涙が出ました。

《自宅のある東京都世田谷区の桜新町は第二の故郷だ。毎春、さくらまつりでの歌謡ショーは地元の名物になっており、楽しみにしている人も多い》

もう50年以上住んでいて、地域の人たちにお世話になってきました。地域に貢献できればという思いでまつりに参加しています。でも、コロナで3年間、中止に。今年は4月9日開催の予定なので楽しみです。

（聞き手・斉藤勝寿）

「ロアッソ熊本」のユニホームを着て復興支援マッチに参加©AC Kumamoto

出典）『朝日新聞』2023年3月9日

個人の社会にはふさわしいことが次第に明らかになってきた。代わって，関係性，共同性，結びつき，利益，コミュニティ，そして『共同体』が未来に向けた言葉として使われるようになってきた」（内山　2010：2）。

それは社会学の言葉でいえば，派生社会（人間の特別な努力でつくられた「人為社会」）優位に対する，基礎社会（「血縁ならびに地縁の密接なるに従ひて相結合する」「自然社会」（高田　1919：937-939））の劣化というべき事態である。派生社会は基礎社会の上に文字どおり，「派生する」のであるから本来，基礎社会なしには出てこない。しかし，現代社会は派生社会が圧倒的優位にあり，「結合定量」であるとすれば，基礎社会は縮小する。

それでも基礎社会（地域社会や家族など[7)]）は必要であることを暗示，実証するのが地域社会学を含めて社会学の課題である。鈴木栄太郎の都市社会学説に聚落社会という概念がある。本書の社会学的地域社会に近いが，聚落社会は「共同防衛の機能と生活協力の機能を有するために，あらゆる社会文化の母体となってきたところの地域社会的統一であって，村落と都市の2種類が含まれている」（鈴木　1969：80）という。ここに示された，**共同防衛，生活協力，社会文化の母体**という3機能は，前述の巨大システムに取り囲まれた暮らしが圧倒的になればなるほど，人びとの暮らしに必要である[8)]。それを問うのが地域社会学（あるいは社会学）である。

▶練習問題 20

社会学的地域社会（コミュニティ）はあなたにとって身近だろうか？　また，重要だろうか？　鈴木栄太郎の『都市社会学原理』の第2章第1節「地域的社会的統一」，第3節「共同防衛の機能」，第5節「生活協力の機能」を読んで考えてみよう。

注)

1) 高度経済成長を経て，家族規範の変化も重要である。家継承という規範が急速に消えていくのである。これについては，3章注4（図3-1）参照。

2) この自然増減率は『過疎対策の現況（平成7年版）』による。表2-3の出典である『過疎対策の現況（平成28年度版）』よって1970年から85年の自然増減率が示せればベストだが，それができないための処置である。ただし，このことで本書の論旨に問題が生じるわけではない。2つの『過疎対策の現況』が取り扱う過疎地域（自治体）は法律の変更，市町村合併などがあったにしても，大きな変更はなく，ほとんど同じだからである。

3）表2-4によれば，2010年は+0.02%の人口増である。したがって，日本社会の人口増加期はもっとも長くみて2010年までである。

4）本章では農山村社会学という用語を頻繁に使うが，漁村の問題を小さいと思っているわけではない。しかし，漁村社会学は山岡栄一（1965）などの貴重な著作はあるが，研究の蓄積が小さいことは否めない。このような理由で，農山漁村社会学とは表記せず，農山村社会学とした。また，ここでは，農村社会学と農山村社会学の厳密な区別はつけていない。ほぼ相互互換的に使用している。

5）限界集落の概念上の問題点は，山本（2017：169-183；2023a）も参照してほしい。本節の議論をより詳しく展開している。

6）ガッツ石松氏にとっての栃木県粟野町，水前寺清子氏の熊本はリップセット（1978）のいうcommunity of orientationに相当する。community of orientationとは，「13歳から19歳までの間でもっとも長く過ごした地域社会」であり，「10代をすごした地域社会」「人間の成長期のコミュニティ」などと邦訳されている。community of orientationが職業間移動を決定する要因のひとつになっており，「community of orientationが大きいほど，彼のつく職業の地位は高い傾向がある」（リップセット＆ベンディクス　1969：194）。このようなことも含めて，地域社会は「私」をつくっている。

7）高田保馬の基礎社会には実は国家を含む。その意味でここの例示は高田学説を忠実に紹介してはいない。高田の基礎社会は，血縁社会（家族など）と地縁社会（都市・村落，国家，国際連合など）を含む（高田　1971：105，176）。しかし，今日の感覚からすると，国家（や国際連合）は基礎社会でなく，派生社会に含むのが適切なように思う。実際，高田よりも後の世代の学者（たとえば，鈴木栄太郎や富永健一）は国家を基礎社会に含んでいない。鈴木（1969：68）は聚落社会を基礎社会とみる。富永（1986：208-226）は家族，親族を基礎社会とみるのである。本書ではこれらを考慮して，基礎社会には地域社会と家族と親族を認める。さらに高田より古い学説では，MacIver（1921：81）によれば国家はアソシエーション以外の何ものでもない。つまり，ここでも国家は基礎社会（コミュニティ）ではない。

8）このことの日常的な事例は，巨大システムの例としてネットでの買い物などを考えてみればよい。そこには，「口コミ」とか「カスタマーレビュー」などがついていて，人びとに「安心」を与えている。これも聚落社会（＝コミュニティ）の「共同防衛」の実例である。この例は環境社会学者の牧野厚史熊本大教授の大学院ゼミでの発言に負う。また，本章の資料2-2は「悪質商法」を撃退した山村集落の「共同防衛」の事例である。さらには，山本（2023b）では，共同防衛の事例ふくめて，聚落社会の解説を示した。

参考文献)

安達生恒，1981，『過疎地再生の道（著作集④)』日本経済評論社

福武直，1952，「社会の構造」福武直・日高六郎『社会学—社会と文化の基礎理論—』光文社：73-138（『福武直著作集第2巻』東京大学出版会，1975年）

——，1976，『日本の農村社会（福武直著作集第4巻)』東京大学出版会

蓮見音彦，1973，『社会学講座　4　農村社会学』東京大学出版会

半田次男，1974，「過疎地域の産業と行財政」伊藤善一編『過疎・過密への挑戦』学陽書房：197-243

伊藤善一，1974，「総論—地域開発政策の展開—」同編『過疎・過密への挑戦』学陽書房：3-42

木下謙治，1998，「農村社会学の展開と課題」日本社会分析学会『社会分析』26：1-15

——，2003a，「農村社会」同編『社会学』九州大学出版会：63-71

——，2003b，「高齢者と家族—九州と山口の調査から—」『西日本社会学会年報』創刊号：3-14

Kitsuse J. I. and M. Spector, 1987, *Constructing social problems*, Aldine de Gruyter.（＝1990，中河伸俊・鮎川潤・森俊太・村上直之訳『社会問題の構築—ラベリング理論を越えて—』マルジュ社）

倉田百三，2002，『光り合ういのち—わが生いたちの記—』倉田百三文学館友の会

増田寛也・人口問題研究会，2013，「2040年，地方消滅。『極点社会』が到来する」『中央公論』12月号：18-31

Lipset, S. M., 1955, “Social Mobility and Urabanization”, *Rural Sociology*, 20: 220-228.（＝1978，中村正夫訳「社会移動と都市化」鈴木広編『都市化の社会学（増補版)』誠信書房：151-164）

Lipset, S. M. and R. Bendix, 1959, *Social Mobility in Industrial Society*, University of California Press.（＝1969，鈴木広訳『産業社会の構造』サイマル出版）

Maclver, R. M., 1921, *The Elements of Social Science*, Methuen & Co. Ltd.

Merton, R. K., 1936, “The Unanticipated Consequences of Purposive Social Action”, *American Sociological Review*, 1(6): 894-904.

——, 1966, “Social Problem and Sociological Theory”, K. Merton. and R. A. Nisbet, eds., *Contemporary Social Problems* (2nd ed.), Harcourt Brace.（＝1969，森東吾訳「社会問題と社会学理論」森東吾ほか訳『社会理論と機能分析』青木書店：409-471）

三浦典子，1991，『流動型社会の研究』恒星社厚生閣

森鷗外，1985，『新潮日本文学アルバム　1　森鷗外』新潮社

夏目漱石，1969，『日本文学全集　夏目漱石』河出書房

乗本吉郎，1989，『過疎再生の原点』日本経済評論社

——，1996，『過疎問題の実態と論理』富民協会

大野晃，2005，『山村環境社会学序説―現代山村の限界集落化と流域共同管理―』農山漁村文化協会
――，2009，「山村集落の現状と集落再生の課題」日本村落研究学会『年報村落社会研究』45：45-87
大内力，1990，『農業の基本的価値』家の光協会
Rajan, R., 2019, *The Third Pillar: How Markets and the State Leave the Community Behind*, Penguin Press.（＝2021，月谷真紀訳『第三の支柱―コミュニティ再生の経済学』みすず書房）
佐藤剛史・横川洋，2000，「わが国における農業の多面的機能論の遷移と景観概念の解明―景観視点からの農業の多面的機能構成要素の分類―」『九州大学大学院農学研究院学芸雑誌』55(1)：93-109
祖田修，2000，『農学原論』岩波書店
Sorokin, P. A. and C. C. Zimmerman, 1939, *Principles of Rural-Urban Sociology*, Henry Holt and Company.（＝1940，京野正樹訳『都市と農村―その人口交流―』巌南堂書店）
鈴木栄太郎，1969，『都市社会学原理（鈴木栄太郎著作集Ⅵ）』未来社
――，1970，『農村社会の研究（鈴木栄太郎著作集Ⅳ）』未来社
――，1976，『日本農村社会学原理（鈴木栄太郎著作集Ⅰ）』未来社
鈴木広，1993，「土着型社会／流動型社会」森岡清美・塩原勉・本間康平編『新社会学辞典』有斐閣：1105
高田保馬，1919，『社会学原理』岩波書店
――，1971，『社会学概論』岩波書店
高野和良，2008，「地域の高齢化と地域」堤マサエ・徳野貞雄・山本努編『地方からの社会学―農と古里の再生を求めて―』学文社：138-170
徳野貞雄，1998，「少子化時代の農山村社会―『人口増加型パラダイム』からの脱却をめざして―」山本努・徳野貞雄・加来和典・高野和良『現代農山村の社会分析』学文社：138-170
――，2015，「人口減少時代の地域社会モデルの構築を目指して―「地方創生」への疑念―」同監修『暮らしの視点からの地方再生』九州大学出版会：1-36
富永健一，1986，『社会学原理』岩波書店
――，1995，『社会学講義―人と社会の学―』中公新書
内山節，2010，『共同体の基礎理論―自然と人間の基層から―』農山漁村文化協会
――，2012，『内山節のローカリズム原論―新しい共同体をデザインする―』農山漁村文化協会
ウェーバー，M.，清水幾太郎訳，1972，『社会学の根本概念』岩波文庫
山本努，1996，『現代過疎問題の研究』恒星社厚生閣
――，1998，「過疎農山村研究の新しい課題と生活構造分析」山本努・徳野貞雄・加来和典・高野和良『現代農山村の社会分析』学文社：2-28

――，2017，『人口還流（Uターン）と過疎農山村の社会学（増補版）』学文社
――，2023a，「農村社会学の小集落モノグラフ調査の重要性―限界集落の概念における量的規定と質的規定の齟齬に触れながら，また，農村業センサスの統計分析に示唆されて―」山本努・岡崎宏樹編『現代社会の探究―理論と実践―』学文社：322-340
――，2023b「地域社会―鈴木栄太郎の聚落社会の概念を基底において」山本努・吉武由彩編『入門・社会学―現代的課題との関わりで―』学文社：43-64
山本陽三，1972，『風と土と人と』御茶の水書房
――，1981，『農の哲学（こころ）』御茶の水書房
山岡栄一，1965，『漁村社会学の研究』大明堂
吉岡雅光，2010，「限界集落の限界とは」『立正大学人文科学研究所年報』48：17-30
吉川洋，2012，『高度成長―日本を変えた六〇〇〇日―』中公文庫

自習のための文献案内

① 日本村落研究学会編（鳥越皓之責任編集），2007，『むらの社会を研究する―フィールドからの発想―』農文協
② 日本村落研究学会編（池上甲一責任編集），2007，『むらの資源を研究する―フィールドからの発想―』農文協
③ 余田博通・松原治郎編，1968，『農村社会学―実証研究による体系化―』川島書店
④ 鳥越皓之，1993，『家と村の社会学（増補版）』世界思想社
⑤ 鳥越皓之，2023，『村の社会学―日本の伝統的な人づきあいに学ぶ―』ちくま新書
⑥ 中国新聞取材班，2016，『中国山地過疎50年』未来社
⑦ 徳野貞雄，2007，『農村（ムラ）の幸せ，都会（マチ）の幸せ―家族・食・暮らし―』NHK出版
⑧ 高野和良編，2022，『新・現代農山村の社会分析』学文社
⑨ 山川菊栄，1983，『わが住む村』岩波文庫
⑩ エンブリー，J. F.，田中一彦訳，2021，『新・全訳　須恵村―日本の村』農文協
⑪ スミス，R. J. & L. W. エラ，河村望・斎藤尚文訳，1987，『須恵村の女たち―暮しの民俗誌―』御茶の水書房
⑫ マッキーヴァー，R. M.，中久郎・松本通晴訳，1975，『コミュニティ―社会学的研究：社会生活の性質と基本法則に関する一試論―』ミネルヴァ書房
⑬ 山本努，2024，「地域社会学入門―未完のプロジェクト，マッキィーバーのCommunity論を基軸に」同編『入門・地域社会学―現代的課題との関わりで―』学文社：第1章

①②は数少ない農山村地域社会学の入門書。この２つは守備範囲がやや違う。社会学の学生には①が，農業経済学の学生には②がややなじみやすいかもしれない。③は①②以前の農村社会学の標準的テキストを作る試み。この本が出た頃は，高度経済成長はなやかな頃で「農村社会学などという斜陽の学問をやってどうするのだ」（同書１頁）という声が聞こえたという。その時代背景からも貴重。⑤は日本農村社会学に重厚な蓄積のある家村論についてのすぐれた入門書。難解な家村論を平易に解説してくれる。⑥と⑦と⑧は現代農山村のフィールドリサーチの成果。⑥は中国山地を長く追ってきた中国新聞社の最新の過疎農山村ルポ。⑦⑧は農村社会学の手法で現代農山村を非常に興味深く解読する。⑨⑩⑪は戦前昭和期の農村報告の古典。われわれの近い過去の農村の暮らしがわかる。⑨は今の神奈川県藤沢市，⑩⑪は熊本県球磨郡あさぎり町がフィールド。⑫は地域社会学を学ぶ者の古典。コミュニティの原論ともいうべき著作。フィールドを調査する者にも，原論はいる。コミュニティという言葉を使う以上は，じっくり取り組まねばならない。ただし，いきなり⑫がきびしいなら⑬でマッキーヴァーのコミュニティについて学ぶのもいいだろう。

第3章　過疎農山村生活選択論への接近

――人口還流と地域意識の調査からの例解

山本　努・ミセルカ アントニア

1．農山村生活選択論の課題

第2章で農山村生活選択論の課題を示した（図2-6）。それは，2つの課題を含むものであった。ひとつは，**（狭義の）農山村生活選択論**（＝農山村定住・流入論）で**「人々は過疎農山村の暮らしをどのように選択するのか。また，過疎農山村でどのように暮らしているのか」**（2章18節，15節図2-6）という課題であった。もうひとつは**農山村生活拒否論**（＝農山村流出論）で**「人々はどのように過疎農山村の暮らしを選ばないのか」**（2章16節，15節図2-6）という課題であった。本章では，この前者（農山村生活選択論）の課題の例解的な基礎分析を示す。例解であるから，ここに示すのは，農山村生活選択論が具体的にはどのように展開されるのかという調査分析の事例ないし，方向性を示すものである。したがって，ここでの調査方法や結論は今後のさらなる調査研究の「たたき台」になることを意図している。

ところで，徳野貞雄（2015：32-33）によれば，今日の過疎農山村研究には，2つの「誤り」がある。すなわち，ひとつは，客観的データや資料から過疎化・高齢化・少子化・農林業の衰退などの外的社会環境の悪化のみを指摘しがちである。2つは，内的生活条件の悪化を示唆する場合，将来不安に目がいきすぎ，現実的生活基盤の研究が無視されがちである。この指摘は上記の研究課題に即していえば，（狭義の）農山村生活選択論（＝農山村定住・流入論）の等閑視と，農山村生活拒否論（＝農山村流出論）の過度の強調に他ならない。これではまずいわけで，研究の主流はむしろ，（狭義の）農山村生活選択論（＝農山村定住・流入論）におかれるべきである。農山村生活拒否論（＝農山村流出論）は仮に精緻に実証されても，農山村生活の拒否が「科学的」に証明されるわけで，それでは，農村社会の展望を開かない。むしろ，「あきらめ」の気持ちを「科学的」に作りかねない。言い換えれば，限界集落という時の「限界性」を精緻に実証しても，農村の展望は得られず，意義は相対的には小さいと思われるのである。これに対して，（狭議の）農山村生活選択論は，農山村の展望を何とか見いだそうとする研究である。ここでの知見は地域の持続に資するものになりうるはずである。

そこで，本章では，過疎地域住民の地域意識を分析したあと，人口還流に着目する。人口還流の分析では，定住経歴の実態を示し，還流の理由を中心に分析を行う。分析には大分県中津江村の2つの調査（1996年調査，2016年調査）データを使用する[1)]。

■2．過疎農山村の地域意識

本節では中津江村における地域意識に関するデータを示し，1996年調査と2016年調査の比較を行う[2)]。まず，**地域に対する愛着**を尋ねた結果，1996年調査で「好きだ」と答えた者は74.9%で，2016年調査では82.4%であった。前回より7.5ポイント上がっている（表3-1）。つまり，中津江村における地域への愛着が20年前にくらべるといくらか増加したことが考えられる（少なくとも，減少していない）。

それに対して，**地域の将来展望**については表3-2のようである。すなわち「この地域はこれから生活の場として良くなると思う」と回答した者は，1996年の調査でも18.7%とかなり少ない。それが2016年調査では4.2%と非常に少なくなっている。さらには，1996年調査では「（良くなるとは）あまり思わない」が54.7%でもっとも多かったが，2016年調査ではより否定的な「（良くなるとは）思わない」が52.4%でもっとも多くなっている。つまり中津江村の将来展望は1996年調査よりかなり暗くなっている。

しかし，将来展望の暗さにもかかわらず（表3-2），地域に対する愛着は変わ

表3-1　この地域が好きか？

	1996年		2016年	
	人数	割合（%）	人数	割合（%）
そう思う	162	35.6	58	39.5
まあそう思う	179	39.3	63	42.9
あまりそう思わない	83	18.2	20	13.6
そう思わない	31	6.8	6	4.1

らず強い（表3-1）。そこで，将来の生活はどうなるかわからない中，この地域に住み続けたいのかどうかが問題になる。これを明らかにするために，**定住意識**を聞いてみた。その結果，1996年調査でも2016年調査でも「住み続けたい」と答える者は82％程度になる（表3-3）。つまり，大多数の住民は変わらず中津江村に住み続けたいのである。

ところが，**子どもや孫に関する定住意識**では様子がかなり異なる。1996年調査では「子や孫にも住み続けてほしい」と回答した者は約半分（51.5％）にとどまった。さらにこれが，2016年調査になると1996年調査より21.7ポイン

表3-2　この地域は生活の場としてこれからだんだん良くなるか？

	1996年		2016年	
	人数	割合（%）	人数	割合（%）
そう思う	12	2.8	2	1.4
まあそう思う	68	15.9	4	2.8
あまりそう思わない	234	54.7	63	43.4
そう思わない	114	26.6	76	52.4

表3-3　今後も中津江村に住み続けたいか？

	1996年		2016年	
	人数	割合（%）	人数	割合（%）
そう思う	256	53.0	65	43.0
まあそう思う	142	29.4	59	39.1
あまりそう思わない	52	10.8	23	15.2
そう思わない	33	6.8	4	2.6

ト減少し，29.8％まで落ち込んでいる（表3–4）。また，「子や孫が出ていくのももっともだ」と答えた者は1996年も80.1％と多かったが，2016年調査では7ポイント増えて87.1％となった（表3–5）。

この分析から明らかなように，**中津江村に住んでいる人びとは地域が好きで自分自身がそこで住み続けたいと思う人は多い。しかし，子どもや孫が地域から出ていくのはもっともで，子や孫に中津江村にずっと住み続けてほしいと願うことが難しくなっている。**

■3．中津江村における人口還流（Uターン）：転出年齢，帰村年齢

次に，人口還流についてのデータを分析する。表3–6に示したように，**Uターン（還流）してきた者**は1996年調査，2016年調査とも変化なく，約21％である。決して少なくない数字だと考える。それ以外の**定住経歴**もほぼ変化はない。すなわち，1996年調査で示された，過疎農山村（中津江村）の流動社会論的性質は変わっていない（山本　2017：69）[3)]。

表3-4　子どもや孫にも住み続けてほしいか？

	1996年		2016年	
	人数	割合（％）	人数	割合（％）
そう思う	104	23.9	15	10.4
まあそう思う	120	27.6	28	19.4
あまりそう思わない	129	29.7	64	44.4
そう思わない	82	18.9	37	25.7

表3-5　子どもや孫が出ていくのももっともだ

	1996年		2016年	
	人数	割合（％）	人数	割合（％）
そう思う	148	33.8	65	43.9
まあそう思う	203	46.3	64	43.2
あまりそう思わない	55	12.6	8	5.4
そう思わない	32	7.3	11	7.4

では，Uターンしてきた住民は，いつ村を出て，いつ村に帰ってきたのか。まず**転出した年齢**のデータをみる（表3-7）。転出年齢は15歳から23歳まででほぼすべて（9割程度）である。その中で，1996年調査でもっとも多い転出年齢は「15～16歳」（54.7%）で，ついで「17～19歳」（29.1%）である。これに対して，2016年調査では「15～16歳」（37.5%）と「17～19歳」（40.7%）がほぼ同じでもっとも多い。つまり，1996年調査では中学校卒業の時に転出することがもっとも多かった。これに対して，2016年調査では中学校卒業と高校卒業時の転出がほぼ同じ割合になっている。

次に，**帰村した年齢**のデータをみると，帰村年齢は19歳から35歳まででほぼすべて（8～9割程度）である（表3-8）。とくに19歳から20代前半で帰村した者が多い。それより高い年齢になると，1996年調査でも2016年調査でも徐々に割合が小さくなる。

表3-6　定住経歴

	1996年		2016年	
	人数	割合（%）	人数	割合（%）
生まれてずっとこの地域	180	41.6	64	42.7
よそ生まれ幼少時転入	17	3.9	7	4.7
よそ生まれ仕事で転入	24	5.5	10	6.7
よそ生まれ結婚で転入	115	26.6	34	22.7
Uターンしてきた*	92	21.2	32	21.3
その他	5	1.2	3	2.0

＊Uターンとは，「学校や就職で2年以上よそに出たが戻ってきた」ことを指す。

表3-7　転出の年齢

	1996年		2016年	
	人数	割合（%）	人数	割合（%）
14歳以下	1	1.2	1	3.1
15～16歳	47	54.7	12	37.5
17～19歳	25	29.1	13	40.7
20～23歳	10	11.6	3	9.3
24歳以上	3	3.6	3	9.3

表3-8 帰村の年齢

	1996年		2016年	
	人数	割合（%）	人数	割合（%）
18歳以下	5	6.1	0	0.0
19～21歳	20	24.4	7	21.9
22～24歳	30	36.6	7	21.9
25～29歳	11	13.4	6	18.8
30～35歳	9	11.0	5	15.6
36歳以上	7	8.5	7	21.9

しかし，ここで注目すべきは，2016年調査において36歳以上で帰村した割合が21.9%と，1996年調査（8.5%）より多い点である。さらには，25歳から35歳で帰村した割合も2016年調査でやや大きい。この結果を合計すると20代後半（25歳）以降に帰村した者の割合は1996年で32.9%，2016年で56.3%となる。つまり，1996年調査では比較的若い年齢層（20代前半以下）が帰村の中心（67.1%）であったが，2016年調査では比較的高い年齢層（20代後半以降）に帰村の中心（56.3%）が移っている。

■4．中津江村における人口還流（Uターン）：村を出て最も長く過ごした地域

前節に示したデータから転出年齢や帰村年齢がわかったが，人口還流してきた者は転出していた時どこで過ごしていたのだろうか。それをみるために表3-9をみよう。1996年調査で人口還流してきた者が「村を出てから最も長く過ごした地域」として答えたのは，大分県（32.9%）と福岡県（32.9%）がもっとも多く，ついで3大都市圏（22.8%）であった。つまり，**中津江村から近い地域（＝大分県，福岡県）が一番多く（65.8%），これに九州内（6.3%）を加えれば72.1%となり，中津江村からそう遠くない地域でほとんど（7割強）をしめる。**ついで多い地域は3大都市圏だということになる。

これに対し，2016年調査をみると多少のちがいがある。まず，大分県（29.0

表3-9　村を出てから最も長く過ごした地域

	1996年		2016年	
	人数	割合（%）	人数	割合（%）
大分県内	26	32.9	9	29.0
福岡県内	26	32.9	5	16.1
東京・大阪・名古屋（3大都市圏*）	18	22.8	8	25.8
九州内（大分・福岡除く）	5	6.3	3	9.7
その他の地域	4	5.1	6	19.4

＊ここには，兵庫県西宮市，神戸市，千葉県市川市などの3大都市に近接する地域も含む。

%)，3大都市圏（25.8%）が多いのは同じだが，福岡県は減っている（1996年，32.9%→2016年，16.1%）。また，2016年調査では「その他の地域」が増えている（1996年，5.1%→2016年，19.4%）。ここで「その他の地域」とは具体的には，他県県都（広島市，高知市），遠くの中小都市（岡山県倉敷市，福島県郡山市，岡山県内某地域）や海外（台湾）である。ここから，1996年調査から2016年調査にかけて「最も長く過ごした地域」がやや広域化したと判断できる。ただし，そうはいっても，**2016年調査でも，人口Uターンした人びとは，中津江村から近い地域（＝大分県，福岡県）が一番多く（45.1%），これに九州内（9.7%）を加えれば54.8%となり，中津江村からそう遠くない地域で半数以上をしめる。**ついで多い地域は3大都市圏（25.8%），その他（19.4%）ということになる。

5．人口還流（Uターン）の動機

本節では人口還流の動機に関するデータをみよう。表3-10に示しているのは還流の理由である。1996年調査，2016年調査ともにもっとも多い答えは「親のことが気にかかる」（1996年，53.3%／2016年，59.4%）であり，その次は「土地や家を守るため」（1996年，22.8%／2016年，37.5%），「地域から通える職場がある」（1996年，27.2%／2016年，28.1%）である。先行研究によれ

表3-10　還流（村に帰ってきた）理由（複数回答）

	1996年		2016年	
	人数	割合（%）	人数	割合（%）
親のことが気にかかる+	49	53.3	19	59.4
土地や家を守るため+	21	22.8	12	37.5
古里の方が生きがいが感じられる*	7	7.6	5	15.6
都会の生活が自分に合わない*	11	12.0	6	18.8
昔からの友人・知人がいる*	13	14.1	4	12.5
地域から通える職場がある*	25	27.2	9	28.1
親族が多く生活が安定する*	8	8.7	3	9.4
仕事上の失敗や病気+	8	8.7	1	3.1
定年*	2	2.2	0	0.0
その他	24	26.1	6	18.8
合　計	92※	182.7	32※	203.2

※の数字は表3-6の「Uターンしてきた」人数。

ば，還流理由は以下のように「内からの要因」と「外からの要因」の２つに分けることができる（山本　2017：79)。

これを言い換えれば，**「内からの要因」とは，「帰りたい（Uターンしたい），帰ってもいい（Uターンしてもいい）」という願望の動機である。**つまりこれは，Uターン者自身の主体的選択による，地域選択的・内部規定的要因である。これに対して，**「外からの要因」とは，「帰らなければ（Uターンしなければ）ならない，帰らざる（Uターンせざる）を得ない」という義務・拘束の動機**である。こちらは，構造規定的・外部拘束的要因であり，「家」規範やその他の外部的諸事情に規定された要因である。

これに表3-10のそれぞれの項目を割り振ると，「内からの要因（願望の動機)」は，「古里の方が生きがいを感じる」「都市の生活が合わない」「昔からの友人・知人がいる」「職場がある」「親族が多く生活が安定する」「定年」となる（表3-10の＊を付した項目)。これらの項目はいずれも，「(だから）帰りたい(Uターンしたい)，帰ってもいい（Uターンしてもいい)」と続くのが自然な項目である。たとえば，「古里の方が生きがいを感じる」。だから「帰りたい（U

ターンしたい)，帰ってもいい（Uターンしてもいい)」などという具合にである。

これに対して，「外からの要因（義務・拘束の動機)」は，「親のことが気にかかる」「土地や家を守るため」「仕事上の失敗や病気」となる（表3-10の＋を付した項目)。これらの項目はいずれも，「(だから）帰らなければ（Uターンしなければ）ならない，帰らざるを得ない」と続くのが自然な項目である。たとえば，「土地や家を守るため」。だから，「帰らなければ（Uターンしなければ）ならない，帰らざる（Uターンせざる）を得ない」などという具合にである。

これをそれぞれ合計すると，1996年調査では，

(1)「内からの要因（願望の動機)」: 71.8%

(2)「外からの要因（義務・拘束の動機)」: 84.8%

であった。これに対して，2016年調査では，

(1)「内からの要因（願望の動機)」: 84.4%

(2)「外からの要因（義務・拘束の動機)」: 100.0%

となり，1996年調査とほぼ同じ結果である（表3-10)。すなわち，**「外からの要因（義務・拘束の動機)」の方がやや大きいが，「内からの要因（願望の動機)」も決して小さくはない。**

6．人口還流（Uターン）の動機の解釈

さて，**1996年と2016年のどちらの調査でも「外からの要因（義務・拘束の動機)」が「内からの要因（願望の動機)」より重い**わけで，調査の結果はほぼ同じである。**ただし，「外からの要因（義務・拘束の動機)」の中心は「親のことが気にかかる」という規範的でもあるが，心情・願望的でもある動機である**（表3-10)。**つまり，「親のことが気にかかる」から「帰らなければならない（規範的)」ともいえるが，「帰りたい（心情・願望的)」ともいえる。**

この規範的かつ心情・願望的な動機には，「家族とは，夫婦・親子・きょうだいなどの少数の近親者を主要な成員とし，成員相互の深い感情的かかわりあ

いで結ばれた，幸福（well-being）追求の集団である」という森岡清美の家族の本質規定が関わるように思われる。**家族員は幸福を追求しながら，深い「感情的かかわりあい（emotional involvement）で結ばれている」ので相互に無関心でいることができない（森岡・望月　1997：4-5）。したがって，「親のことが気にかかる」のではないか。これに対して，「土地や家を守るため」という「家」継承の動機は相対的には小さい**（表3-10）。ただし，これについては，後掲の付論1を参照してほしい。「家」継承の動機は男性のみに限ると，やはり非常に重要な動機なのである（表3-11）。とはいえ，かつてほどの強制力はなくなっている[4)]。

これに関連して，群馬県上野村の観察に基づいた内山節（1993：19）の言明は示唆的である。「山村に生まれ，村に戻ってきた40歳以下の世代の人びとと話していると，彼らは自分たちが選択世代であることを強調する。すなわち，その多くが跡とりとして家を継ぐことを義務づけられた先輩たちの世代とちがって，自分たちは跡を継ぐことを強く要求されなかったにもかかわらず，村の生活を選択した……」。この内山のいう「選択」には，本節の知見をふまえれば，家族の本質規定が関わると思われる。この問題は，人口移動（還流）の「家族的理由」の研究に含まれるが，この分野の研究は不充分である（清水 1984）。人口移動（還流）の「家族的理由」は社会学的還流論の中核的な研究課題になるはずの重要な課題である[5)]。

なお，ひとつ付論しておきたい。森岡清美の家族の本質規定は，近代家族（現代的家族）の特質のみからなるものではない[6)]。森岡の「幸福追求」は有賀喜左衛門（1965）の「家」論の「生活保障」を拡張したものだからである。しかし，家族の基底的機能を考える時，「生活保障」では経済的安定の機能に傾きすぎる。それでこれに情緒的機能などを含めた「より広い意味内容を与える」ために森岡は「幸福追求」の語を選んだのである（森岡　1993：3-5[7)]）。したがって，森岡の「家族」は，伝統家族（家）との連続もあるが，断絶もある。本節の「親のことが気にかかる」もこのような森岡の「幸福追求」という家族の基底的機能が土台にあるものとして理解しておきたい。

▶練習問題1

人口還流（Uターン）の概念について理解しよう。各種の社会学事典類を引いて調べてみよう。また，山本努（1996）『現代過疎問題の研究』恒星社厚生閣，170-172頁の注8の説明を読むといいだろう。

7. 付論1：人口Uターンの動機にみる性別の違い ——広島県北広島町調査からの補遺[8)]——

本章ではUターンの動機について分析したが，本付論ではこの問題をもう少し追加して考えてみたい。人口Uターンは女性よりも男性に多いことが知られている。とはいえ，女性のUターンもそれなりにある（山本　2017：72-73, 116-119）。そうであれば，当然ながら人口Uターンの動機も男女別にみておくべきである（表3-11）。

そこで，人口Uターンの「最大の」動機を性別にみると，男性では「先祖代々の土地や家を守るため」（27.6%）がもっとも多く，ついで「仕事」の動機（23.8%,「地元から通える職場がある」（12.4%）と「仕事を始める」（11.4%）の合計),「親のことが気にかかる」（19.0%）となり，以下,「暮らしやすさ，生きがい，生活安定」の動機（11.5%，表3-11の3から8の回答の合計)」,「結婚・子育て」の動機（5.8%,「地元の人との結婚」2.9%と「子育てや結婚後の暮らしを考えて」2.9%の合計)，その他（5.7%）となる。

女性では「結婚・子育て」の動機（27.0%,「地元の人との結婚」21.6%と「子育てや結婚後の暮らしを考えて」5.4%の合計）がもっとも大きい。ついで,「その他」20.3%,「親のことが気にかかる」17.6%,「仕事」の動機（16.2%,「地元から通える職場がある」（13.5%）と「仕事を始める」（2.7%）の合計）となり，以下,「先祖代々の土地や家を守るため」（9.5%),「暮らしやすさ，生きがい，生活安定」の動機（8.3%，表3-11の3から8の回答の合計)」となる。

つまり，男性Uターンでは「家」継承の動機（「先祖代々の土地や家」（27.6%))が最大であり，女性Uターンでは「結婚・子育て」の動機（27.0%）が最大である。「親のことが気にかかる」は男女ともに20%（それぞれ，19.0%,

表3-11　北広島町への人口U・Jターンの最大の動機（性別）

動　　機	男（%）	女（%）	合計%（人）
1. 親のことが気にかかるから	19.0	17.6	18.4（33）
2. 先祖代々の土地や家を守るため	27.6	9.5	20.1（36）
3. 故郷の方が生きがいを感じられるため	2.9	1.4	2.2（ 4）
4. 農山村の方が生きがいを感じられるため	1.9	—	1.1（ 2）
5. 都会の生活が合わないため	1.9	1.4	1.7（ 3）
6. 自然に親しんだ暮らしをしたかったため	3.8	4.1	3.9（ 7）
7. 昔からの友人，知人がいるため	—	1.4	0.6（ 1）
8. 親戚が多くて生活が安定するため	1.0	—	0.6（ 1）
9. 子育てや結婚後の暮らしを考えると地元の方が暮らしやすい	2.9	5.4	3.9（ 7）
10. 地元の人と結婚した（したい）ため	2.9	21.6	10.6（19）
11. 地元から通える職場があるため	12.4	13.5	12.5（23）
12. 新たに仕事を始めるため，自営するため	11.4	2.7	7.8（14）
13. 仕事の不調のため	1.9	—	1.1（ 2）
14. 病気などの健康上の理由から	2.9	1.4	2.2（ 4）
15. 定年を迎えるため	1.9	—	1.1（ 2）
16. その他	5.7	20.3	11.7（21）
合　計	105人	74人	100.0%（179人）

注1）山本（2017：103）に示すように，北広島町ではJターンは非常少ない（0.7%）ので，表3-11のデータのほとんどすべてはUターンの動機を示すものと考えてよい。
2）合計には「不明（DK，NA）」を含まず。□は比較的大きなパーセント。
出典）山本（2017：89-135）所収の広島県北広島町調査（2006年8月，郵送法）

17.6%）ほどの動機であり，これも大きい。「家族的理由」はさらに，男性の「結婚・子育て」の動機（5.8%），女性の「家」継承の動機（「先祖代々の土地や家」（9.5%）も加わるから，男女で内実にちがいはあるが，男性で52.4%，女性で54.1%を占める。**つまり，「家族的理由（表3-11の1，2，9，10）」は人口Uターンのもっとも大きい動機といえる。**

さらには，「仕事」の動機（「地元から通える職場がある」「仕事を始める」）は，男性（23.8%）にやや大きい動機となっている（女性は16.2%）。女性の場合は，「その他」（20.3%）が大きい。ここにはさまざまな動機が含まれるのだろうが，この部分の探求は今後の課題とせざるを得ない。また，「暮らしやすさ，生きがい，生活安定」の動機（表3-11の３から８の合計）は男女とも10%程度で共通の動機である。

以上から，男性では，「家族的理由（52.4%）」→「仕事（23.8%）」→「暮らしやすさ，生きがい，生活安定（11.5%）」→「その他（5.7%）」となり，女性では，「家族的理由（54.1%）」→「その他（20.3%）」→「仕事（16.2%）」→「暮らしやすさ，生きがい，生活安定（8.3%）」となる。

ただし，**「家族的理由」の内実は男女でちがいがある。大枠では，男性は「家」継承と「親のことが気にかかる」，女性は「結婚・子育て」と「親のことが気にかかる」**ということになる。

■8．付論２：人口Ｕターンの動機にみる年齢別の違い ——広島県北広島町調査からの補遺——

次に表3-12の□（四角）で囲ったところから，年齢別の動機をみておこう。これをみると，50歳代，60歳代で「親のことが気にかかる」「先祖代々の土地や家を守るため」「地元の人との結婚」が多い。ここにみられるのは，「家族，家」的動機である。

これに対して，20歳代，30歳代，40歳代で「地元から通える職場がある」「仕事を始める」「その他」が多くなっている。ここにみられるのは，「仕事」の動機であり，「その他」の多様な動機によるＵターンである。

つまり，Ｕターンは，年配層（50-60歳代）の「家族，家」的動機によるＵターンから，若い層（20-40歳代）の「仕事」および「その他」の動機によるＵターンに変化している。さらには，30歳代に「子育てや結婚後の暮らしを考えて」がやや多い。これは，この年齢層の子育て期の段階を反映したものだろう。

以上のＵターンの年齢別のちがいを考えるにあたり，Ｕターンが選択的になされているという，先（6節）の内山（1993：19）の指摘は参考になる。年配層（50-60歳代）の「家族，家」的動機によるＵターンから，若い層（20-40歳代）の「仕事」「その他」の動機によるＵターンへの変容は，Ｕターンの動機における選択性の強まり（逆にいえば，義務性・規範性の弱まり）を反映するものと思われるからである。「選択」は今後の人口Ｕターンを考える上で重要である。

表3-12　北広島町への人口Ｕ・Ｊターンの最大の動機（年齢別）（%）

動　　機	20歳代	30歳代	40歳代	50歳代	60歳代
1. 親のことが気にかかるから	6.7	13.6	8.8	28.3	27.8
2. 先祖代々の土地や家を守るため	6.7	13.6	17.6	19.6	25.0
3. 故郷の方が生きがいを感じられるため	—	—	2.9	2.2	5.6
4. 農山村の方が生きがいを感じられるため	6.7	—	—	2.2	—
5. 都会の生活が合わないため	—	—	2.9	4.3	—
6. 自然に親しんだ暮らしをしたかったため	—	—	2.9	4.3	5.6
7. 昔からの友人，知人がいるため	—	—	—	—	—
8. 親戚が多くて生活が安定するため	6.7	—	—	—	—
9. 子育てや結婚後の暮らしを考えると地元の方が暮らしやすい	6.7	9.1	2.9	—	5.6
10. 地元の人と結婚した（したい）ため	—	4.5	5.9	15.2	13.9
11. 地元から通える職場があるため	26.7	18.2	26.5	4.3	5.6
12. 新たに仕事を始めるため，自営するため	13.3	13.6	5.9	6.5	2.8
13. 仕事の不調のため	6.7	—	—	2.2	—
14. 病気などの健康上の理由から	6.7	4.5	2.9	2.2	—
15. 定年を迎えるため	—	—	—	—	2.8
16. その他	13.3	22.7	20.6	8.7	5.6
合　　計	100.0	100.0	100.0	100.0	100.0

注）表3-12には70歳以上のデータは載せていない。人口Ｕ・Ｊターンの割合は70歳以上では激減するからである（山本　2017：102）。

出典）表3-11と同じ。年齢は調査実施時点（2006年8月）のもの

ただし，若い層（20-40歳代）に「家族，家」的動機がないわけではない。年配層（50-60歳代）に較べて，その比重が幾分，小さくなっているというまでである。とくに30歳代，40歳代では，「家族，家」的動機（「親のことが気にかかる」「先祖代々の土地や家を守るため」「地元の人との結婚」）の比重は結構重い（表3-12の下線の数字の合計，参照）。20歳代では「家族，家」的動機は小さいが，この年齢層では，親の年齢も「若く」，家継承のリアリティも感じられず，さらに，未婚の者も多いためと思われる。

9．付論3：離島（徳之島）の人口還流・定住経歴と生きがい意識の基礎分析

⑴　はじめに

ここでは南西諸島の奄美群島に属する離島のひとつである，鹿児島県徳之島（伊仙町）の人口還流・定住経歴と生きがい意識の調査について基礎集計を示したい。とくに徳之島のいちじるしい特色についてピックアップして，今後の調査分析の資料としておきたい。後掲の結果から明らかだが，本土の過疎農山村調査の結果とは相当違った調査結果が出てきているのである。そこを中心に以下，徳之島調査の結果を紹介する。

⑵　離島（徳之島）における人口還流・定住経歴

まず，徳之島住民の定住経歴を尋ねた結果を示したい（表3-13）。調査では，「あなたは，この徳之島でずっと暮らしてこられましたか」と尋ねている。その結果，特色的なのは下記のようである。

知見1……「学校や就職で2年以上よそに出たが徳之島に戻ってきた」が64.8％と非常に多い（表3-13）。この人びとは「人口Ｕターン」者であるが，このように多くの人口Ｕターン者がいる地域は，本土の過疎農山村調査ではみられないことである。われわれの過疎農山村調査（広島県北広島町調査）の

表3-13　徳之島（伊仙町）の定住経歴

	（人）	（%）
この地域の生まれで，ずっとここで暮らしている（土着）	72	17.6
よその生まれだが，子供の時からずっと徳之島に住んでいる（土着）	9	2.2
よその生まれだが，自分や家族の仕事の関係で転居してきた（仕事転入）	33	8.1
よその生まれだが，結婚のために転居してきた（婚入）	22	5.4
学校や就職で2年以上よそに出たが徳之島に戻ってきた（Uターン）	265	64.8
よその生まれだが，徳之島の良さにひかれて転入してきた（Iターン）	4	1.0
その他	4	1.0

＊18歳以上がサンプル。回答者の合計434人。2018年2月調査。郵送法，回収率22%。
出典）山本（2019）

表3-14　広島県北広島町の定住経歴

	（%）
生まれてから，又は幼いころからずっと町内で暮らしている（土着）	35.7
北広島町の出身だが，しばらく町を離れてまた帰ってきた（Uターン）	21.6
周辺市町村の出身で，出身地に近い北広島町に転入してきた（Jターン）	0.7
町外の生まれだが，仕事で転入してきた（仕事転入）	5.5
町外の生まれだが，結婚で転入してきた（婚入）	25.2
町外の生まれだが，北広島町の良さにひかれて転入してきた（Iターン）	3.2
その他・不明	8.2

＊サンプル16歳以上，回答者の合計916人。2006年8月調査。郵送法，回収率46%。
出典）山本（2017：112-114）

結果では，人口Uターン者は2割強（21.6%）くらいの割合であった（表3-14）。したがって，**徳之島は人口還流（Uターン）が非常に多い社会である。7割弱の人びとが人口還流を経験していることから，徳之島を還流型社会と名づけておくのは意味のあることだろう。**

このような還流型社会は徳之島のような離島社会の特性である可能性があ

る。なお，表3–13と表3–14の比較は技術的な観点から意味がある。徳之島の定住経歴の調査は，徳之島（人口23,497人，2015年国勢調査）に含まれる３町（徳之島町（人口11,160人），伊仙町（人口6,362人），天城町（人口5,975人））の内，伊仙町での調査であるが，人口Ｕターンは，徳之島に戻ってきたかどうかを尋ねている（伊仙町ではなく）。これに対して，北広島町（人口20,857人，調査直近の2005年国勢調査）は４町（千代田町，豊平町，大朝町，芸北町）が合併してできた直後に調査を行い，「北広島町」への転入を尋ねている。したがって，両調査とも，戻ってくる先の地域が「平成の合併前の単一の自治体」でなく，「人口２万程度の（平成の合併前の）複数の自治体」となっている。この点で，両者のＵターン割合は，通常の定住経歴調査よりも比較がより妥当に行われるわけである。既存の定住経歴調査は，「平成の合併前の単一の自治体」への還流（転入）を問う調査が多かったからである。

知見2……徳之島では「この地域の生まれで，ずっとここで暮らしている」17.6%，「よその生まれだが，子供の時からずっと徳之島に住んでいる」2.2%，「学校や就職で２年以上よそに出たが徳之島に戻ってきた（Ｕターン）」64.8%となり，これを「土着」と一括すれば，徳之島の土着層は９割（84.6%）弱程度となる（表3–13）。北広島町では「生まれてから，又は幼いころからずっと町内で暮らしている」35.7%，「北広島町の出身だが，しばらく町を離れてまた帰ってきた（Ｕターン）」21.6%となり，これを「土着」と一括すれば，北広島町の土着層は６割（57.3%）弱である（表3–14）。**したがって，徳之島は土着型の定住経歴が多く，北広島町にくらべて，土着的な社会である。つまり，知見１と合わせれば，徳之島は土着的な還流型社会である**[9)]**。**

知見3……徳之島では「よその生まれだが，自分や家族の仕事の関係で転居してきた（仕事転入）」8.1%，「よその生まれだが，結婚のために転居してきた（婚入）」5.4%，「よその生まれだが，徳之島の良さにひかれて転入してきた（Ｉターン）」1.0%となり，これを「他所者」転入層と一括すれば，徳之島の「他所者」転入層は14.5％である（表3-13）。北広島町では「町外の生まれだが，仕事で転入してきた（仕事転入）」5.5％，「町外の生まれだが，結婚で転入してきた（婚入）」25.2％，「町外の生まれだが，北広島町の良さにひかれて転入してきた（Iターン）」3.2％となり，これを「他所者」転入層と一括すれば，「他所者」転入層は33.9％である（表3-14）。したがって，**徳之島には「他所者」転入の定住経歴の者は少ないといえる。**

以上，3つの知見を得たが，ここから，**徳之島の特徴は，「他所者が少ない，土着的な還流型社会」と総括できる。**これは，徳之島という島社会が，還流を通して本土と連結して，土着的な島社会の構造を維持，再生産するという構図といえる。

(3) 人口還流者が転出して過ごした都道府県

表3-15は「徳之島を出て最も長く過ごしたのはどこですか」と尋ねた結果である。徳之島は土着的な還流型社会であるため（と思われるが），**転出先については，かなり明確な偏りがある。**すなわち，

知見4……大阪，兵庫にいちじるしく集中する。半数（50.4％）が，大阪，兵庫で過ごしている。次いで鹿児島（17.6％）が多い。そして，東京，神奈川に15.9％となる。つまり，**大阪，兵庫，鹿児島，東京，神奈川で8割以上（83.9％）になるわけで，転出先は相当，制度化（パターン化）されている。**

表3-15　徳之島から転出後，最も長く過ごした都道府県（人数，％：合計238人）

愛知　5（2.1）　茨城　1（0.4）　沖縄　2（0.8）　岐阜　2（0.8）　宮崎　2（0.8）
京都　2（0.8）　熊本　1（0.4）　広島　1（0.4）　佐賀　1（0.4）　埼玉　4（1.6）
三重　1（0.4）　滋賀　1（0.4）　鹿児島　42（17.6）　静岡　2（0.8）
大阪　89（37.4）　兵庫　31（13.0）　福岡　6（2.5）　大分　1（0.4）　長崎　1（0.4）
東京　27（11.3）　神奈川　11（4.6）　千葉　2（0.8）　奈良　2（0.8）
和歌山　1（0.4）

出典）山本（2019）

(4)　転出理由

「最初に徳之島からの転出を経験した際の転出理由」を尋ねた結果が表3-16である。ここから以下の知見を得る。

知見5……転出の理由は「就職」(44.0%) と「進学」(46.3%：中学校・高校進学14.4%，専門学校進学14.0%，大学進学17.9%）で9割程度を占める。

「転出先を決定するうえでどなたかの意見を参考にされましたか」と尋ねて，1人を答えてもらったのが表3-17である。ここから，以下の知見を得る。

知見6……家族，親族，友人，先輩などのネットワークからの意見が半数(50.4%）と多い。加えて，中学校・高校の先生18.9%である。**両者を合計すると7割（69.3%）程度となり，地縁血縁的ネットワークからの意見が転出先の決定に大きい**ように思える。

知見7……しかし,「誰とも相談しなかった」も2割弱（18.0%）いる。地縁血縁的ネットワークの意見を参考にした者と，転出先，転出先での生活構造な

表3-16　転出理由

	(人)	(%)		(人)	(%)
中学校・高校への進学	37	14.4	専門学校への進学	36	14.0
大学への進学	46	17.9	就職	113	44.0
結婚	4	1.6	自分以外の家族の事情	10	3.9
なんとなく	3	1.2	その他	8	3.1

出典）山本（2019）

表3-17　転出先決定の意見

	(人)	(%)
徳之島内に住む家族や親族，友人，先輩	83	34.0
徳之島外に住む家族や親族，友人，先輩	40	16.4
中学校・高校の先生	46	18.9
転出先の企業や学校の担当者	24	9.8
誰とも相談しなかった	44	18.0
その他	7	2.9

出典）山本（2019）

どに違いが生じているのかについては，今後の分析を待ちたい。

(5) 転出先での暮らし

地縁血縁的ネットワークが転出先の決定に大きな役割を演じていた。では，転出先での暮らしにおいて，徳之島出身者と交わる機会はあるのだろうか。調査では「転出先で周囲の徳之島出身者と定期的に集まる機会」がどの程度あるかを尋ねた。その結果が表3–18である。ここから，以下の知見を得る。

表3-18　島出身者と集まる機会

	（人）	（%）		（人）	（%）
よくあった	47	17.7	まああった	98	37.0
あまりなかった	76	28.7	まったくなかった	44	16.6

出典）山本（2019）

知見8……「定期的に集まる機会」が「よくあった」17.7%，「まあある」37.0%となる。合計すると，**半数強（54.7%）の者が「定期的に集まる機会」を比較的多くもっている。**

知見9……逆にいえば，「定期的に集まる機会」が「まったくなかった」は16.6%にとどまり，**ほとんど（83.4%）の人びとは「定期的に集まる機会」をもっている**ことがわかる。

さらには，「周囲の徳之島出身者から仕事の紹介や病気の際の看病など生活に関する手助けを受けた経験」を尋ねた結果が表3–19である。ここから，以下の知見を得る。

表3-19　島出身者による手助け

	（人）	（%）		（人）	（%）
よくあった	16	6.1	まああった	76	28.8
あまりなかった	70	26.5	まったくなかった	102	38.6

出典）山本（2019）

知見 10……「手助けを受けた経験」が「よくあった」6.1%，「まああった」28.8%となる。合計すると**３分の１（34.9%）の者が「手助けを受けた経験」を比較的多くもっている。**

知見 11……逆にいえば，「手助けを受けた経験」が「まったくなかった」は38.6%にとどまり，**半数以上（61.4%）の人びとは「手助けを受けた経験」をもっている**ことがわかる。

以上から，転出先での暮らしは島のネットワークが意味あるはたらきをしていることがわかる。これらと，先の表 3-15（転出後過ごした都道府県）との関連などを今後探る必要があろう。

(6) Ｕターンの要因

島に帰って来た人（人口Ｕターンしてきた人）はどのような理由で戻ってきたのであろうか。それをさぐるために，調査では「徳之島に帰ってこられる時，仕事のメドはたっていましたか」と尋ねてみた[10)]。その結果が表 3-20 である。ここから，以下の知見を得る。

知見 12……「はっきりメドはたっていた」22.5%，「一応，メドはたっていた」19.4%で**４割（41.9%）の人は「仕事のメド」があって帰ってきた。**

知見 13……しかし，「メドはたってないが，何とかなる」24.0%，「メドはたってなく，不安だった」10.1%で**「メドはたっていない」が帰って来た人も**

表3-20　仕事のメド

	（人）	（%）
はっきりメドはたっていた	58	22.5
一応，メドはたっていた	50	19.4
メドはたっていないが，何とかなると思っていた	62	24.0
メドはたっていなかったし，どうなるか不安だった	26	10.1
家族などがいて，すぐに職につく必要はなく，仕事のことはあまり気にせず帰ってきた	62	24.0

出典）山本（2019）

34.1%と少なくない。

知見14……さらには，**「家族などいて，仕事のことはあまり気にせず」帰ってきた人が24.0%**いる。

知見13と14を合わせれば，**「仕事のメド」がなくても，戻って来ている人が6割程度（58.1%）**になる。つまり，人口還流には，仕事は重要だが，だからといって，仕事のメドがすべてとはいえない。

このことを別の側面から尋ねたのが表3-21である。「帰ってこられた理由はどのようなものだったのでしょうか」と尋ねて，選択肢からひとつだけを選んでもらっている。ここから，以下の知見を得る。

知見15……**もっとも大きなUターンの理由は**，「親のことが気にかかる」33.0%，「先祖代々の土地や家を守るため」11.0%の合計44.0%で**家族・家産的理由**である。

知見16……**ついで大きな理由は**，「子育てや結婚後の暮らしを考えると地元」7.7%，「ふるさとの暮らしの方が，生きがいが感じられる」7.1%，「親戚なども多く，生活が安定」3.3%，「むかしからの友人・知人などがいる」2.7%の合計20.8%で**暮らし・社会関係的理由**である。

表3-21　帰島最大の理由

	（人）	（%）
親のことが気にかかるため	60	33.0
定年になったので	6	3.3
先祖代々の土地や家を守るため	20	11.0
ふるさとの暮らしの方が，生きがいが感じられるため	13	7.1
都会の生活が自分には合わないため	9	4.9
むかしからの友人・知人などがいるため	5	2.7
この地域から通える職場があったから	13	7.1
親戚なども多く，生活が安定するから	6	3.3
子育てや結婚後の暮らしを考えると地元のほうが暮らしやすいため	14	7.7
仕事上の失敗や病気によって	12	6.6
その他	24	13.2

出典）山本（2019）

知見17……**3番目の理由**は，「仕事上の失敗や病気」6.6%，「都会の生活が自分には合わない」4.9%の合計11.5%で**疎外・挫折的要因**である。

知見18……最後の理由は，「職場があったから」という**職場・経済的理由**が7.1%である。

表3-20からの知見とあわせて，**人口Uターンに職場や経済の要因はあまり大きくない**ことが指摘できる。

(7)　むすび：生きがいをもって暮らしているか

以上の分析から，**徳之島は土着的な人口還流型社会と総括できる**。それを支えるのは，社会学的要因が大きい。言い換えれば，徳之島への人口還流は経済合理的行為のみからは説明がつけがたく，ここにあるのは，社会学的還流論（谷1989：21）の課題である[11)]。

このような徳之島は人が暮らすのによいところなのか？　これについては，生きがい意識を尋ねた調査結果をみると以下の知見を得る。

知見19……「生きがい」を「十分感じている」26.2%，「まあ感じている」52.2%で合計8割程度（78.4%）の人びとが「生きがい感」ありと判定できる（表3-22）。

この知見19から，生きがい感はかなり多くの人びとにもたれており，ここから見る限り，徳之島は人が暮らすのによい（少なくとも決して悪くない）地域社会であると思われる。

表3-22　生きがいを感じているか

	（人）	（%）		（人）	（%）
十分感じている	108	26.2	まあ感じている	215	52.2
あまり感じていない	65	15.8	まったく感じていない	5	1.2
わからない	19	4.6			

出典）山本（2019）

▶練習問題2

人口Oターン，Uターン，Jターン，Iターン，Qターンという区別が必要であるという主張がでてきた。徳野貞雄（2022）「現代農山村の展望」高野和良編『新・現代農山村の社会分析』学文社，139-162頁を読んで，どんな概念か理解しよう。

注）

1）1996年調査は8月17日～10月半ば実施。留置法。中津江村の全55集落の内27集落18歳以上居住者，悉皆調査。サンプル数は681人で，有効回収数は484人，回収率は71.1%。

2016年調査は1月12日～2月上旬実施。郵送法。中津江村20歳以上居住者から系統抽出。サンプル数は300人で，有効回収数は156人，回収率は52.0%。

なお，2016年調査時点で中津江村は合併して大分県日田市に含まれる。ただし，中津江村の地名は合併後も使われている。中津江村は九州中央部やや北にある九州山地の山村で，過疎の非常に厳しい地域である（表3-23，および，山本2017：65）。

2）1996年調査は18歳以上，2016年調査は20歳以上が調査対象でサンプルに若干のズレがある。ただし，1996年調査の18，19歳の割合は有効回収数の0.8%（4人）とごく少数である。したがって，ここでの比較は大枠，問題なしと判断できる。

3）流動社会という用語については，第2章18節参照。

4）かつての家規範の強さはたとえば，伊藤左千夫の『野菊の墓』などを読めばよいだろう。このような強い家規範はもはやないだろう。さらには，川本（1973）などからも，かつての家規範の強さを了解することができる。くわえて，家継承規範の弱まりは，家継承者の確保を問う図3-1の結果からも明らかである。質問文は「子どもがないときにはたとえ血のつながりのない他人の子どもでも養子にもらって家を継がせた方がいいと思いますか。それとも継がせる必要はないと思いますか」というものである。1953年に74%あった「継がせた方がよい」はほぼ一貫して減少して，1988年で28%，2018年で20%になっている。また，「継がせた方がよい」と「継がせないでもよい」の逆転は1960年代後半に起こっている（松成 1991）。1960年代後半ころの巨大な社会変動は2章4節，5節を参照してほしい。家継承規範の弱まりは，これらの動きに連動した変化なのである。

表3-23　中津江村の5年間人口減少率（%）　　＊□は人口減少率10%以上。国勢調査による

1965	1970	1975	1980	1985	1990	1995	2000	2005	2010	2015	2020
−16.5	−34.8	−25.4	−15.7	−12.1	−5.2	−9.6	−1.6	−10.8	−17.6	−21.8	−19.2

なお，「『家』（制度）とは，家長の統率のもとに，家産にもとづいて家業を経営し，非血縁者をあととり養子にしてでも，先祖から子孫へと，世代を超えて家系が存続繁栄することに重点をおく制度である」（森岡・望月　1997：16）。この「家」の定義より，図3-1の調査の意味がより鮮明になるだろう。

5）社会学的還流論とは谷（1989：21）が「経済合理的行為の観点からは解釈しようのない代物」である「沖縄的Ｕターン」を研究した際に提起した研究構想である。山本（2017：61-62）はこれを少し拡大解釈して過疎農山村への人口還流研究でも用いている。

6）ここで近代家族という用語を用いたが，ショーター（1987）の用語に限定して用いているわけではない。日本における伝統的家族（家）との対比で現代（近代）的な家族という一般的意味で用いている。

7）森岡（1993）では，実は「幸福追求」とは書かれておらず，「第１次的な福祉追求」あるいは「福祉」と書かれている。しかし，森岡の家族定義では，後に「福祉」にかわって「幸福追求」の語が採用され，「福祉」は用いられなくなる。そ

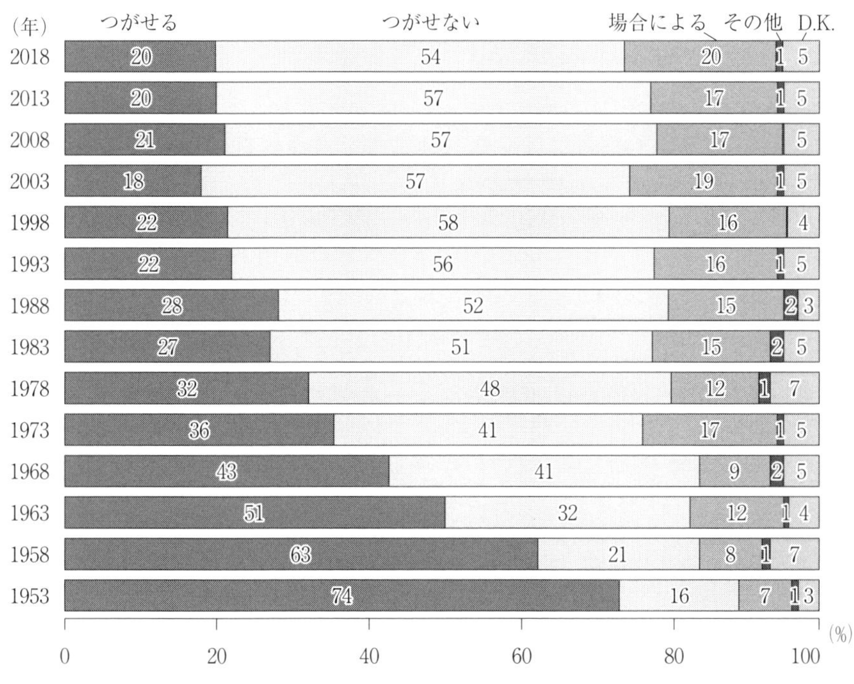

図3-1　養子をもらって，家をつがせることについて（%）

出典）『日本人の国民性調査』（統計数理研究）ウェブサイトより。回答の選択肢は下記のとおり。
1……つがせた方がよい　2……つがせないでもよい　意味がない　3……場合による
4……その他　5……D.K.

れでここでは，「幸福追求」の語を用いている。本節で引用した森岡の家族の本質規定がそれである。

8）ここで取り上げるのは広島県北広島町の2006年調査の結果である。北広島町は調査直近の2005年国勢調査で人口減少率－4.9%で全国の過疎地域の人口減少率－5.6%とほぼ等しい。あるいは，わずかに人口減少率が小さめの地域である。これは県庁所在地広島市へのアクセスが比較的よい地区を含むためかもしれない（町役場のある千代田地区には高速バスの便がある）。ただし，その大都市への近接性の故に，1970年国勢調査では北広島町の人口減少率は－13.4%と大きく（全国過疎地域は－10.2%），過疎がかなり急速に進行した地域でもある。北広島町の概況，全国過疎地域の人口減少率などは，山本（2017：24（表2-1），112（表6-1），95）を参照。

9）土着については，2章18節の定義を参照。ただし，本章では「Uターン」も土着に含めた。Uターンは出身地に帰って来た（帰郷者な）ので社会移動はないとの解釈もできるからである。

10）この質問項目はJSPS科研費16H03695（高野和良代表）の共同研究会における徳野貞雄氏（トクノスクール・農村研究所）の示唆に負う。

11）社会学的還流論については，注5）を参照。

参考文献）

有賀喜左衛門，1965，『日本の家族』至文堂（『家の歴史』と題名変更して『有賀喜左衛門著作集Ⅵ』未来社，所収）

伊藤左千夫，1971，「野菊の墓」『日本文学全集　別巻1現代名作集』河出書房：5-37

川本彰，1973，『近代文学における「家」の構造―その社会学的考察―』社会思想社

松成恵，1991，「戦後日本の家族意識の変化―全国規模の世論調査報告を資料として―」『家族社会学研究』3：85-97

森岡清美，1993，『現代家族変動論』ミネルヴァ書房

森岡清美・望月嵩，1997，『新しい家族社会学（四訂版）』培風館

大野晃，2005，『山村環境社会学序説―現代山村の限界集落化と流域共同管理―』農山漁村文化協会

――，2009，「山村集落の現状と集落再生の課題」『年報　村落社会研究』45：45-87

清水浩昭，1984，「人口移動における『家族的理由』研究序説」『人口問題研究』169号：17-30

Shorter, Edward, 1975, *The Making of The Modern Family*, Basic Books.（＝1987，田中俊宏ほか訳『近代家族の形成』昭和堂）

谷富夫，1989，『過剰都市化社会の移動世代―沖縄生活史研究―』溪水社

徳野貞雄，2015，「人口減少時代の地域社会モデルの構築を目指して―『地方創生』への疑念―」同監修『暮らしの視点からの地方再生』九州大学出版会：1-36

内山節，1993,「山村でいま何が起きているか」『日本農業年報』⑷⓪：14-31
山本努，1996,『現代過疎問題の研究』恒星社厚生閣
――，2017,『人口還流（U ターン）と過疎農山村の社会学（増補版）』学文社
――，2019,「離島（徳之島）の人口還流・定住経歴と生きがい意識の基礎集計分析」高野和良研究代表『「伊仙町生活構造分析調査」報告書 1』2016 ～ 18 年度科研費研究成果報告書：22-29
山本努・高野和良，2013,「過疎の新しい段階と地域生活構造の変容―市町村合併前後の大分県中津江村調査から―」『年報　村落社会研究』49：81-114

自習のための文献案内

① ソローキン＆ツインマーマン，京野正樹訳，1940,『都市と農村―その人口交流―』巌南堂書店
② 内山節，2010,『共同体の基礎理論―自然と人間の基層から―』農山漁村文化協会
③ 山本陽三，1981,『農の哲学（こころ）』御茶の水書房
④ 植田今日子，2016,『存続の岐路に立つむら』昭和堂
⑤ 谷富夫，1989,『過剰都市化社会の移動世代―沖縄生活史研究―』溪水社
⑥ 大野晃，2005,『山村環境社会学序説―現代山村の限界集落化と流域共同管理―』農山漁村文化協会
⑦ 安達生恒，1981,『過疎地再生の道』日本経済評論社

農山村生活選択論は ① ② ③ あたりが淵源だろう。① ははるかな淵源。アメリカ都市・農村社会学の古典。農村の土台なしに都市はありえないことを示した。② は共同体の今日的意味を見いだした，在野の哲学者の考察。③ は遺稿集。早世した農村社会学者の学的構想が凝縮されている。とくに 1 章「集落を考える」は現代農村社会学の重要論文である。④ は村の存続をめぐる最近の成果。胸を借りて自分の課題を探索してみよう。⑤ は人口還流（人口 U ターン）の社会学的研究を構想したモノグラフ。農村研究ではないが，同じく縁辺的な地域（沖縄）への還流を研究。農山村生活選択論にも大いに参考になる。

農山村生活拒否論は ⑥ ナシには成り立たない。本書では ⑥ を批判的に扱ったが，本書の批判をふまえて，⑥ を擁護するつもりでじっくり読んでみるといいだろう。ただし，⑥ は ⑦ と併読することを勧める。とくに ⑦ の 2 章「過疎とは何か」は重要論文である。

第4章　地域生活構造と家族

──少子化，高齢化，未婚化についての研究から

松本　貴文

1．地域社会と家族

地域社会を理解する上で，その地域における家族の姿を知ることは大変重要な意味をもつ。家族は，個人と地域社会との中間にあって両者をつなぐ機能を果たしており，地域の重要事項を審議する町内会・自治会の総会では個人ではなく世帯に投票権が与えられていることも多い。家族は地域社会を構成する重要な単位のひとつであり，地域における家族の状態は地域社会の状態とも深く関係する。家族が変われば，地域社会も変わる。したがって，家族社会学だけでなく地域社会学にとっても家族は重要な研究対象と位置づけられている。

ただし，家族社会学と地域社会学とでは，同じ家族をみる場合にも異なった関心をもつ。地域社会学にとって重要なことは，「家族という観点から地域社会に関する諸現象を理解すること」，および「地域という観点から家族に関する諸現象を理解すること」である。本章では，少子化，高齢化，未婚化（晩婚化と非婚化を含む）という3つの題材を通して，現代社会における家族と地域社会との関係について考えていく。そのための道具として生活構造という概念を用いる。生活構造論の視点から家族や地域社会のかかえる諸問題に新たな見方を提示することで，地域社会学による家族研究の魅力を実感してもらうことが本章のねらいである。

2．家族と世帯

まずは，基本的な概念の整理からはじめよう。手始めに家族とは何かについ

て考えてみたい。家族は，私たちにとって身近な存在であり，どのような社会にあっても大部分の人びとは家族の中に生まれ，育ち，やがて自身で家族を形成してきた。したがって，誰もが家族については経験的によく知っていると思っている。ところが，あいまいさが許される日常表現ではなく，正確性が求められる科学的な表現で家族をとらえようとすると，たちまち多くの困難に突き当たる。時代や文化的な背景が異なる場合はもちろんのこと，現代の日本社会のように同じ時点のひとつの社会の中にも，さまざまな家族が存在しているからである。これらの家族に共有するエッセンスをまとめて，定義を導くことは非常に難しい。「家族とは〜である」と一義的に定義することは困難なのだ(井上編　2010：24)。

とはいえ，家族についての社会学的定義を明示しておくことは，家族を研究する意義を理解する助けとなる。そこで，ここでは数ある家族の定義の中から，代表的なものとして森岡清美のものを紹介しよう。森岡によれば**「家族とは，夫婦・親子・きょうだいなど少数の近親者を主要な成員とし，成員相互の深い感情的かかわりあいで結ばれた，幸福（well-being）追求の集団である」**(森岡　1997：4)。この定義では家族を集団としてとらえ，**形態**，**成員結合**，**機能**という側面からその特徴がまとめられている。これら３つの側面は，家族を社会学的に理解する上で重要な項目である。以下，それぞれについて簡単に確認していこう。

まず，形態面である。家族は近しい親族を中心に形成される集団である。**親族とは血縁と姻縁のいずれかで結ばれていると認知しあっている人びとのこと**を指す。両性の間に夫婦関係が形成され，子どもの誕生によって親子関係，きょうだい関係へと次第に派生していく。もちろん，場合によっては家族の中に非親族成員が含まれることもありうるが，親族関係を欠いた家族を考えることは困難である。

次に成員結合に関する特徴である。ここでは「深い感情的かかわり」という表現が用いられている。一般的に，家族のメンバーは強い愛情で結ばれていることが理想であり，夫婦や親子の間に存在する愛によって家族が結びついているとする考え方は魅力的である。ところが実際には，愛が転じて葛藤がうまれ，ときには夫婦間や親子間での暴力にまで発展することもある。ただし，そのような場合であっても，深い（否定的な）感情的な関わりが存在していることは確かである。家族の成員は，お互いに無関心や第三者的な立場で接することのできない関係にある。

最後に，家族の機能についてである。家族は生活上の共同を行う集団であるから，必要に応じて生殖・経済・保護・教育・保健・娯楽など多面的な機能を担っている。そのため家族機能を「これ」と特定することは困難である。歴史的な変化もいちじるしいため，近代社会とそれ以前の社会とを比較しても家族の機能に大きな違いがある。それでも，上記にあげた具体例からもわかるように，これらの機能は根底に成員の幸福実現という方向性をもっている。このことは，同じ経済機能といっても，企業の場合，利潤追求に方向づけられていることと対比すればわかりやすい。したがって家族は，成員の幸福追求に必要な機能を，特定の社会的・歴史的条件の中で担うと考えることができる。

以上の森岡の定義は，現代の日本社会における家族の姿をとらえようとしたもので，決して普遍的に，いかなる時代のどの社会の家族にも妥当するといった性格のものではない。たとえば，社会史や家族史の研究では成員間の親密さや情愛といった家族認識が重要とみなされるようになったのは，近代社会にはいってからであるとの説が有力である（牟田　1997）。木下は，家族の多様化が進み，家族に関連する社会問題も多発する今日にあって，家族について学ぼうとするものは，現実に照らし合わせながら基礎概念まで再考をくわえていこうとする学習態度をもつことが望ましいと述べている（木下　2008：10）。そのことを充分に意識した上でも，森岡の定義は私たちの社会における家族の姿を上手くとらえており，家族について学ぶ出発点として大変有益である。

ところで，生活上の共同と同じ家屋に居住することが似ていることから，家族を同居している人びとの集団と理解することができるようにも感じられるかもしれない。しかし，実際には，進学や就職などを理由に他出した家族員とも生活上の共同関係が維持されることが多い。したがって，住居や生計の大部分を共同している集団を**世帯**とよび，家族とは区別する。なお，世帯は国家と深い関係にある概念で，1910年代ころから空洞化が目立ち始めた「家」（のちほど改めて取り上げる）に代わって，国民生活の基礎単位として，あるいは政府の調査や保護の対象として用いられるようになった（森岡　1997：6）。

現在でも，家族に関する動向を把握するために，世帯に関する統計データが用いられることが多い。ところが，交通手段や情報通信技術が発展した今日では，他出家族員との生活上の共同関係を維持することがますます容易となり，世帯と家族との間の乖離が大きくなりつつある。そこで，家族を世帯と区別して観察することが必要となってきている（のちほど確認するが，地理的なまとまりとしての集落と地域社会との間にも同様の関係がある）。

3．生活構造

ここで生活構造という概念を導入したい。本章では，1章でも紹介された三浦の定義を参考に，**生活構造**を**「生活主体の社会構造と文化構造への主体的な関与の総体であり，社会構造への関与はフォーマル・インフォーマルな社会関係のネットワークによって，文化構造への関与は生活主体の設定する生活目標および様式選好として，具体的に把握できる」**（三浦　1986：5）**ものと理解する。**もちろん，人びとの生活というものは非常に複雑で多面的であるため，生活構造という概念も多様な理解が可能だが，本書では生活を集団や社会関係への人びとの参与の総体として理解する立場をとる。したがって，ここでは，三浦の定義にある社会構造への関与に関わる社会関係のネットワークにとくに注目する。

抽象的な定義だけではやや理解しづらいので，例をもとに考えてみよう。ある過疎農村集落に高齢女性がひとり暮らしをしているとする。この女性が日々どのような暮らしを営んでいるかは，女性が集落の内外の人びととどのような関係を築いているか，あるいはどんな集団に所属しているのかに大きく左右される。女性が集落の出身者で社交的な性格であれば，おそらく日常的にそれなりの時間を親族や友人たちと接するために使っているだろう。また，老人会やお寺の檀家集団に所属しているならば，そうした団体の会合や行事にも定期的に顔を出すことになる。

ここでポイントとなるのは，他者との関係を「維持する／しない」，あるいは集団に「所属する／しない」について，ある程度，この女性が**主体性を発揮できる**ということである。もちろん，中には地域社会の構造的条件によってなかば強制的に関係を維持せねばならぬ場合や，強制加入させられる集団もあるだろう。人びとがどのような他者と社会関係を取り結ぶことができるのか，あるいはどのような社会集団に所属できるのかは，社会構造に影響を受ける。特定の趣味（音楽，鉄道，写真，アニメ，ファッションなど）を共有する人びとの集団は，一定以上の人口規模を有する都市において発達し，農村にはあまりみられない。逆に，神社の氏子のような集団は，農村ではよく見受けられるが，郊外の新興住宅地のような地域にはほとんど存在しない。とはいえ，こうした構造によって規定される部分を差し引いても，生活の中での社会参加ついて個人に一定の裁量が残る。女性が望めば，少し距離のある都市まで出向いて趣味のサークルに参加することも可能であるし，どのくらい積極的に関わるのかについてもある程度選択することができる。

もう1点重要なことは，生活構造が，**個人が社会生活の中で直面する生活課題を解決するための手段と関わっている**ということである（森岡　1984）。この女性が慢性的な疾患にかかり，定期的に自動車での通院が必要になったと仮定しよう。女性自身は自家用車や運転免許をもっていないとする。その場合でも，近隣の親族や友人と密接な関係を維持していれば，彼（女）らが病院までの送迎を引き受けてくれる可能性が高い。老人会などの地域集団に所属していることが，地域の交通弱者対策のような仕組みを利用するチャンスにつながるかもしれない。社会関係や社会集団への参加は，こうしたな手段的支援だけでなく，悩みの相談に乗ってもらったり，みんなで集まって旅行を楽しんだりと，情緒的支援につながる場合もある。近年では社会的ネットワークなどがよい効果をもたらすことをとらえて，**社会関係資本**（Social Capital）という概念が盛んに用いられている。一般に社会関係資本は社会構造に備わるものだが，生活構造は個人レベルの視点からみて，どのような社会関係資本を利用できるのかと関わっていると理解すればわかりやすいかもしれない。

このように生活構造をとらえると，家族や地域社会との結びつきがよくみえてくる。家族も地域社会も生活の単位であり，ある人の生活構造を知ることが，その人の家族やその人が暮らす地域社会を理解することにもつながる。さらに，生活構造に着目すれば，世帯を超えた他出家族員との共同関係や広域的な地域にまで広がる社会的ネットワークまでを視野に入れて，家族や地域社会をとらえることができるようになる。

■4．少子化の進展と地域格差

ここからは，家族と地域社会に関するさまざまな現象について，生活構造論からどのようにアプローチできるのか，具体的例をもとに論じていこう。最初に取り上げるのは，**少子化**という現象である。

近年，日本では**人口減少**が大きな社会問題として認識されるようになっている。総務省統計局のホームページに掲載されている記事によれば（「統計Today」No.9），2005 年の国勢調査の結果である速報人口が公表されて以降，「人口減少社会」という言葉が広く用いられるようになり，現実の社会問題として新聞などでも紹介されるようになった（なお，実際に日本の人口が継続して減少するようになったのは 2011 年からである）。2005 年は，戦後はじめて出生数が死亡数を上回る自然減少が発生した年でもあり，人口減少の背景にある少子化にも注目が集まった。

少子化，人口減少は地域社会とも密接に関わっている。増田寛也らは，(1) 相対的に出生率の高い地方から相対的に出生率の低い大都市圏へ若年人口が吸い寄せられることで，日本社会が超低出生率に陥っていること。そして，(2) 子どもを生む若年人口が大量に流出した結果として，地方では人口の再生産が困難となり，将来的に消滅が危惧される自治体が多数発生していることを指摘している（増田　2014：33-35）。地域ごとの出生率のちがいが日本社会全体の少子化と結びついており，若年女性の流出を原因とする少子化の進展が地方自治体や地域社会に存続の危機をもたらしているというのである。ここでは，(2)の指摘の妥当性はおくとして，(1)の少子化，人口減少の実態と出生率の地域間格差について注目してみることにしよう。

図 4-1 は，日本における総人口の推移と将来推計を示したものである。これをみれば明らかなように，日本は 1920 年から 2000 年ころまでの期間，第 2 次大戦前後を除き継続して人口を増加させてきた。ところが，現在は減少に転じ，今後さらにその傾向が加速していくと予想されている。また，図 4-2 のように出生数，**合計特殊出生率**[1)] も 1950 年代に大きく減少し，その後一時回復の傾向がみられたが，1970 年代後半以降はなだらかな減少傾向が続いており近年も低い値で推移している。ただし，出生率については地域ごとには大きなばらつきがある。市町村別の合計特殊出生率の上位と下位を確認すると（表 4-1），上位には沖縄県や鹿児島県の離島地域が集中しており，下位には大都市圏の自治体が目立つ。合計特殊出生率のもっとも高い沖縄県金武町と大阪府豊能町の間では，1.63 もの開きがある。

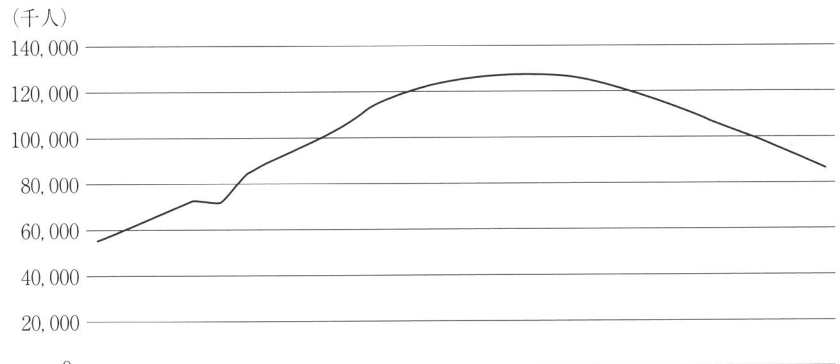

図4-1　日本の人口推移（1920～2020年）**と将来推計**（2025～2070年）

出典）人口の推移については国勢調査。将来推計については国立社会保障・人口問題研究所『日本の将来推計人口（令和5年推計）』の出生中位（死亡中位）推計。

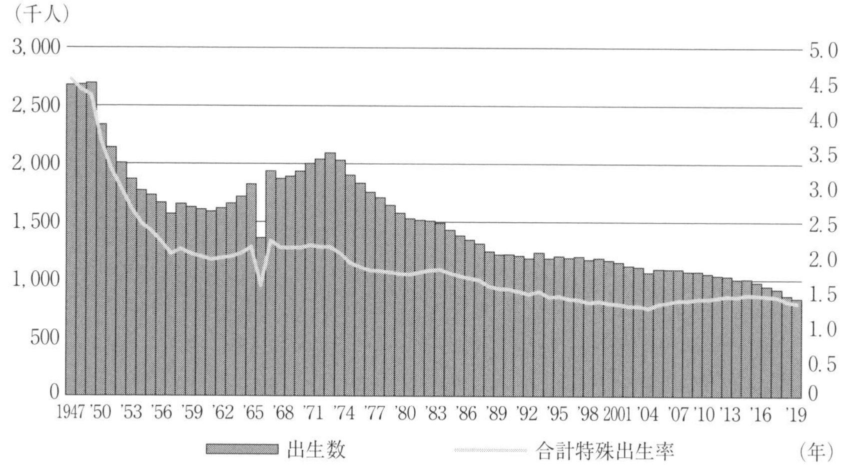

図4-2　出生数と合計特殊出生率（1947～2020年）

出典）厚生労働省「人口動態統計」より作成

表4-1　市町村別合計特殊出生率の比較（2013～2017年）

（上位10位）

順位	都道府県	市区町村	合計特殊出生率
1	沖縄県	国頭郡　金武町	2.47
2	鹿児島県	大島郡　伊仙町	2.46
3	鹿児島県	大島郡　徳之島町	2.40
4	沖縄県	宮古島市	2.35
5	沖縄県	島尻郡　南大東村	2.30
6	沖縄県	国頭郡　宜野座村	2.29
7	鹿児島県	大島郡　天城町	2.28
8	鹿児島県	大島郡　知名町	2.26 (2.2618)
9	熊本県	球磨郡　錦町	2.26 (2.2565)
10	沖縄県	島尻郡　南風原町	2.22

（下位10位）

順位	都道府県	市区町	合計特殊出生率
1	大阪府	豊能郡　豊能町	0.84
2	京都府	京都市　下京区	0.89
3	福岡県	福岡市　中央区	0.91
4	大阪府	大阪市　浪速区	0.92
5	京都府	京都市　東山区	0.93
6	東京都	豊島区	0.94
7	京都府	京都市　上京区	0.95
8	北海道	石狩郡　当別町	0.96
9	大阪府	大阪市　中央区	0.97 (0.9651)
10	埼玉県	入間郡　毛呂山町	0.97 (0.9655)

出典）厚生労働省「人口動態保健所・市区町村別統計（平成25年～平成29年）」より作成

5．出生率の地域間格差と生活構造

なぜこのような格差が生じるのだろうか。合計特殊出生率の高い地域は，過疎化が進み経済的な条件にも恵まれない離島に集中している。他方，低出生率の代表は関東・関西の大都市圏である。これは一般的な社会通念と矛盾しているようにも感じられる。離島と大都市を比較した場合，後者のほうが圧倒的に所得は高く，各種機関が充実していて利便性にも恵まれており，行政やNPOなどによる子育て支援も充実しているため，子育てがしやすいのではないかという気がするからだ。そうであるにもかかわらず，なぜ，離島や過疎地域の合計特殊出生率は高いのだろうか。

この問いに対して生活構造論の視点からアプローチをしたのが，徳野貞雄による和泊町での研究である。和泊町は，鹿児島県にある奄美諸島の中の沖永良部島東部に位置する自治体で，合計特殊出生率は2.15（2013～2017年）と高い。徳野は，**過疎地域や離島にみられる高出生率の背後に，「住民が生活しやすいから，出産・育児などの総体の子育てという社会的行為が容易にでき，それゆえ出生率が高い」**（徳野　2014b：173-174）というメカニズムが働いている可能性を指摘する。そして，**なぜ生活しやすいのかといえば，地域の人口，産業，インフラなどの条件が相対的に低水準であったとしても，経済的な条件に柔軟に対応する就農形態や，家族関係を中心に地域の中での社会関係の充実によって，生活課題を柔軟に処理できる生活構造が形成されているからである**との仮説を示し（徳野2014b：174），和泊町を事例にそれを検証している。

少し具体的に説明しよう。和泊町では別居している子ども世帯と親世帯の間で盛んに相互扶助が行われているだけでなく，親世代が居住する集落の行事などに子どもたちが集落の一員として参加することが一般的である。このような社会関係や集団参加の形態が，親世代・子世代のいずれにとっても生活課題に対処する有効な手段となるため，子育てがしやすく出生率が高くなるというわけである。

以上の説は，経済構造や社会構造だけではなく，地域で生活する個人の生活構造に着目することで，出生率の地域間格差を説明しようとする試みである。その妥当性について，統計的データからも少し検討を加えてみよう。用いるのは高野和良らの研究グループが2018年に鹿児島県伊仙町で実施した調査の結果である。なお，表4-1で確認したように，伊仙町は現在，日本で2番目に合計特殊出生率の高い自治体である。

伊仙町住民による地域に対する評価をまとめたものが，図4-3である。「就業の場に恵まれている」，「買い物の便利さ」，「趣味やスポーツ・文化を気軽に楽しめる場」，「やりがいのある仕事に恵まれていること」，「高齢者などへの社会福祉が整っていること」などの項目に関しては肯定的評価（「良い」・「まあ良い」）と否定的評価（「やや悪い」・「悪い」）が拮抗している。また，「病院や医療が整っていて安心なこと」は否定的評価がもっとも高くなっており6割を超える。地域の経済的基盤や商業施設，医療・福祉施設などの専門機関に関する評価は必ずしも高くないことがわかる。

これに対し，「自然環境」，「災害や事故がなく，安全なこと」，「快適な住まい」の各項目は非常に評価が高く，「教育環境」や「困った時に助け合える仲間が大勢いること」などの項目も肯定的評価が7割近くを占めている。住環境なども含めた広い意味での環境基盤や，地域内の社会関係に対する評価は高いといえる。結果として，およそ8割の住民が「全体的に見た地域の住み心地」を肯定的に評価している。

続いて，子育てに関連する項目の傾向にも目を向けてみよう（図4-4)。地域の子育て支援やサービスに対する評価はわかれるものの，肯定的な評価を行っている住民の6割近くが，その理由として「家族や親せきからの援助を受けやすいから」と回答している。また，「近隣住民からの支援を受けやすい」と答える者も3割を超えており，伊仙町の調査結果は，家族や地域社会の中での関係が充実していることで，子育てがしやすいとする説を肯定する内容といえる。

ここまでなぜ離島で子どもが生まれやすいのかを検討してきたが，なぜ大都市では子どもが生まれにくいのかについても目を向ける必要があるだろう。都

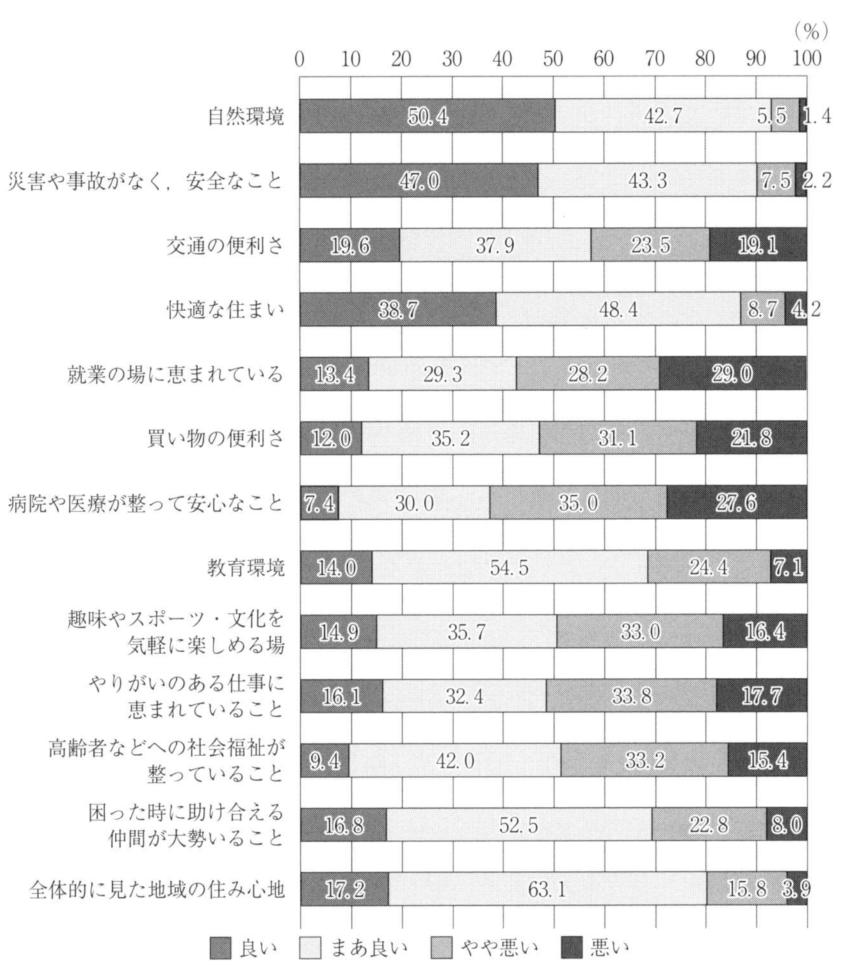

図4-3　伊仙町住民の地域にたいする評価

出典）『「伊仙町生活構造分析調査」報告書1』より作成

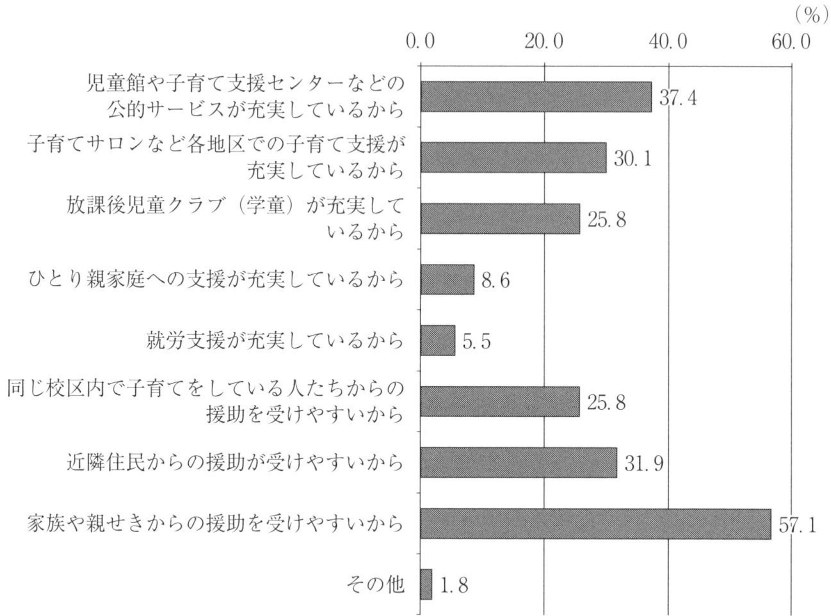

図4-4　子育て支援やサービスが充実していると思う理由

出典）『「伊仙町生活構造分析調査」報告書1』より作成

市化が人口減少につながることは，ソローキン＆ツインマーマンによって指摘されていることをすでに確認した（2章1節）。実際に，現代日本においても都市化の指標となる高人口密度が低出生率に関連していることが，統計的研究によって明らかにされている（加藤　2017）。

それでは，なぜ都市化と少子化は結びつくのだろうか。山下祐介は，**都市では日常生活の中で行政や市場の提供するサービスに対する人びとの依存が高まり，家族や地域の課題解決能力が低下した結果，人間の自己再生産能力を低下させるため少子化につながるという，「人口減少都市化要因説」を提示している**（山下 2018：74）。これは，都市では社会関係から日常生活における課題解決のための手段を調達しにくいので低出生率となるという説明であるから，先ほどの徳野の説を裏返したものといえる。ただし，山下の研究では経験的な資料が示されていないため，実際に大都市における人びとの生活構造とはどのようなもので，それがいかなる理由で少子化につながるのかは明確ではない。今後，大都市の家族と地域社会を対象とした実証的研究が待たれるところである。

これまで日本では，「少子化の問題は，若者の経済的な不安定さや長時間労働，仕事と子育ての両立の難しさ，子育て中の孤立感や負担感，教育費負担の重さなど，さまざまな要因が複雑に絡み合って生じている」（内閣府　2018：54）と理解され，その解決には雇用の改善や政府による子育て支援の拡大が必要と考えられてきた。これに対し，生活構造論的な視点からの研究は，家族や地域社会の中での社会関係と出生率との関係に焦点をあてている。もちろん，これによって従来指摘されてきた要因が否定されるわけではないが，少子化の解決に向けて親世代と子世代との関係や，地域社会の中での社会関係にも目を向けていくことが必要であることは間違いないだろう。

▶練習問題 1

都市と農村の子育てにはどのような違いがあるだろうか。生活構造の違いをイメージしながら考えてみよう。

6．高齢化によって集落は滅ぶのか

次に，近年，非常に注目されるようになっている，高齢化による地域社会の消滅問題について，生活構造論的な視点から検討してみよう。この問題に注目が集まる発端となったのは，2 章で紹介した大野晃の**限界集落論**である（2 章 10 節，11 節，12 節）。限界集落をめぐっては，国やマスメディアなどのさまざまな機関による実態調査がなされたが，その結果をみると，確かに一定数の農村集落では深刻なレベルまで高齢化が進んでいる。2019 年に実施された総務省「過疎地域等における集落の状況に関する現況把握調査」によると，調査対象となった過疎地域などの 63,237 集落のうち，住民の半数以上が 65 歳以上である集落が 20,372（32.2%）あり，そのうち 956（1.5%）は，なんと高齢化率 100%に達している。また，同調査報告書は，今後 10 年以内に消滅する可能性

資料4-1　限界集落の描写

独居老人が滞留する場と化したむら。人影もなく，一日誰とも口をきかずにテレビを相手に夕暮れを待つ老人。時折，天気が良ければ野良仕事に出て，自分で食べる野菜畑の手入れをし，年間36万円の年金だけが頼りの家計に，移動スーパーのタマゴの棚に思案しながら手を伸ばすシワがれた顔。

バス路線の廃止に交通手段を失し，タクシーでの気の重い病院通い。一カ月分の薬をたのみ，断られ，二週間分の薬を手に魚屋で干モノを買い家路を急ぐ。テレビのニュースの声だけが聞こえてくるトタン屋根の家が女主人の帰りを待っているむら。

家の周囲を見渡せば，苔むした石段が階段状に連なり，かつて棚田であった痕跡をとどめている杉林。何年も人の手が入らず，間伐はおろか枝打ちされないまま放置されている“線香林”。日が射さず下草も生えない枯れ枝でおおわれている地表面。野鳥のさえずりもなく，枯れ枝を踏む乾いた音以外に何も聞こえない“沈黙の林”。田や畑に移植された杉に，年ごとに包囲の輪を狭められ，息を凝らしている老人。（大野　2007：132）

があるとする集落が454（0.7%）あり，いずれ消滅すると予測されている集落は2,744（4.3%）にのぼると報告している。

このようなデータから，過疎農村の将来は非常に厳しいという印象を受ける人も多いだろう。それは間違いではないし，実際に一部の研究者たちからは，生活維持コストの高い末端集落から撤退し住民生活の効率化をはかるべきだという政策提案も行われている（林・齋藤編　2010）。資料4-1に示した大野による限界集落の描写からも，末端の山村集落が危機的な状況に陥っていることがひしひしと伝わってくる。

資料4-1から読み取れることは，限界集落では，高齢化の進展と生活基盤の弱体化によって人びとの暮らしは苦しくなり，地域社会の自然管理能力が失われ，人間と自然との間の営みが途絶えてしまうことで，生活環境がさらに悪化しているということである。自然環境の管理能力低下は鳥獣被害などの発生とも関連しており，その被害は地域の世代継承に負の影響を与えているとの指摘もある（祖田　2016：6-20）。このことからも，高齢化によって農村集落が滅びるという議論は，大変説得的であるように思える。

■7．空間を超えて広がる家族関係と修正拡大集落

しかし，本当にそうなのだろうか。先ほど紹介した総務省の調査結果を再度よく確認してみると，高齢化率が50%を超えている集落の数（20,372）に対して，消滅する見通しとなっている集落の数がいちじるしく少ないことに気づく（「10年以内に消滅」と「いずれ消滅」をあわせて3,198）。このことは，高齢化が顕著に進んだ集落であっても，そこでの生活や地域社会としての活動を維持していくことができる，何らかのメカニズムの存在を示唆している。以下では，生活構造へ着目することを通じてこのメカニズムを明らかにしていこう。

この問題に関連して，ユニークな議論を展開しているのが徳野である。徳野は，福岡県八女市立花町白木集落などでの調査から，**現代農村における「現実的生活基盤」が，従来の集落の中で完結せず，近隣のマチ**（白木集落の場合，八女市の中心部）**に居住する他出子との家族関係を軸に，買い物や病院，娯楽施設の利用などまで含め，マチ・ムラ連合型地域社会の中で形成されている**と述べている（徳野　2014a：49-54）。したがって，現代農村における集落は過去から大きな変容をとげ，マチに住む他出子との関係をふくめた**修正拡大集落**ともよぶべき形態をとるようになっている可能性があるという（徳野　2014a：35）。和泊町の調査でも，マチに居住する他出子が，両親の住む集落の構成員であるかのように地域活動に参加していることを紹介した。こうした形態の地域社会を形成することで，過疎農村においてもある程度豊かな暮らしを維持できる基盤を有している地域は少なくない。しかし，集落の空間的把握に固執すれば，現実的生活基盤を上手くとらえきれず，新しい空間を超えて広がる集落のあり方をとらえそこねてしまうことになる。

では，他出子は集落に対してどのような効果を及ぼしているのだろうか。他出子の訪問が集落にもたらす社会的効果とその効果が発揮される条件について整理した上野淳子は，次のように述べている。(1)集落の周辺に大規模な労働市場が存在していることが，他出子が集落の周辺にとどまる条件となる。(2)階層性による影響は弱く，ほとんどの世帯に少なくとも１人は近くに居住する

他出子がいる。また，親の支援を担う子どもは「長男」などに偏っているわけではない。(3)他出子の訪問目的は親世代の生活支援が中心で，食料品・日用品の買い物のほか家屋の修繕や農地の管理などを担っているが，家業や集落の行事を支援する者はきわめて少ない。上野は，これらの知見から他出子の最大の社会的効果は親世代の生活安定であり，間接的に集落の維持にもつながっていると結論づけている（上野　2016）。

(1)については，上野の調査対象となった2集落が中京圏に近いためいずれも好条件を満たすことになっており，調査結果だけから近隣の労働市場の存在が他出子との関係維持の絶対条件となっているのか明らかではない。しかし，こうした他出子との関係によって親世帯や集落の暮らしを支えることができるのは一世代だけにとどまる，という指摘はきわめて重要である。したがって，他出子による生活支援を集落の世代継承につなげるためには，また別の仕掛けが必要となる。

逆にいえば，こうした仕掛けを上手く構築できれば，一見，限界に近いようにみえる集落でも，他出子との関係を軸に集落を維持していくことが可能となる場合もある。静岡県の山間部の集落で始められた都市農村交流イベントに関する中條曉仁の研究（2017）では，イベントが地域内外で浸透していく過程で，他出子が帰省し手伝いを始めるようになったことが報告されている。林琢也（2015）も指摘するように，他出子からの支援に対し高望みをすればかえって関係の悪化を招く可能性もあり，親世代の心のハードルなど他出子との関係を集落の維持に結びづけていくことには課題も少なくない。とはいえ，他出子との関係に着目することで過疎農村集落の現状や，その未来に対する見方が変わってくることは事実であろう。

ここまで，現代農村の家族と生活構造に着目し，他出子との関係を顕在化させることの意味について確認してきた。この視点の切り替えは，単に家族内での相互扶助の存在を発見するだけでなく，地域社会という概念の根本を問い直すことにつながる可能性がある。当然，このことによって集落の「消滅／存続」への見方も大きく変わってくる。とはいえ，そもそも集落や地域社会の中で子どもが誕生しなければ，他出子を都市へ送り出すことすらできなくなる。子ども誕生の背景にある結婚は，家族形成にとっても非常に重要なイベントである。そこで，次節からは子どもを誕生と深く関わる未婚化に目を向けてみることにしよう。

▶練習問題2

他出子との関係を集落の世代継承に結びつけるためにはどうすればよいだろうか，具体案をいくつか考えてみよう。

8．未婚化がなぜ進んだのか

結婚は家族形成の重要な契機であり，当事者にとってだけでなく，家族や地域社会にとっても重要な意味をもつ。さらに，近年では，未婚化が地方自治体や国家が解決に取り組むべき課題と認識されるようにまでなっている。本節と次節ではこの未婚化という現象について，地域社会学や生活構造論の視点からどのようなアプローチが可能か，主に農村の事例をもとに紹介していく。

まずは結婚とは何かについて整理しておこう。望月嵩によれば，**結婚とは「(1)社会的に承認された男女の性関係であること，(2)その結合関係には一定の権利義務が伴うこと，……(3)継続性の観念に支えられた関係であること，(4)全人格的な関係であること」**（望月　1997：44）**という4つの要素を含むものである。**なお，(1)で述べられている社会的承認には，慣習によるもの（結婚式）と法によるもの（婚姻届）がある。現在の日本では，婚姻届が出されていれば正式な夫婦として認められるのに対し，結婚式などによって慣習上の承認のみがえられている関係は「内縁」や「事実婚」，両方の承認が得られていない関係は「同棲」とよばれる。このように，結婚は単にカップルの間の感情的なつながりや性関係を意味するだけでなく，社会や国家による承認をえることと関係している。**法律婚主義**をとる現代の日本では，法律に基づいて国からの承認をえることが結婚の条件と考えられており，内縁や事実婚，同棲はそれほど多くない。

次に，未婚化の進展状況について確認しておこう。図 4-5 をみてもわかるように，日本では 1970 年代の後半ごろから，男女ともに「**生涯未婚率**」ともよばれる **50 歳時未婚率**（45 ～ 49 歳と 50 ～ 54 歳の未婚率の平均）の値が上昇しており，2020 年には男性で 28.3%，女性で 17.8%となっている。人生で一度も結婚を経験しない（可能性が高い）人の割合が男性でおよそ 4 人に 1 人，女性で 6 人に 1 人にのぼることになり，非婚化が進んでいることがわかる。

また，図 4-6 のように平均初婚年齢も年々上昇しており，晩婚化の進展も認められる。先ほど述べたように日本では法律婚主義が浸透しており，夫婦の間以外に誕生する**非嫡出子**の割合が大変小さいため，未婚化は直ちに少子化へとつながる。こうしたことが，個人的なことと考えられている結婚にまつわる現象が，社会的課題と認識される要因のひとつとなっている。この点は非嫡出子の比率が高まっている欧米の先進諸国と対照的である。

ではなぜ，現代の日本で未婚化が進んでいるのか。この問題にいち早く着目

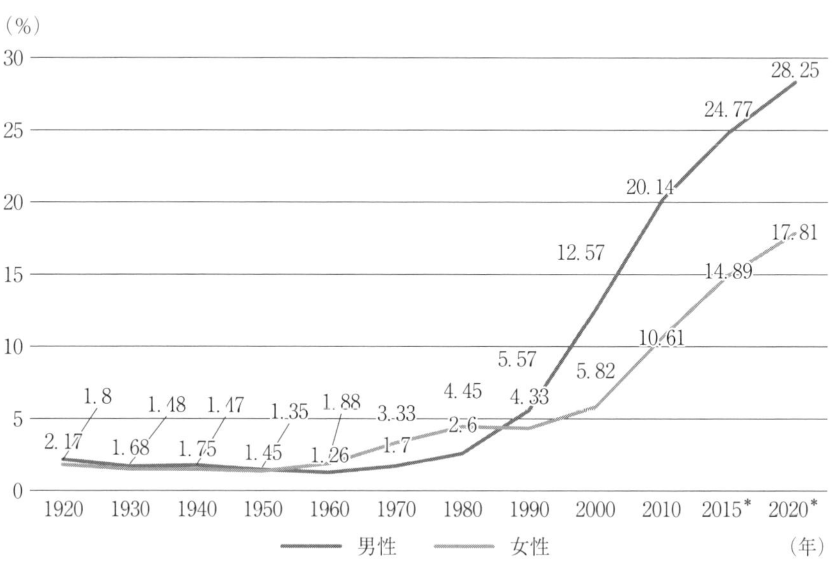

図4-5　50歳時未婚率の推移（1920～2020年）

＊2015年，2020年は不詳補完値に基づく。
出典）国立社会保障・人口問題研究所「人口統計資料集（2023年版）」（数値は国勢調査）より作成

したのが家族社会学者の山田昌弘である。**山田は少子化の主たる要因を女性の社会進出にあるとする従来の議論を批判し，少子化（＝未婚化）の主因が「①『若年男性の収入の不安定化』と②『パラサイト・シングル現象』の合わせ技」**（山田 2007：10）**にあるとする説を提示した。**

パラサイト・シングルとは，学卒後も親に基本的生活を依存する独身者のことである。山田によれば，かつての経済成長の影響で結婚や子育てに期待される生活水準が高止まりしている反面，若者の所得水準が低下しているという経済的要因と，結婚をしなくても男女交際を楽しめる一方で，個人の魅力格差が拡大しているという文化的要因が合わさって，パラサイト・シングル化が進み未婚率が高まっている。したがって，若者に希望のもてる職を提供し経済的要因を手当てすることが，根本的な未婚化への対策となるという。

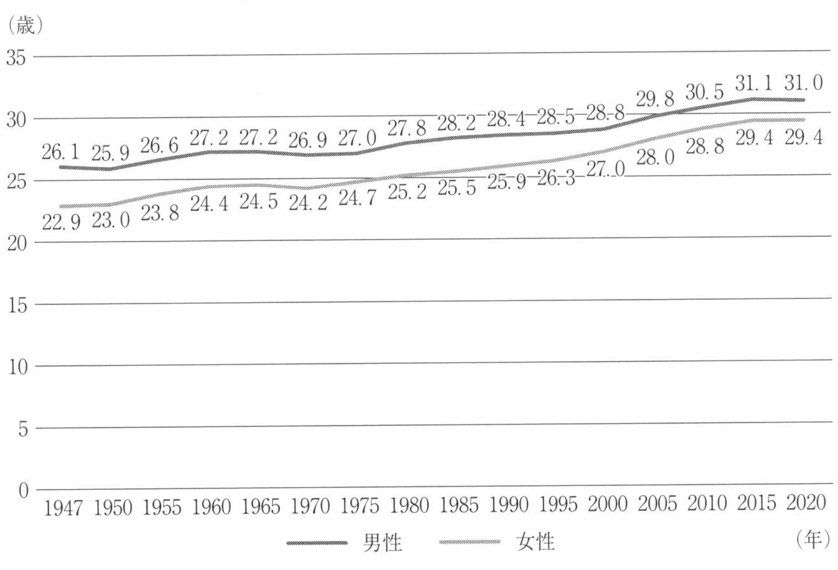

図4-6　平均初婚年齢の推移（1947～2020年）

出典）厚生労働省「人口動態統計」より作成

■9．未婚化の地域間格差

さて，ここで現代における未婚化について，少子化の場合と同様に地域間格差に着目してみよう。全国の市区町村データを用いて結婚の地域間格差について分析した北村・宮崎（2009）によれば，30歳代の男性の場合，人口密度の高い都市部で結婚を経験した者の比率がもっとも低くなり，都市近郊がもっとも高く，都市近郊より人口密度の低い地域（＝農村）では都市近郊よりやや低くなる。女性の場合も，結婚を経験した者の比率は，人口密度の高い大都市部でもっとも低くなるが，都市近郊とそれよりも人口密度の低い地域（＝農村）では，男性のように明確なちがいはなくいずれも高い値となる。また，男性の就業率は男性の結婚経験と正の相関をもつが，一方，都市化度と男性の就業状況だけでは説明できない地域間格差が残ることも確認されている。

これと同様の傾向は，徳野による熊本県の未婚率の分析でも明らかになっている。未婚率は男女とも人口の集中する大都市部で高くなり，都市近郊では低下するが，男性は過疎農村で高くなる一方，女性は低くなる傾向がみられる。こうした地域間格差が発生する背景には，地域移動が容易になった今日において，「故郷に帰れば『結婚，結婚』という親や周囲から離れて，若い女性は都市部に滞留する」という構造が考えられるという（徳野　1998：175-179）。結果として，過疎農村では男女間の未婚率の開きが大きくなり，結婚したくてもできない未婚男性の存在が目立つことになる。

さらに徳野は，熊本県免田町（現あさぎり町免田）における事例分析をとおして，農村部の男性たちが抱える結婚難の要因として，農家後継者の生活構造と社会システムの変化に対する地域社会の無理解をあげている。一生懸命に後継者として農業に打ち込む男性たちは，農業経営に時間をとられ女性との接触の機会が少なくなり，これまでの生活を変えようとする意識も働きにくく結婚が遠のいてしまう。こうした状況に対して，両親や地域住民など周囲の人びとは結婚に対する意識が変化し恋愛結婚が当たり前となった環境に適応できず，適切な支援を与えることができないのだという（徳野　1998：187-190）。

北村・宮崎と徳野の議論を整理すれば，**山田の強調する経済的要因が未婚化の要因のひとつと考えられるものの，それだけでは説明できない要因が残されており，そのひとつとして生活構造があげられるということになるだろう。**未婚率の地域間格差からもわかるように，平均的に所得の高い大都市部で未婚率はもっとも高くなる傾向を示しており，経済的要因だけで未婚化を説明することは難しい。

■10. 過疎農村における結婚難と未婚者の生活構造：熊本県山都町での調査事例から

ここで，未婚化と生活構造との関係について，具体的な事例から考察を行ってみたい。紹介するのは，2011年～2012年にかけて熊本県山都町で行った未婚男性に対するインタビュー調査の結果の一部である（資料4-2）。

これら2つの事例を理解する上でカギとなるのが，**家意識**の存在である。家はきわめて複雑な概念だが，ここでは伝統的な日本の家族制度を意味するものととらえておく。鳥越皓之によれば，**家は，(1)家産に基づいて家業を営む経営体であり，また(2)祖先祭祀を担う集団でもある。さらに(3)世代を超えて永続することを理想とするという3つの性格によって特徴づけられる**（鳥越　1993：10-12）。日本農村の地域社会，いわゆる村（村落）は，この家を構成単位としてきた。

ところで，一般に，日本でも戦後の近代化の流れの中で家は衰退したと考えられている。しかしながら，農村家族の中で生じている諸現象を理解しようとすると，そこには何らかの家意識のようなものが働いていると考えたほうがよいと思われるケースも多いという指摘もある（鳥越　1993：iii）。家との関わりはあまりなさそうな都市部の大学にも，家についてリアリティを感じながら生活している学生がいるともいわれている（米村　2014：9-12）。もちろん，家も時代や地域が異なればその性格も変わる。とはいえ，家のもつリアリティが今日において完全に失われてしまったわけではないことは注意されてよい。

資料4-2にあげた事例でも，結婚が家の後継者という意識と結びつけられており，両親や親族からの未婚男性に対する「結婚せよ」という圧力や，未婚男

資料4-2　未婚男性の生活

(1) A さんの事例

1963 年生まれ（調査当時 40 歳代後半）の A さんは，70 歳代の両親と 3 人暮らし。経営面積 4ha の専業農家で，家族全員で水稲，キャベツ，ネギを生産している。両親も高齢であることから，仕事の分担も多い。キャベツの収穫期に入ると，早朝から畑と市場を往復する日々が続く。また，高齢化の進む集落において，地域活動の中核を担っており，毎年，何らかの役職を引き受けている。

A さんはこれまでも結婚を希望していたが，なかなか相手との出会いに恵まれなかった。30 歳代までは独身であることをそれほど気にしていなかったが，40 歳を過ぎると周囲からの圧力を強く意識するようになった。特に，母親がたまにつぶやく「早く孫の顔がみたい」という独り言が精神的にこたえるという。親戚にも「長男だけん，早う結婚して子どもを持たにゃ」と顔を合わせるたびにいわれ，集落の住民からも早く結婚するように勧められている。

そこで，A さんは結婚相手をみつけるため，山都町役場が行っている結婚促進事業を利用することにした。この事業では，月に 1 回，結婚を希望する人たちの交流会が開催されている。A さんも既に何度か交流会に参加しているが，まだ結婚には至っていない。これまで気の合う女性との出会いも数回あったのだが，みな 40 歳代だった。A さんは結婚後，どうしても子どもが欲しいため，30 歳代の女性と結婚したいという強い希望を持っている。そのため，その女性たちとの交際には前向きになれなかったという。

A さんがこれほど子どもにこだわるのは，両親や親族が後継者のことをしきりに気にしているからだ。とはいえ，30 歳代の女性とは年齢差も大きく，アプローチを試みてもなかなか恋愛関係を築くのは難しいと感じている。A さんは「ただ自分と相手と 2 人の生活のためだったら，すぐにでも結婚できるかもしれんけど。やっぱり，いろいろ考えさせられるけんね。結婚するときに一番に考えるのは，最終的に後継者です。それだけ」と語っていた。

(2) B さんの事例

1967 年生まれ（調査当時 40 歳代前半）の B さんは，両親と 3 人暮らし。兼業農家で，熊本市内の建築資材メーカーに勤務するかたわら，休日には家の農作業を手伝っている。最近，高齢を理由に集落の活動を引退した父にかわって，地域の活動にも顔を出すようになった。

B さんによると，30 歳代の前半までは友人とのつきあいも多く，女性との出会いにも恵まれていたという。会社の同僚と合コンに参加することもしばしばあった。ただ，若いころは趣味のバイクに熱中し，結婚のことはあまり考えていなかった。35 歳を過ぎると両親や近所の住民から結婚しないのかといわれるようになり，相手を探し始めた。ところが，周囲の友人は既婚者ばかりで，出会いの機会はほとんどなくなっていた。両親が高齢となり農作業や地域活動の負担が増えたことで，女性との出会いにつながるような場所へ出かける機会も減ってしまったという。

実は，B さんに結婚のチャンスが全くなかったわけではない。以前，近所の女性からの勧めでお見合いをしたことがある。しかし，人の力を借りた出会いは本物ではないような気がして，結局，断ったという。Bさんは，ちゃんと自分の力で相手をみつけ，恋愛をしてからでなければ，納得のいく結婚はできないと考えている。仲の良い同級生も，みな恋愛結婚であることが，そのような思いを強めている。

Bさんも交流会に参加しており，そこで出会った女性とデートをした経験もある。しかし，結婚には高いハードルがあると感じている。特に難しいのが，現在暮らしている家で両親と同居してもらうという条件である。週末は農作業の手伝いをせねばならず，集落の役職も引き受けなくてはならないので，Bさんとしてはこの条件を譲ることは難しい。しかし，それを受け入れてくれる女性は少ないのではないか，とも感じているという。

出典）著者のインタビュー記録より作成

性が子どもを持つことや親との同居を結婚の条件として設定する原因になっている。Aさんの例では，本人の家業の継承に対する意識は希薄だが，母親や親族の希望をかなえたいという気持ちから，子どもを出産できることを結婚相手の条件にしていた。また，Bさんの場合も，後継者である自分が農業を手伝い，農地を守っていかなくてはならないという義務感があり，結婚しても簡単に家を出るという選択はできないと考えていた。そして，AさんBさんともに，これらの条件が結婚へ向けたハードルとなっていると感じている。

もうひとつ重要なポイントが，家の後継者としての立場が未婚男性の生活構造に影響を与えており，女性との出会いの機会を狭めていることである。壮年層の未婚男性たちは，家業や集落活動に参加することに時間を割かれ，なかなか結婚につながるような相手と関係を構築したり，集団に所属したりすることが難しくなっている。実際にAさんは，以前，山都町内のスポーツサークルに所属していたが，両親の高齢化によって家業が忙しくなったことから辞めてしまった。役場の結婚促進事業担当職員の話によれば，趣味のサークルが出会いの契機となり結婚につながるケースも少なくないという。つまり，こうした集団からの撤退は，出会いのチャンスの喪失につながっている可能性が高いのである。

■11. 結婚促進事業と生活構造

ここまで，農村での事例をもとに未婚化の生活構造的要因について確認してきた。生活構造的要因が未婚化に関わっているとすれば，結婚促進事業のあり方についても生活構造論的な視点から検討が求められることになるだろう。

集落の世代継承が家族関係を中心に行われてきた農村にとって，少子化が進むことは集落の消滅に直結している。そのため，現在，農村部の自治体では熱心に結婚促進事業が進められている。人口1万人以下の小規模自治体のおよそ6割が何らかの事業を実施しており，これより大きな規模の自治体にくらべて実施割合は高いとされている（大瀧　2010）。

過疎対策の文脈でも，未婚率が急激に上昇する以前から，若者定住促進の一環として配偶者斡旋制度や結婚祝い金制度のような結婚促進事業を実施する自治体が多かった。家意識が強く残存する農村部では，未婚化が統計上の数値以上に深刻にとらえられ，社会問題として表面化しやすかったことも影響している。結婚祝い金・出産祝い金制度については，20歳～39歳の男性の結婚経験率を上昇させることが統計的研究によって確認されている（北村・宮崎　2009）。とはいえ，こうした制度だけで，過疎農村の未婚化が解決されるわけではない。

では，どのような支援が必要なのだろうか。日本社会では，結婚に親や親族が介入する協定結婚の一種である見合結婚が，かつて一般的に行われていた。現在では，当事者が恋愛感情に基づいて配偶者選択を行う恋愛結婚が当たり前とされるようになったが，農村部の高齢者には見合いで結婚したという人も少なくない。そのためか，農村部では現在でも，親族や近隣の縁者が未婚者に対して見合いの場を設けるということが少なくないようである。実際に，筆者が山都町で調査した30歳以上の未婚男性全員が，見合いの話を持ちかけられた経験を有していた。しかし，Bさんの事例にもあったように，恋愛結婚が理想とされるようになった現代では，見合結婚に抵抗を感じる未婚者が多く，家族や地域社会による見合斡旋という形での支援が果たす効果はあまり期待できない状況にある。

まとめれば，**農村の未婚男性はその生活構造上の特性によって，恋愛のための出会いに必要な機会や時間の確保が困難になりつつある一方，結婚に対する周囲の強い期待にさらされており，さらに周囲から有効な支援を調達できないでいる可能性がある。**このような事態は，手段的・情緒的支援の不足を招き，未婚者が結婚を希望していてもなかなか結婚できない原因となるほか，理解者や相談相手がみつからず当人たちにとって非常につらい状況を発生させている（松本 2014）。

こうした状況を解決していくためには，やはり生活構造に対する介入が求められることになる。山都町の結婚促進事業では，単に女性との交流会を開催するだけでなく，交流会の事前打ち合わせとして未婚男性と担当職員だけで悩みを共有し，結婚に向けて何が必要かを話し合う機会を設けている。その場でのやり取りを通して，参加者同士や参加者と担当職員の間にある種の連帯関係が生まれており，ある男性のために周囲の参加者たちが服装やデートコースなどについてアドバイスし，交際に至ったというケースも報告されている（松本 2014）。もちろん，こうした支援がどの程度の効果を発揮できているのかは未知数である。とはいえ，質問紙調査の結果から未婚者を類型化した三輪（2010：21）によれば，経済的事情によって結婚できないものの割合はそれほど大きくない（全体の14％）。経済面以外の支援の検討が求められていることは間違いないだろう。

あわせて，山都町の結婚促進事業では，担当職員とのインフォーマルな関係を通じて，職場や住居探しなど成婚後の生活に対する支援も行われていた。結婚促進事業の中で形成された社会関係は，その後の家族生活への支援にも生かされており，町内で夫婦生活を始めることで直面する課題の克服にもつながっている（松本　2014）。

最後に，本章では十分に検討することができなかったが，都市的生活構造と未婚化との関連も地域社会学の重要な研究テーマといえよう。すでに指摘したように，大都市は男女ともっとも未婚率の高い地域である。都市は人口密度が高く農村に比して出会いのチャンスに恵まれているように思われるし，デートなどを楽しむための施設も豊富で，農村にくらべて明らかに恋愛結婚制度と相性がよい。その上，先ほど確認したように，所得も都市部のほうが農村部よりも平均としては高いはずである。そうであるにもかかわらず，未婚率が高いのはなぜだろうか。結婚と同時に郊外へ転居するなど，さまざまな要因が関連していると予測されるが，おそらく生活構造もそのひとつであろう。このテーマについても今後の研究の進展が待たれるところである。

▶練習問題３

大都市で未婚率が高くなるのはなぜだろうか。生活構造論の視点から仮説をいくつか考えてみよう。

12．今後の研究課題

ここまで，少子化，高齢化，未婚化という社会現象を題材としながら，生活構造論的なアプローチの魅力について述べてきた。事例については農村に偏ってしまったが，繰り返し指摘したように，都市の家族を分析する上でも，こうした視点の意義は決して失われるわけではない。少子化や未婚化がもっとも顕著に生じているのは大都市であり，こうした地域を対象として家族や生活構造に着目して地域社会研究を行うことの意義は大きいといえるだろう。

もちろん，農村の地域社会研究にとっても，家族は非常に重要な研究テーマであり続けるだろう。現在，農村集落では，商店やガソリンスタンド，学校，病院などの施設の撤退が進んでいる。そうした中で生活課題を処理していく上で，他出子を含む家族との関係やそれに基づく相互扶助の存在意義は高まっていくと予想される。

また，「農村の都市化」が進んだことで農村における家族の変容も進んでおり，農村女性の活動や農村におけるジェンダーにも目が向けられるようになっている。本章では触れることができなかったが，農村女性たちの人間関係は男性たちのそれとは性質が異なるという指摘もある（秋津　2007：22）。農村女性たちの生活構造も，今後さらなる研究が期待されるテーマといえよう。

本章では，地域社会との関係に目を向けることによって，現代家族で生じているさまざまな現象を従来とは少し異なる視点から論じてきた。家族に注目することによって地域社会に対する見方が変わり，逆に地域社会という観点からみることで家族のかかえる諸問題に対する見方が変わることを経験していただけただろうか。もちろん，ここで取り上げた家族や地域社会に関するトピックスは非常に限られたものである。皆さんの関心をもっている地域社会に関するテーマやトピックスについても，ぜひ一度，家族との関係という観点から目を向けてみてほしい。思わぬ発見が得られるはずである。

注）

1）合計特殊出生率とは，「15歳～49歳までの女性の年齢別出生率を合計したもの」で1人の女性が，その年齢別出生率で一生の間に生むとした時の子どもの数に相当する。一定の期間の出生状況に着目したものと，ある世代に着目したものの2種類があるが，本章で用いているのは期間に着目した場合に「期間」合計特殊出生率である（厚生労働省「人口動態統計」）。

参考文献）

秋津元輝，2007，「農村ジェンダー研究の動向と課題」秋津元輝ほか『農村ジェンダー—女性と地域への新しいまなざし—』昭和堂：1-33
林直樹・齋藤晋編著，2010，『撤退の農村計画—過疎地域からはじまる戦略的再編—』学芸出版社
林琢也，2015，「『取り残される農村』は消滅していくのか？—郡上市和良町での『経験』とそれをもとにした『反証』」『地理空間』8(2)：321-336
井上眞理子編，2010，『家族社会学を学ぶ人のために』世界思想社
加藤久和，2017，「市区町村別にみた出生率格差とその要因に関する分析」『フィナンシャル・レヴュー』131：6-23
北村行伸・宮崎毅，2009，「結婚の地域格差と結婚促進策」『日本経済研究』60：79-102
木下謙治，2008，「家族とは何か」木下謙治・保坂恵美子・園井ゆり編著『新版家族社会学—基礎と応用—』九州大学出版会：3-11
増田寛也編著，2014，『地方消滅—東京一極集中が招く人口急減—』中央公論新社
松本貴文，2014，「農村の結婚問題と新しい連帯の形成」『西日本社会学会年報』

12：51-64
三浦典子，1986，「概説　日本の社会学　生活構造」三浦典子・森岡清志・佐々木衛編『リーディングス日本の社会学 5　生活構造』東京大学出版会：3-13
三輪哲，2010，「現代日本の未婚者の群像」佐藤博樹・永井暁子・三輪哲『結婚の壁―非婚・晩婚の構造―』勁草書房：13-36
望月嵩，1997，「結婚の意味と機能」森岡清美・望月嵩『新しい家族社会学（四訂版）』培風館：44-53
森岡清美，1997，「家族をどうとらえるか」森岡清美・望月嵩『新しい家族社会学 四訂版』培風館：2-8
森岡清志，1984，「都市的生活構造」『現代社会学』18：78-102
牟田和恵，1997，「家族―さまざまなかたちと文化―」石川実編『現代家族の社会学―脱制度化時代のファミリー・スタディーズ―』有斐閣：2-18
内閣府，2018，「少子化対策白書（平成 30 年版）」（2023 年 4 月 25 日取得，https://www8.cao.go.jp/shoushi/shoushika/whitepaper/measures/w-2018/30pdfhonpen/30honpen.html）
中條曉仁，2017，「中山間地域における地域資源の活用実践と住民の対応」『経済地理学年報』63(2)：171-181
大野晃，2007，「限界集落論からみた集落の変動と山村の再生」日本村落研究学会編『むらの社会を研究する―フィールドからの発想―』農山漁村文化協会：131-138
大瀧友織，2010，「自治体による結婚支援事業の実態―そのメリットとデメリット―」山田昌弘編『「婚活」現象の社会学』東洋経済評論社：81-119
祖田修，2016，『鳥獣害―動物たちと，どう向きあうか―』岩波書店
徳野貞雄，1998，「農山村における『花嫁不足』問題」山本努・徳野貞雄・加来和典・高野和良『現代農山村の社会分析』学文社：171-191
――，2014a，「限界集落論から集落変容論へ―修正拡大集落の可能性―」徳野貞雄・柏尾珠紀『T 型集落点検とライフヒストリーでみえる家族・集落・女性の底力―限界集落論を超えて―』農山漁村文化協会：14-55
――，2014b，「南西諸島の高出生率にみる生活の充足のあり方」徳野貞雄・柏尾珠紀『T 型集落点検とライフヒストリーでみえる家族・集落・女性の底力―限界集落論を超えて―』農山漁村文化協会：173-224
鳥越皓之，1993，『家と村の社会学（増補版）』世界思想社
上野淳子，2016，「他出子の訪問の社会的効果とその条件―山村における人口流出と社会階層，地域労働市場の関係―」『桃山学院大学社会学論集』50(1)：67-94
山田昌弘，2007，『少子社会日本―もうひとつの格差のゆくえ―』岩波書店
山下祐介，2018，『「都市の正義」が地方を壊す―地方創生の隘路を抜けて―』PHP 新書
米村千代，2014，『「家」を読む』弘文堂

自習のための文献案内)……………………………………………

① 森岡清美・望月嵩，1997，『新しい家族社会学（四訂版）』培風館
② 永田夏来・松木洋人，2017，『入門家族社会学』新泉社
③ 堤マサエ・徳野貞雄・山本努編，2008，『地方からの社会学―農と古里の再生をもとめて―』学文社
④ 三浦典子・森岡清志・佐々木衛編，1986，『リーディングス日本の社会学5 生活構造』東京大学出版会
⑤ 山本陽三，1981，『農村集落の構造分析』御茶の水書房
⑥ 徳野貞雄，2011，『生活農業論―現代日本のヒトと「食と農」―』学文社
⑦ 柳田國男，1990，『婚姻の話』（『柳田國男全集12』所収）筑摩書房

①は基礎的な学説がコンパクトに紹介されている家族社会学の定評あるテキストブック。②も同じく家族社会学のテキストブックだが，結婚や子育てに関連する近年の研究成果が多数紹介されている。未婚化や少子化についても，本章とはちがった視点から議論が展開されているので比較しながら読んでいただきたい。③は地域社会学の論集。農村家族や子育て，女性に関する章が充実しているほか，福祉，農業，環境など多様なテーマについて地域社会学の視点から論じられている。④は生活構造論に関する重要文献を集めた論集。⑤は生活構造論的な視点からのすぐれた地域分析。本章で取り上げた山都町の一部である旧矢部町も調査対象となっている。⑥は「食と農」に関する諸テーマを，それに関わる人びとの生活という視点から分析した研究書。第3部で少子化や結婚問題について取り上げられている。⑦は民俗学の視点から日本の婚姻史を論じたもの。婚姻様式の変遷と生活との関係が描かれており興味深い。

第5章　地域生活構造と高齢者の生きがい

――都市・農村高齢者の調査から

吉武　由彩

1．高齢化の進展

日本においては近年**高齢化**が急速に進展している。日本における2022年の高齢化率（65歳以上人口比率）は29.0%である（内閣府　2023：2-6)。高齢化率が7%を超えると「**高齢化社会**」，14%を超えると「**高齢社会**」などとよぶこともあるが，日本における高齢化率は，1970年には7.1%だったが，1995年には14.6%，そして前述のように現在は29.0%と，ここ数十年の間に高齢化が急速に進んでいる。さらに，日本人の**平均寿命**は，1950年には男性58.0歳，女性61.5歳であったが，1970年には男性69.3歳，女性74.7歳，1990年には男性75.9歳，女性81.9歳，そして2021年には男性81.5歳，女性87.6歳とこちらも大きく伸びている。

このような現代社会の状況の中，人口の多くを占める高齢者について，**生きがい**をもった生活をしているのかを論じることは重要である。平均寿命の伸びによって，人びとは**長い高齢期**を過ごすようになったが，それをどのように過ごすのか。ただ長生きができればよいのではなく，生きがいをもった生活が送れるかどうかを考えていく必要があるだろう。しかしながら，一口に高齢者の生きがいといっても，都市高齢者であるのか農村高齢者であるのかによってその状況は異なるだろう。そこで，本章では高齢者の生きがいの状況について具体的な調査結果を交えながら確認するが，その際，生きがいの地域差として，都市高齢者と農村高齢者の生きがいの特徴について考えていく。

次節以降において高齢者の生きがいについて議論を進める前に，「高齢者」の定義についてごく短く確認しておきたい。「高齢者」とは誰なのか。現代日本社会では一般的に年齢でもって高齢者をとらえている。通常65歳以上の人びとのことを「高齢者」として扱うことが多い。こうした年齢による定義は当たり前のものだと思われるかもしれない。他方で，高齢者の定義をめぐっては，年齢による定義だけでなく，身体的機能の側面からのとらえ方，心理学的な立場からのとらえ方，役割や地位の観点からのとらえ方などもある（吉武・楊　2023：108-110）。年齢をめぐっても，平均寿命の延伸とともに，65歳以上であっても健康で活動的な人びとが増えていることから，65～74歳は高齢者ではないという議論もある（福本・吉武　2023：32-33）[1)]。こうしたさまざまな議論もみられるものの，本章では一般的な用例にならう形で，年齢が65歳以上の人びとを「高齢者」としてとらえた上で議論を進めていきたい（ただし，本章では内閣府による統計などを引用し議論を進めるが，これらにおいては60歳以上を高齢者として対象とした統計なども含まれる）。

2．生きがいとは

あなたはどのような時に**生きがい**を感じるだろうか。家族や友人と食事，会話をしている時，仕事をしている時，趣味やスポーツをしている時など，さまざまな場合があるだろう。生きがいをめぐっては，日本では1960～1970年代にかけて**生きがい論の流行**が起こったとされ，生きがいとはここ50，60年ほどの間に問われるようになってきたという（見田　1970：20-24；鈴木　1983：311-312）。戦後の貧困状態から経済発展が進む中で，議論されるようになってきたのである。「生きがい」とは現在では広く認知された言葉ではあるが，あらためて「生きがい」とは何だろうか。まずはその定義を確認しておきたい。

生きがいとは定義するのが難しい言葉ではあるが，いくつかの先行研究から考えてみよう。表5-1は先行研究における生きがいの定義をまとめたものである。まず，神谷美恵子は生きがいを「生きるよろこび」や「生存充実感」としてとらえる。「生きるよろこび」とは，「生きがい感の最もそぼくな形」（神谷　2004：14）であるという。他方で，よろこびだけが生きがいではないといい，

「生の内容がゆたかに充実しているという感じ，これが生きがい感の重要な一面」（神谷　2004：23）とも指摘される。見田宗介は，生きがいを「生きることの意味や価値が感じられること」ととらえている。「〈生きがい〉とはその字のごとく，このような生きることそのものの『かい』＝意味・価値である」（見田　1970：16）という。鈴木広は，生きがいを「目標に向かって生活する緊張感」ととらえる。「生きがい感は，なんらかの程度で，目標を志向して，それに向かって生活を組織しているいわば緊張（ハリ）の状態に伴う」（鈴木　1983：323）と指摘される。

いくつかの先行研究を確認してきたが，「生きがい」は定義が難しい言葉であり，先行研究でもよろこび，充実感，意味や価値，緊張感など，さまざまに定義されてきたことがわかる。ただし，その中でも，おおまかにその特徴を指摘するならば，生きがいとは，個人の主観的な心の状態（よろこび，充実感，意味や価値，緊張感など）であるということができるだろう。

さらに，生きがいとはこれまで実証研究において後述のように具体的な内実

表5-1　先行研究における生きがいの定義

先行研究	定　義	説　明
神谷（2004）	「生きるよろこび」，「生存充実感」	「もし心のなかにすべてを圧倒するような，強い，いきいきとしたよろこびが『腹の底から』，すなわち存在の根底から湧きあがったとしたら，これこそ生きがい感の最もそぼくな形のものと考えてよかろう」（p.14） 「いうまでもなく生きがい感はただよろこびだけからできているものではない。（中略）さまざまの感情の起伏や体験の変化を含んでこそ生の充実感はある。ただ呼吸しているだけでなく，生の内容がゆたかに充実しているという感じ，これが生きがい感の重要な一面ではないか」（p.22-23）
見田（1970）	「生きることの意味や価値が感じられること」	「『かい』とはほんらい個々の行為のやりがい＝意味・価値である。（中略）〈生きがい〉とはその字のごとく，このような生きることそのものの『かい』＝意味・価値である」（p.16）
鈴木（1983）	「目標に向かって生活する緊張感」	「生きがい感は，なんらかの程度で，目標を志向して，それに向かって生活を組織しているいわば緊張（ハリ）の状態に伴う，ということです。目標志向の緊張感でもあります」（p.323）

表5-2　生きがいの7領域

<table>
<tr><td>生きがいの中核構造
(1) 経済的・精神的に安定し，健康で平和な家庭生活を求める心（私生活の安定）
(2) 仕事（家事）で能力を発揮し，好きな趣味を楽しむなど，十分に自分を生かすことを求める心（自分を生かす）
(3) 愛情，友情，信頼を重んじ，人間関係（交流）を大切にする心（人間関係維持）
生きがいの周辺部分
(4) 新しい経験や冒険をしたり，新しいものを作るなど，生活に変化を求める心（生活に変化）
(5) 夢や野心のある生活目標にむかって努力し，社会の進歩を望むなど，未来に期待する心（未来展望）
(6) 美しいもの，真理，善など，人間の品格を高める価値や理想を求める心（人生の意味）
(7) 与えられた境遇や秩序にとらわれず，たとえ危険でも自分の運命を自分でえらびとって生きていく，自由を求める心（自由）</td></tr>
</table>

出典）鈴木（1983：329）より（一部変更[2]）

をもつものとしてとらえられてきた。鈴木（1983：328-329）は，生きがいは7領域からなっており，その中でも「**生きがいの中核構造**」と「**生きがいの周辺部分**」の2層に分けられると指摘する（表5-2）。そして，7領域の中でも，「生きがいの中核構造」である(1)私生活の安定，(2)自分を生かす，(3)人間関係維持がとくに重要であるという。これらは「家族・仕事・ふれあい」（鈴木 1983：330）といった項目に対応するものであり，これらが人びとの生きがいの中核的なものだという。

また，生きがいに関連して，アメリカでは1960年代からサクセスフル・エイジング（successful aging）や**主観的幸福感**に関する研究が重ねられてきた（直井　2001：10-14）。サクセスフル・エイジングをめぐっては，1980年代以降はプロダクティブ・エイジング（productive aging），2000年代以降はアクティブ・エイジング（active aging）と類似の概念が登場し，「それまでのサクセスフル・エイジングに関する研究を継承，批判，発展させる試みが続けられている」（小田　2004：2）とされる。多様な類似の概念が登場しつつも，「幸福な老い」とは何かをめぐって議論が続けられてきたといえる。

前述のように生きがいの定義が難しい中，日本でも主観的幸福感の測定尺度

表5-3　PGC モラール尺度

1. 自分の人生は歳をとるにしたがってだんだん悪くなってゆくと感じますか
2. あなたは現在，去年と同じくらい元気があると思っていますか
3. さびしいと感じることがありますか
4. ここ1年くらい，ちいさなことを気にするようになったと思いますか
5. 家族や親せきや友人との行き来に満足していますか
6. 歳をとって前よりも役にたたなくなったと思いますか
7. 心配だったり，きになったりしてねむれないことがありますか
8. 生きていてもしかたがないと思うことがありますか
9. 若いときに比べて今の方が幸せだと感じますか
10. 悲しいことがたくさんあると感じますか
11. 不安に思うことがたくさんありますか
12. 以前より腹をたてる回数が多くなったと思いますか
13. 生きることは，たいへんきびしいと思いますか
14. 今の生活に満足していますか
15. ものごとをいつも深刻にうけとめる方ですか
16. 心配ごとがあると，すぐおろおろする方ですか
17. 歳をとるということは，若いときにかんがえていたよりもよいと思われますか，悪いと思われますか，それとも同じだと思われますか

出典）直井（2001：14）より（一部変更[3)]）

を用いて，どのような場合に生きがいを感じた生活を送ることができるのかという研究もなされてきた。主観的幸福観の尺度としては，これまでにさまざまな尺度が開発されてきたが，その中でも **PGC モラール尺度**は広く用いられているものである（直井　2001：10-14）。PGC モラール尺度では，表 5-3 のように複数の質問項目が提示され，それらの結果をまとめることにより主観的幸福感が分析されている。

■3．生きがい研究の難しさ

生きがいの定義や特徴について確認してきたが，生きがいをめぐるそのほかの特徴として，生きがいを研究の対象とすることの難しさにも言及しておきたい。生きがいというのはそもそも，普段人は意識しないことが多いものである。「あなたの生きがいは何ですか」と尋ねられた時に，すぐに答えることができるだろうか。調査でも，高齢者に「生きがいは何ですか」や「生きがいを

感じていますか」と尋ねることがあるが，すぐに答えが返ってくるわけではない。多くの場合，考えるそぶりをみせながら「生きがいですか。考えたことないねぇ」といわれる。そして，少し間をおいてから，「子や孫かねぇ」という答えが返ってくる。

生きがいとは，必ずしも本人が日頃から明確に意識しているものではない。「生きがいは何ですか」との問いには，どこか人は生きがいをもっているのが当たり前で，あなたが生きがいの源泉としているものは何ですか，と尋ねる響きがある。しかし，生きがいとはそもそも人は日常的に意識してはいない場合もあることから，この問いに対してすぐに答えられないからといって，生きがいを感じていないということを意味しない。むしろ，人が日々生きがいを考えなければならない状況とは，自身の生活において生きるよろこびや充実感といったものを感じづらくなり，自身の生きる意味を考えざるを得ない緊張状態におかれた場合であると考えることもできる。そのように考えると，むしろ多くの人びとが日々生きがいを意識しない社会であるからこそ，人びとは安心して暮らしているといえよう。

4．生きがいを感じる割合：都市高齢者

生きがいをめぐっては，すべての年齢層を対象に議論されるというよりも，しばしば高齢者を対象に議論されてきた。ここには，高齢期において人は身体的な変化や社会的な変化を経験し弱い立場におかれることにより，生きがいを感じにくくなるのではないかという想定が見て取れる（高野　2014：96）。それでは，高齢者は生きがいをあまり感じていないのだろうか。高齢者の生きがいはどのような状況にあるのか，意識調査の結果をもとに確認していこう[4)]。かりに高齢者の生きがいが低い状態にあり，高齢者における生きがいの維持，向上が必要であるとしても，そのための適切な方策を提案するためには，高齢者の生きがいをめぐる現状分析が必要になろう。

全国調査「高齢者の日常生活・地域社会への参加に関する調査」より，高齢

者における生きがいの実態を確認する（内閣府　2022）[5]。この調査は全国の60歳以上の人びとを対象としたものである。しかし，全国調査ではあるものの，本調査の回答者はその多くが都市に居住する高齢者であり，町村に居住する高齢者の回答は１割程度にすぎない（表5-4）。そのため，この調査結果はおおよそ都市高齢者の生きがいの実態を示すものと考えることができるだろう。そこで，まずはこの調査結果から都市高齢者の生きがいの実態を確認し，その後農村高齢者の生きがいの実態を確認する。

表5-5は生きがいを感じる割合の推移を示したものである（内閣府　2014，2022）。生きがいを感じる割合（生きがいを「十分感じている」と「多少感じている」の合計）は，1998年85.1％，2003年81.7％，2008年82.5％，2013年79.2％，2021年73.2％である[6]。高齢者はあまり生きがいを感じていないのではないかとの想定に反して，実際には約７～８割と多くの高齢者が生きがいを感じた生活を送っていることがわかる。現時点では高齢者の生きがいの維持，向上に関しては，過度な心配はしなくてよいといえる。ただし，表5-5からは，1998年以降生きがいを感じる割合はやや低下していることもうかがえ，

表5-4　全国調査の回答者の構成：2021年（都市規模別の割合）

（％）

大都市（東京都23区・政令指定都市）	中都市（大都市を除く人口10万人以上の市）	小都市（人口10万人未満の市）	町　村	合　計
25.0	42.5	23.3	9.2	100.0

出典）内閣府（2022：2-7）より作成

表5-5　生きがいを感じる割合の推移

（％）

	十分感じている	多少感じている	あまり感じていない	まったく感じていない	わからない（不明・無回答）
1998年	41.8	43.3	12.5	1.5	0.9
2003年	39.5	42.2	14.0	2.9	1.5
2008年	44.2	38.3	14.2	2.7	0.6
2013年	38.5	40.7	16.4	3.9	0.5
2021年	23.1	50.1	17.7	2.6	6.5

出典）内閣府（2014：8，2022：116）より作成

高齢者の生きがいについては今後注視していくことが求められているといえよう。[7)]

■5．生きがいの源泉：都市高齢者

次に，高齢者はどのような時に，生きがいを感じるのか。生きがいとは，しばしば「生きがいを感じている割合」だけでなく，人びとが生きがいを感じる時など「**生きがいの源泉（対象）**」としても分析される。同じく全国調査の結果より，都市高齢者の生きがいの実態を確認する。表5-6をみると，生きがいを感じる割合が高い順から，「孫など家族との団らんの時」55.3%，「おいしい物を食べている時」54.8%，「趣味やスポーツに熱中している時」53.5%，「友人や知人と食事，雑談している時」52.6%などとなっている（内閣府　2022：118）。表5-6からは，高齢者は孫との団らんの時など，**家族**をもっとも生きがいとしていることがわかる。友人や知人と過ごしている時に生きがいを感じる割合も高く，家族や友人・知人など身近な他者との交流が大きな意味をもつことがわかる。

また，食事，趣味やスポーツ，テレビやラジオ，旅行など自分の好きな活動に時間を使っている時にも生きがいを感じている。「仕事に打ち込んでいる時」との回答もやや多い（30.9%）。「社会奉仕や地域活動をしている時」（12.5%）との回答は一定数あるものの，それほど多いわけではない。近年高齢者は地域活動の担い手として期待されているが，実際には地域活動やボランティア活動（社会奉仕的な活動）を生きがいとしている高齢者はそれほど多くないことがわかる。「他者との交流は，生きがいに大きな影響を与えているが，その交流が家族あるいは身近な親族や友人の枠内にとどまっており，地域社会をはじめとする社会に広がっていない」（高野　2014：102）のである。

以上，全国調査から都市高齢者の生きがいの概要を確認すると，そこには家族，友人・知人，趣味の活動，仕事などが関わっていることがわかった。ここからは，これらの「ごく普通の生活スタイルそのものが心の支えになってい

表5-6　どのような時に生きがいを感じるか

生きがい	%
孫など家族との団らんの時	55.3
おいしい物を食べている時	54.8
趣味やスポーツに熱中している時	53.5
友人や知人と食事，雑談している時	52.6
テレビを見たり，ラジオを聞いている時	43.2
旅行に行っている時	39.8
夫婦団らんの時	34.5
他人から感謝された時	31.7
仕事に打ち込んでいる時	30.9
収入があった時	24.8
勉強や教養などに身を入れている時	16.7
社会奉仕や地域活動をしている時	12.5
若い世代と交流している時	10.0
その他	1.2
わからない	0.7

出典）内閣府（2022：118）より作成

る」（鈴木　1983：327）ことがわかる。生きがいとは，「とりたてて物々しい正義でもなく，仰々しい理想」（鈴木　1983：330）でもなく，普段の生活の中に存在している。

■6．どのような場合に生きがいを感じる割合が高いのか：都市高齢者

これまで都市高齢者の生きがいの概要を論じてきたが，高齢者といっても家族との同居の状況や，近隣，友人関係の程度などが異なり，多様な人びとがいる。それでは，どのような場合に生きがいを感じている割合が高いのか。家族や近隣，友人関係など，生きがいに影響する要因について確認していく。まず同居形態別にみてみる。先ほど都市高齢者にとって家族が重要な位置を占めることを確認したが，表5-7からも，「三世代世帯」（85.5%）や「夫婦のみ世帯」（82.8%）の場合に生きがいを感じている割合は8割を超え高いことがわ

かる（内閣府　2014）。他方で，同居家族がいない「ひとり暮らし」の場合には生きがいを感じる割合は７割弱（67.2%）と低くなっている。[8)]

近年高齢者世帯における**世帯の小規模化**が進み，ひとり暮らし世帯が増加している。もちろん同居していなくとも，電話をしたり，訪問したりと親と子は定期的に接触し，高齢者は子どもと手段的サポートや情緒的サポートを交換している（直井　2001：86-93）。とはいえ，身体的な変化や社会的な変化を経験する高齢期において，世帯が小規模化していくということは，サポートが不足している高齢者の増加や，高齢者における孤独や孤立の高まり，生きがいの低下などの問題にもつながる可能性を有しているだろう。この点については先行研究においても，「健康で活動性があり，夫婦がそろっている時には子供との同居は幸福感の必要条件ではない。……（しかし）配偶者を失った場合は，子供と同居している方が幸福感は高い」（直井　2001：186-187）と述べられている。

また，仕事の有無別にみてみると，「収入の伴う仕事をしている」場合に生

表5-7　生きがいを感じる割合（同居形態別）

（%）

	十分感じている	多少感じている	あまり感じていない	まったく感じていない	わからない
ひとり暮らし	31.6	35.6	22.9	8.7	1.2
夫婦のみ世帯	37.3	45.5	13.3	3.5	0.4
二世代世帯	36.8	40.9	18.4	3.6	0.3
三世代世帯	51.6	33.9	12.7	1.6	0.3
その他	33.3	39.1	23.0	3.4	1.1

出典）内閣府（2014）より作成

表5-8　生きがいを感じる割合（仕事の有無別）

（%）

	十分感じている	多少感じている	あまり感じていない	まったく感じていない	不明・無回答
収入の伴う仕事をしている	26.6	54.4	13.0	1.7	4.3
収入の伴う仕事はしていない	20.9	47.6	20.8	3.1	7.6

出典）内閣府（2022：117）より作成

きがいを感じている割合が高く（81.0%），「収入の伴う仕事はしていない」場合に生きがいを感じている割合は低い（68.5%）（表5-8）（内閣府　2022：117）。仕事をすることの意味とは，単に金銭を得るためだけというよりも，仕事に打ち込むことそのものが生きがいにつながるという側面も持っていることがわかる。他方で，詳しくは後述するが，会社員の場合，高齢期にはすでに仕事を定年退職している場合も多い。退職後の生きがいについても考えていく必要があるだろう。

次に，**近隣関係**や**友人関係**と生きがいについてみてみよう。友人・知人との関係についても，先ほど生きがいの源泉（対象）として高い割合を占めることを確認したが，表5-9から近所づきあいの程度別に確認すると，「親しくつきあっている」場合では9割弱（88.4%）が生きがいを感じている（内閣府 2009）。しかし，「あいさつをする程度」では約8割（80.3%），「つきあいはほとんどない」では6割弱（57.1%）と，近所づきあいがより形式的であったり希薄であったりする場合に生きがいは低い[9)]。同様に，親しい友人・仲間の数別にみても，友人・仲間を「沢山持っている」場合は8割超（85.8%）と大多数が生きがいを感じているのに対し，「持っていない」場合は35.7%と生きがいを感じる割合は低い（表5-10）。

さらに，**社会参加活動**（趣味，健康・スポーツ，生産・就業，教育関連・文化啓発活動，生活環境改善，安全管理，高齢者の支援，子育て支援，地域行事など）へ

表5-9　生きがいを感じる割合（近所づきあいの程度別）

（%）

	十分 感じている	多少 感じている	あまり 感じていない	まったく 感じていない	わからない
親しく つきあっている	52.9	35.5	10.1	1.3	0.2
あいさつをする 程度	39.3	41.0	16.2	2.8	0.6
つきあいは ほとんどない	22.0	35.1	27.7	12.0	3.1

出典）内閣府（2009：23）より作成

の参加の有無別にみると,「活動・参加したものがある」場合に生きがいは8割超（84.5％）と大変高いのに対し,「活動・参加したものはない」場合は64.2％と低い（表5-11）。趣味などの団体や活動への参加とは，活動自体に興味関心があり生きがいとなっていることも考えられるが，活動を通して一緒に行動する友人や仲間ができることも生きがいと関わっているのだろう。しかし，近年都市部における近隣関係の希薄化が指摘され，このことは高齢者において日ごろお互いに助け合える関係性の弱まりや生きがいの低下にもつながりかねない問題である。

全国調査の結果からは，三世代世帯や夫婦のみ世帯など同居家族がいる場合や，近隣関係や友人関係が緊密な場合，仕事をしている場合，社会参加活動をしている場合に生きがいが高いことが確認されたが，これまで高齢期における生きがいは**役割**と関連づけて説明されてきた。高齢期とはこれまで有してきた役割を喪失していく**役割縮小期**である。すでに子どもの進学，就職，結婚などにより子どもが独立し，子どもと別居し，子育て役割を喪失している場合も多

表5-10　生きがいを感じる割合（親しい友人・仲間の数別）

（％）

	十分感じている	多少感じている	あまり感じていない	まったく感じていない	不明・無回答
沢山持っている	55.0	30.8	2.5	0.8	0.2
普通に持っている	31.5	52.3	8.6	1.0	6.7
少し持っている	17.7	56.4	18.4	1.2	6.3
ほとんど持っていない	9.3	47.8	34.3	4.5	4.2
持っていない	8.9	26.8	38.9	17.2	8.3

出典）内閣府（2022：386）より作成

表5-11　生きがいを感じる割合（参加している活動の有無別）

（％）

	十分感じている	多少感じている	あまり感じていない	まったく感じていない	不明・無回答
活動・参加したものがある	30.2	54.3	10.7	0.6	4.1
活動・参加したものはない	16.4	47.8	26.3	4.8	4.7

出典）内閣府（2022：386）より作成

いし（**空の巣期**），会社員の場合は，定年退職による仕事という役割の喪失もある。さらに，配偶者やきょうだい，友人との死別による役割喪失もあるだろう。

このように役割と生きがいには関連がみられるが，役割縮小期としての高齢期における生きがいをめぐっては，これまで2つの理論が指摘されてきた。活動理論と離脱理論である。**活動理論**とは，高齢者自身にとって，高齢期というこれまでの役割から解放される中，社会参加活動などによって新たに役割を得て活動していくことが，生きがいをもった生活につながるというものである。それに対して，**離脱理論**とは，高齢期において役割は縮小していくものであり，そうした過程は不可避のものであるので，社会的役割から遠ざかっていくことがむしろ幸福につながるというものである。これらの理論については，日本では社会参加活動に参加している場合などに生きがいが高くなり，活動理論を支える知見が多く報告されている。今回の全国調査の結果についても，活動理論を支持しているといえるだろう。

▩7．生きがいを感じる割合：農村高齢者

前節まで全国調査の結果より都市高齢者の生きがいの実態を確認してきたが，高齢者の生きがいに関する先行研究を振り返っても，その多くは都市高齢者を対象とするものである。しかし，都市高齢者と農村高齢者では，生きがいをめぐる状況は異なるだろう。ここからは農村高齢者の生きがいの実態を確認していく。都市と農村高齢者の対比を考えるにあたり，まず徳野貞雄（2007：135）による都市と農村における暮らしの**生活社会指標**を確認しよう（図については本書1章の図1-1を参照）。この生活社会指標は必ずしも高齢者の生活に特化したものではないが，都市と農村の暮らしのちがいがわかりやすく提示されている。徳野（2007：134-137）によると，都会のサラリーマンにおいては所得や教育といった面では有利であるが，農村の安定兼業農家においては，自然環境，部屋数，70歳時点の仕事，家族，葬式の会葬者予測といった面で有利で

あるという。高齢期にあてはめて考えると，農村では，70 歳でも仕事があり，緊密な社会関係（家族，友人）がある。日本では活動理論が支持されているが，農村では高齢期においても仕事や人との緊密な関わりがあり，役割縮小が進みにくいことにより生きがいが高くなっているといえる。このように，少し考えてみても都市と農村では高齢者の生きがいの状況が異なることがうかがえる。

そこで，農村高齢者についても具体的に数値を確認しながら生きがいの実態をみていこう。山本努（2017：199-201）は，山村**限界集落**と山村過疎小市，全国調査における高齢者の生きがいの実態を比較している（表 5-12）[10)]。生きがいを感じている割合について地域別にみたところ，山村過疎小市において生きがいを感じている割合はもっとも高く，全国においてもっとも低いことが指摘される。農村は買い物や交通などにおいて不便であり，生きがいを感じにくいのではないかと思うかもしれないが，調査結果からは農村高齢者の生きがいは決して低くないことがわかる。

表5-12　生きがいを感じる割合（地域別）

（%）

	十分 感じている	まあ 感じている	あまり 感じていない	まったく 感じていない	わからない	合計
山村限界集落 （2012年調査， 60歳以上）	22.3	50.6	14.5	3.0	9.6	100.0% （166人）
	十分 感じている	多少 感じている	あまり 感じていない	まったく 感じていない	わからない	
全国調査 （2014年調査， 60歳以上）	16.6	52.6	24.5	3.9	2.4	100.0% （3,687人）
	とても 感じている	やや 感じている	あまり 感じていない	ほとんど 感じていない		
山村過疎小市 （2002年調査， 65歳以上）	41.0	43.8	12.6	2.7		100.0% （1,131人）

出典）山本（2017：199）より

■8．生きがいの源泉：農村高齢者

次に，山村限界集落において高齢者がどのような時に生きがいを感じるのか確認していこう（表 5-13）[11)]。山本（2017：196-198）は山村限界集落における 2012 年調査（注 10 参照）より，70 代以上に限定して高齢者の生きがいを分析している。表 5-13 からは，山村限界集落の高齢者が「子どもや孫との団らんの時」（60.2%）や「家族との団らんの時」（50.0%）などの家族，「よい作物ができた時」（39.8%）といった農業や農作業，「美味しいものを食べている時」（35.6%），「旅行に行っている時」（34.7%），「テレビを見たりラジオを聞いている時」（33.1%）などの趣味や楽しみに関わること，「仕事に打ち込んでいる時」（33.9%），「友人や知人と食事，雑談している時」（32.2%）などに生きがいを感じていることがわかる。

表5-13　どのような時に生きがいを感じるか（山村限界集落2012年調査，70代以上）

生きがい	%
子どもや孫との団らんの時	60.2
家族との団らんの時	50.0
よい作物ができた時	39.8
美味しいものを食べている時	35.6
旅行に行っている時	34.7
仕事に打ち込んでいる時	33.9
テレビを見たりラジオを聞いている時	33.1
友人や知人と食事，雑談している時	32.2
感謝された時	28.0
趣味やスポーツに熱中している時	25.4
社会奉仕や地域活動をしている時	19.5
若い世代と交流している時	17.8
収入があった時	16.1
勉強や教養などに打ち込んでいる時	6.8
わからない	5.9
その他	0.8

出典）山本（2017：197）より（一部変更）

山本（2017：196-198）の調査からは，都市高齢者と比較して，農村高齢者では「よい作物ができた時」といった農業や農作業に関わる項目が大きな割合を占めていることがわかる。この点に関連して徳野（1998：154）は，「長年農山村を調査などで駆け廻っていて感じることのひとつに，農山村の年寄りの顔がいい顔をしているということ」があると指摘する。農山村では「体さえ元気であれば，いつまでも農作業を続け生涯現役でいられる」（徳野　1998：155）からである。高齢者の就業率は年を重ねるとともに低くなり，75 歳以上の男性では 16.7％，女性では 7.3％である（内閣府　2023：23）（表 5-20[12]）。都市部の会社員はその多くが 60 代で定年退職を迎える。これまでは仕事を通して社会的役割をもち，人間関係もあったが，定年退職により突然それらの役割や人間関係から切り離される。他方で，農村では，高齢者は農業や農作業を続けることができる（徳野　1998：155-156；高野　2003：82-83，2014：104-105；松岡　2005：35-39；池上　2013：98-99，106-107）。

高齢者が続ける農作業とは経済的な観点からみれば，利益をもたらすものではないかもしれない。しかし，生活という観点からみれば，農作業という日々の仕事があり，生活にハリがある。徳野（2011：11）は経済的側面からではなく，生活の側面から農業をとらえることの重要性を「生活農業論」として指摘している。農作業では，田や畑に出る際に近所の人びとと出会い話すこともあるだろう。そして，収穫する喜びがあり，それを子どもや孫に送ることもできる。これらが農村高齢者における生きがいに大きな影響を与えている。

また，都市高齢者でも友人関係は生きがいに影響を与えていたが，農村においては社会関係がより濃密であり団体参加が多く，それが農村高齢者の生きがいを高めているという（高野　2003：83-87，2014：104-105；松岡　2005：26-39；山本　1996：152-155）。都市高齢者は会社員として転勤を経験するなど流動型の生活をする傾向にあり，地域との関係は比較的弱いと考えられるのに対し，農村高齢者は都市高齢者とくらべると転居が少ない。さらに，農業では稲刈りなどの共同作業や道普請などの共同の労働が不可欠であり，農業協同組合などの地域集団に参加し，何らかの役割を果たすことが期待される。農村では，若いころから青年団や婦人会などの年齢集団に参加し，地域の行事へ参加する。このような生活歴を通して，農村では高齢者は地域社会との強いつながりを有している。高齢期になっても，老人クラブや婦人会などいくつもの団体に所属し，地域でのお祭りや草取りなどの共同作業や行事への参加も多い（高野　2003：83-87；松岡　2005：24-29)。フォーマルな場だけでなく，インフォーマルな場においても，高齢者は普段から集まってお茶を飲むなど頻繁に行き来をしたり（松岡　2005：26-35)，誘い合わせて出かけたりといったことがなされている（高野　2003：84-86)。

加えて，農村高齢者は「地域社会から期待」（徳野　1998：156）されている。農村では，都市よりも少子高齢化が進んでいる。その分，とくに60代，70代は「地域の若手」として，地域でのお祭りや草取りなどの行事や共同作業，近所の80代，90代の人びとの見守りや声かけなど，あらゆる場面において，活動の支え手・担い手として期待される。大分県の過疎農山村地域において質問紙調査を行い，「60代は現役か」と尋ねたところ，肯定層（「そう思う」と「まあそう思う」の合計）の割合は9割弱（87.1％）を占めることも報告されている（吉武　2022：105)。さらに，同調査において「70歳の人に仕事等はあるか」と尋ねた場合にも，肯定層の割合は8割以上（82.6％）を占める。農村においては必ずしも役割喪失が進まず，活動の担い手として期待されていることが，高齢者の生きがいを高めていると言える。

他方で，農山村においては人口流出や高齢化が進展する中，先行研究では，集落にひとりで暮らす高齢者の事例も取り上げられている（高野　2022：16-17)。そうした場合には生きがいがあまり感じられないのではないかと思うかもしれないが，高齢者はデイサービスへの参加を楽しみに暮らし続けているという。資料5-1の新聞記事でも，大分県日田市中津江村地区において，集落にひとりで暮らす高齢者の姿が描かれている。ひとりであっても集落に住み続けたいと考え，山菜採りなどを楽しみだと話す姿がそこにはある。

ここまで農村高齢者の生きがいについて論じてきた。ただし，農村だけでなく，都市における生活の良さもある（山本　2017)。「都市においてこそ可能な

資料5-1　85歳，気付けばたった1人の集落――W杯キャンプ地は今

少しずつ，人が減っていった。気付けば，自分だけになった。85歳の女性が，ひとりで集落をひっそりと守っている。

大分県日田市の南部にある旧中津江村に，そんな地域がある。どう集落を閉じるか，まるで「終活」をしているかのような。

旧村内で唯一の病院や郵便局がある中心部から，車で約30分，村を南北に抜ける山深い県道を進むと，集落名と矢印を掲げたさびたカーブミラーがひっそりと現れた。

「宮原（みなばる）」

さらに曲がりくねった山道を登り切ると，生い茂った草にのみ込まれてしまった空き家，崩れたままの納屋が立ち並んでいた。

その中に，西ヤス子さん（85）の平屋建ての住まいがあった。

「天満宮さんと2人きりになっちまった」

西さんは，顔に深いしわを寄せて，そう笑顔で言った。自宅近くにある古びた鳥居とほこらを，西さんは「天満宮さん」と呼んでいる。月に1度，欠かさず神酒と榊（さかき）を新しくするという。

「前は月に2回だったんだけど，体がきつくてね」

（中略）

日が暮れると，懐中電灯がなければ外は出歩けない。至るところに直径10センチほど，土を掘り返したような跡もある。

「イノシシが，木の根っことかミミズを食べようとしよるですよ」

あたかも，主役が人間から野生動物へと移り変わっているかに見える。こんな集落は，全国各地にあるのだろう。

ただ世界中に感染が広がっている新型コロナウイルスの影響はほとんどないという。「生活は変わりませんよ。もともと人の出入りがないんだから。寂しい場所だけど，そっちの方がいいこともあるんですね」。この時季は，1人で山菜を収穫しては佃煮（つくだに）にするのが楽しみだという。

西さんは10代の頃，家族とともに村内の別の集落から移り住んだ。以来，70年以上ここで暮らしてきた。

当時は子どもも含め数十人の住民が暮らし，急峻（きゅうしゅん）な地形を切り開いたりわずかな平坦（へいたん）地を利用したりしながら，農業や林業が細々と営まれていたという。

「杉の枝打ちも田植えも全部やったですよ。父が扱うチェーンソー以外の仕事は」

20代半ばで集落の同い年の男性と結婚したが，40年ほど前に死別した。2人の息子は，それぞれ他県と村内の別の地域に転居した。集落からは徐々に住民が減っていき，数年前に同世代の女性が市内の老人ホームに入居して，ついに1人になった。

今は集落内を散歩したり，テレビを見たりして1日を過ごす。誰かと会うのは週に1，2回ほどだ。高齢者向けの市営バスで，村内の病院やデイサービスにいくほか，長男が帰省したり，民生委員が様子を見に来たりするのが月に1，2度ほど。長男が帰省した際，車を出してもらって隣県で食料品や生活用品をまとめ買いする。感染症の流行で，デイサービスは中止が続いている。

それでも，今からどこかに住まいを移す気はない。
「不便もあるけど，親の代からずっとここで育ってきた。ここで死ぬのが運命だと」
自分がいなくなれば，この集落も閉じることになる。「あと10年かそこらもすれば，誰もおらんごとになるでしょう。天満宮さんの手入れをする人がいなくなるのだけが気がかりだねえ」
（後略）

集落に1人で暮らす西ヤス子さん。「天満宮」に神酒を備えるなど，手入れは欠かさない＝2019年11月，大分県日田市中津江村合瀬，菅原晋撮影

出典）朝日新聞デジタル2020年5月14日より[13)]

（逆に，農村（小コミュニティ）ではむずかしい），自由な個性の発揮，生き方の選択」（山本　2017：215）があるだろう。都市では異質性が高く，さまざまなタイプの人びとが生活し，多様な下位文化が存在し，多様な生き方が可能である。当然都市的生活様式を好む高齢者も存在するだろう。

▶練習問題1

あなたのまわりの都市あるいは農村に住む高齢者の生きがいについて考えてみよう。どの程度生きがいを感じているだろうか。また，何を生きがいとしているだろうか。

■9．生きがいと前期高齢者／後期高齢者：都市高齢者

本章では高齢者の生きがいを考えるにあたり，生きがいの地域差を意識し，都市高齢者と農村高齢者の生きがいの実態を確認してきたが，本章のまとめに入る前に，生きがいと年齢についても論じておきたい。年齢は生きがいに大き

な影響を与える。表 5-14 は全国調査における生きがいを感じる割合の推移を示したものである（内閣府 2004，2009，2014，2022）。本章 4 節でも言及したように，全国調査の回答者はその多くが都市に居住する人びとであるため，全国調査の結果から都市高齢者の特徴について考えていく。高齢者の生きがいについて，全国調査の結果からは，年齢が上がるにつれて生きがいはやや低下していることがわかる。2021 年についてみてみると，60 代前半では，生きがいを感じている人びとの割合はもっとも高く 78.0%であるのに対し，生きがいを感じている人びとの割合は年齢が上がるごとに低下し，80 歳以上では 62.7%となる。

生きがいに関する先行研究の中では，**後期高齢者**の生きがいについてその相対的な低さは以前から指摘されてきたものの，高齢者の中でも後期高齢者や，年齢別に分けた場合の 70 代，80 代などの人びとに着目して生きがいがなぜ低いのかを論じる研究は多くはない。後期高齢者をめぐっては，これまで認知症や介護問題などの文脈で研究の対象とされることはあっても，生きがいの問題として論じられることは多くはなかった。しかし，平均寿命の伸びにより高齢期は長期化し，今後ますます多くの人びとが後期高齢者として生きることになることが予想できる。そのような中，後期高齢者の生きがいの低さについて考えていくことは重要であろう。

それではなぜ後期高齢者の生きがいが低いのか。その理由について，後期高

表5-14　全国調査における年齢区分別の高齢者の生きがいの推移

（%）

	2003年	2008年	2013年	2021年
60～64歳	86.9	86.2	81.2	78.0
65～69歳	84.0	83.8	80.6	78.7
70～74歳	81.7	83.8	78.0	75.6
75～79歳	79.4	79.5	77.8	72.5
80歳以上	69.6	73.0	77.3	62.7
全体	85.1	82.5	79.2	73.2

出典）内閣府（2004，2009，2014，2022）より作成

齢者になると人びとを取り巻く環境がどのように変化するのかという観点から考えてみる。まず，家族の変化がある。家族は高齢者の生きがいにおいて大きな意味をもつことを先に述べたが，後期高齢者になると，それまでは配偶者と二人暮らしであったものが，配偶者が亡くなりひとり暮らしになる場合もあり，同居形態の変化がみられる。次いで，近隣・友人関係の変化がある。配偶者だけでなく，近所に住む友人が亡くなるということもあり，それにより，これまでおしゃべりをしていた友人関係が縮小する。後期高齢期というのは，配偶者や同年代の友人が亡くなりネットワークが縮小する時期である。

さらに，健康状態の低下が起こる。表5-15は健康状態別に生きがいを感じる割合をみたものであるが，健康状態が「良い」場合には生きがいを感じている割合は9割以上（90.5%）とかなり高い（内閣府　2022）。しかし，健康状態が「良くない」場合には生きがいを感じている割合は3割（31.8%）と大きく低下している。健康状態の低下は，団体・活動への参加の低下や，友人や知人と会食する頻度の低下などにも派生して影響を与える可能性がある（高野　2014：98-100）。前期高齢者の間は緊密な社会関係に包まれ，活発に団体・活動に参加しながら忙しい生活を送っていることも多いが，後期高齢者では身体的な変化や社会的な変化により生きがいは低下する傾向にあると考えられる。後期高齢者の生きがいを高めるにはどうすればよいのかを考えていく必要があるだろう。

表5-15　生きがいを感じる割合（健康状態別）

（%）

	十分感じている	多少感じている	あまり感じていない	まったく感じていない	不明・無回答
良い	50.2	40.3	5.4	0.3	3.8
まあ良い	28.8	58.4	7.5	0.4	4.9
普通	19.7	54.7	17.9	1.2	6.4
あまり良くない	11.8	45.0	28.8	5.5	9.0
良くない	3.5	28.3	39.8	16.8	11.5

出典）内閣府（2022：117）より作成

■10. 生きがいと前期高齢者／後期高齢者：農村高齢者

前節では全国調査の結果から都市高齢者の生きがいと年齢について考えてきたが，農村調査の結果から農村高齢者についても確認する。山村過疎小市における2002年調査（注10参照）によると，年齢区分別の高齢者の生きがいは表5-16のようになったという（山本　2017）。60代後半では，生きがいを感じている人びとの割合（「とても感じる」と「やや感じる」の合計）はもっとも高く89.2%であるのに対し，生きがいを感じている人びとの割合は年齢が上がるごとに低下し，85歳以上では72.9%となる。85歳以上では生きがいは大きく低下していることがわかる。

農村における高齢者の生きがいについて，もうひとつの調査結果からも確認しよう（吉武　2022：108）。表5-17は過疎地域（大分県日田市中津江村地区）における1996年，2007年，2016年の3時点の調査から，高齢者について生きがいを感じている（「そう思う」と「まあそう思う」の合計）割合の推移を示したも

表5-16　山村過疎小市（広島県庄原市）**における年齢区分別の高齢者の生きがい**

（%）

	とても感じる	やや感じる	あまり感じない	ほとんど感じない
65～69歳	47.9	41.3	9.2	1.6
70～74歳	44.6	43.5	9.8	2.1
75～79歳	40.2	46.2	12.4	1.2
80～84歳	26.2	47.0	21.5	5.4
85歳以上	32.9	40.0	18.8	8.2

出典）山本（2017：250）より

表5-17　過疎地域（大分県日田市中津江村地区）**における年齢区分別の高齢者の生きがいの推移**

（%）

	1996年	2007年	2016年
65～74歳	69.8	73.8	69.4
75歳以上	85.8	71.1	68.7
全体	74.1	72.6	69.0

出典）吉武（2022：108）より

のである[14)]。表5-17からは，1996年から2016年の20年間で，前期高齢者では生きがいを感じている割合は7割前後（69.8%→73.8%→69.4%）で推移しているが，後期高齢者では大きく低下していることがわかる（85.8%→71.1%→68.7%）。この点についてはさらに研究が重ねられる必要があるが，過疎地域において後期高齢者が近年厳しい状況におかれていることを示すものなのかもしれない。

▶練習問題2

後期高齢者の生きがいを高めるにはどうしたらよいだろうか。その方法とは，都市と農村において異なるのだろうか。

11. 生きがいの地域差

本章では，高齢化の進展，高齢期の長期化などを背景として，高齢者の生きがいについて確認してきた。その際，高齢者といっても，都市高齢者であるのか農村高齢者であるのかによって生きがいをめぐる状況は異なると考え，生きがいの地域差に着目しながら議論を進めてきた。その結果，都市高齢者においても農村高齢者においても家族や趣味の活動などを生きがいの源泉としているという共通点はあるものの，農村高齢者において特徴的な点として，農業や農作業をしていることや近隣関係の緊密さ，団体参加の活発さなどがあることがうかがえた。

他方で，高齢者の生きがいは現時点では高いものの，近年全国調査の結果において生きがいを感じる割合は低下していることがわかった。さらに後期高齢者においては，生きがいを感じる割合は相対的にみて低い状態にあることも確認してきた。近年世帯の小規模化や近隣関係の希薄化が進む中，今後の高齢者の生きがいの動向を注視していく必要があるだろう。ただし，高齢者の生きがいを高めていくにあたっては，個々の高齢者が積極的に社会関係を構築していくべきであるという議論のみでなく，高齢者が社会において役割をもち活動をしやすいような場づくりに関する議論も重要である（高野　2014：108）。公共施設における施設整備（バリアフリー化）や高齢者の移動手段の確保，高齢者が参加しやすい団体・行事の展開など，さまざまな工夫や試みがあるだろう。さらに，どのような試みが求められているのかについては，高齢者の居住地域によっても異なると考えられ，その地域の特性に合った試みを考えていく必要があるだろう。

注）

1）「高齢者」の定義については，吉武・楊（2023）および福本・吉武（2023）も参照してほしい。

2）表5-2は，鈴木（1983：329）の表1に「生きがいの中核構造」と「生きがいの周辺部分」という文章を加筆したものである。

3）表5-3は，直井道子（2001：14）の表1-1におけるPGCモラール尺度の部分のみ抜き出したものである。

4）生きがいに関しては，それが自記式調査の結果によるものか他記式調査の結果によるものかによって，生きがいを感じる割合は異なることが指摘されている（山本　2017）。山本によると，両者の調査を比較すると，「生きがいを『十分感じている』が，他記式4割程度から自記式2割弱（16.6％）へ減少」（山本　2017：204-205）しているという。自記式調査の場合に生きがいを感じている割合が低くなっているのは，「被調査者（回答者）の『見栄』，被調査者が調査者の『期待』に沿おうとする『過同調』」（山本　2017：205）などにより，他記式では生きがいを「感じている」と回答してしまいがちであるからだという。

5）全国調査「高齢者の地域社会への参加に関する意識調査」は，1988年度調査，1993年度調査，1998年度調査，2003年度調査，2008年度調査，2013年度調査と6回にわたって実施されてきた。さらに，2021年度には「高齢者の日常生活・地域社会への参加に関する調査」と名称を変更し，実施されている。本章では主に2021年度調査（内閣府　2022）の結果を用いている。2021年度調査に含まれていない質問項目については，2008年度調査（内閣府　2009）や2013年度調査（内閣府　2014）の結果を用いている。2021年度調査は全国の60歳以上の人びと4,000人を対象に郵送調査法により実施されたものである（内閣府　2022：1-3）。標本抽出は層化二段無作為抽出法により行われ，有効回収数は2,435人，有効回収率60.9％である。2008年度調査および2013年度調査は，全国の60歳以上の人びとを対象に，調査員による面接聴取法により実施された（内閣府　2009：1-2，2014：1-2）。標本抽出は層化二段無作為抽出法により行われ，2008年度調査は標本数5,000人，有効回収数3,293人（65.9％）である。2013年度調査は標本数3,000人，有効回収数1,999人（66.6％）である。

6) 注5でも述べたように，2021年度は「高齢者の日常生活・地域社会への参加に関する調査」と名称を変更して実施された。その際，生きがいに関する質問項目の選択肢も少し変更されている。2013年度調査までは「十分感じている」「多少感じている」「あまり感じていない」「まったく感じていない」「わからない」の5つの選択肢が提示されていたが，2021年調査では「十分感じている」「多少感じている」「あまり感じていない」「まったく感じていない」の4つの選択肢が提示されている。そして，4つの選択肢に当てはまらない，「不明・無回答」の割合が提示されている。そのため，表5-5においては，2013年度調査までは上記の5つの選択肢それぞれの回答割合を提示し，2021年度調査では上記の4つの選択肢および「不明・無回答」の割合を提示している。
7) 2021年調査では生きがいを感じる割合は大きく低下している。この理由はいくつか考えられるが，ひとつには調査がコロナ禍において実施されたことがあげられる。会食や外出などが制限され，生きがいの低下につながった可能性がある。また，2013年調査までは他記式調査である調査員による面接聴取法によって実施されていたものの，2021年調査は自記式調査である郵送調査法に変更になっている。注4でも述べた通り，生きがいをめぐっては，自記式調査の場合には，他記式調査の場合とくらべて，生きがいを感じているという回答割合が低くなる傾向が指摘されている（山本　2017：203-205）。そのため，自記式調査により実施した2021年調査では生きがいを感じている割合が低下した可能性もある。
8) 表5-7については，内閣府（2022）では同一の質問項目が存在しなかったため，内閣府（2014）を用いた。なお，内閣府（2022）における類似の質問項目を用いて生きがいの分析を行うと表5-18のようになる。なお同居者は複数回答として尋ねられている。
9) 表5-9については，内閣府（2022）では同一の質問項目が存在しなかったため，内閣府（2009）を用いた。なお，内閣府（2022）における類似の質問項目を用い

表5-18　生きがいを感じる割合（同居者別）

（%）

	十分感じている	多少感じている	あまり感じていない	まったく感じていない	不明・無回答
ひとり暮らし	19.0	40.5	28.3	4.9	7.3
配偶者（夫又は妻）	25.2	53.1	14.0	1.8	6.0
あなた又は配偶者の親	26.5	56.3	13.9	1.3	2.0
子ども	22.9	52.1	15.7	2.6	6.7
子どもの配偶者	26.7	50.8	10.5	3.7	8.4
孫	28.0	54.0	10.5	2.1	5.4
兄弟姉妹	19.0	43.1	24..1	3.4	10.3

出典）内閣府（2022：117）より作成

て生きがいの分析を行うと以下の表5-19のようになる。なお近所の人とのつきあい方は複数回答として尋ねられている。

10）表5-12は山本（2017：199）の表10-5および表10-6を合わせて，表5-12としてまとめた。なお，表5-12における2012年の山村限界集落における調査とは，広島市佐伯区湯来町A地区の4つの地域における20歳以上の男女621名を対象に実施されたものである。有効回収数は277票（回収率37%）である。2014年の全国調査とは，内閣府の「平成26年度　高齢者の日常生活に関する調査」である。全国60歳以上の男女6,000人を対象に実施され，有効回収数は3,893票（回収率65%）である。2002年の山村過疎小市における調査とは，広島県庄原市において要介護認定を受けていない65歳以上の男女1,500人を対象に実施されたものである。有効回収数は1,197票（回収率80%）である。

11）表5-13は，山本（2017：197）の表10-4より，70代以上の生きがいを感じる割合についての部分のみ抜き出している。

12）表5-20からは70代になると就業率が大きく低下することがわかる（内閣府2023：23）。

13）資料5-1の新聞記事では4枚の写真が掲載されているが，紙幅の関係により本

表5-19　生きがいを感じる割合（近所の人とのつきあい方別）

（%）

	十分感じている	多少感じている	あまり感じていない	まったく感じていない	不明・無回答
お茶や食事を一緒にする	33.1	54.3	6.8	0.5	7.3
趣味をともにする	33.6	55.3	5.7	0.0	5.4
相談ごとがあった時，相談したり，相談されたりする	31.9	50.9	9.9	0.6	6.7
家事やちょっとした用事をしたり，してもらったりする	27.0	52.8	8.0	1.2	11.0
病気の時に助け合う	24.8	51.6	10.6	1.9	11.2
物をあげたりもらったりする	27.5	52.7	11.3	1.1	7.3
外でちょっと立ち話をする	26.3	54.0	12.5	1.2	6.1
会えば挨拶をする	23.4	51.2	16.9	2.2	6.4

出典）内閣府（2022：386）より作成

表5-20　高齢者の就業率

（%）

	60～64歳	65～69歳	70～74歳	75歳以上
男　性	83.9	61.0	41.8	16.7
女　性	62.7	41.3	26.1	7.3

出典）内閣府（2023：23）より作成

章では1枚のみ転載した。

14) 調査概要については以下の通りである。

- 1996年調査：調査対象者は日田郡中津江村55集落の内27集落の18歳以上の男女681人。住民基本台帳登載の対象者について悉皆調査を行った。1996年8月～10月に留置法により実施（旧中津江村役場の協力を受け，集落世話人による配布回収により実施）。有効回収数509票，回収率74.7%。
- 2007年調査：調査対象者は日田市中津江村地区の20歳以上の男女609人。選挙人名簿より無作為抽出を行い，2007年10月～11月に郵送法により実施。有効回収数は410票，回収率は67.3%。
- 2016年調査：調査対象者は日田市（旧日田市，旧中津江村，旧上津江村）の20歳以上の男女1,000人。選挙人名簿より無作為抽出を行い，2016年1月～2月に郵送法により実施。有効回収数は旧日田市142票（配布400票），旧中津江村156票（配布300票），旧上津江村119票（配布300票）である。対象地域全体での回収率46.0%。

参考文献

福本純子・吉武由彩，2023，「高齢社会と高齢者の生活」吉武由彩編『入門・福祉社会学―現代的課題との関わりで―』学文社：31-50

池上甲一，2013，『シリーズ地域の再生14　農の福祉力―アグロ・メディコ・ポリスの挑戦―』農山漁村文化協会

神谷美恵子，2004，『神谷美恵子コレクション　生きがいについて』みすず書房

松岡昌則，2005，「農村高齢者の楽しみと地域の社会関係―秋田県山本郡藤里町米田地区の事例―」『生きがい研究』11：22-40

見田宗介，1970，『現代の生きがい―変わる日本人の人生観―』日本経済新聞社

内閣府，2004，「平成15年度　高齢者の地域社会への参加に関する意識調査結果（全体版）」(2015年11月24日取得，http://www8.cao.go.jp/kourei/ishiki/h15_sougou/pdf/0-1.html)

――，2009，「平成20年度　高齢者の地域社会への参加に関する意識調査結果（全体版）」(2018年4月17日取得，http://www8.cao.go.jp/kourei/ishiki/h20/sougou/zentai/index.html)

――，2014，「平成25年度　高齢者の地域社会への参加に関する意識調査結果（全体版）」(2018年4月17日取得，http://www8.cao.go.jp/kourei/ishiki/h25/sougou/zentai/index.html)

――，2022，「令和3年度　高齢者の日常生活・地域社会への参加に関する調査結果（全体版）」(2022年9月3日取得，https://www8.cao.go.jp/kourei/ishiki/r03/zentai/pdf_index.html)

――，2023，『令和5年版　高齢社会白書（全体版）』(2023年10月17日取得，https://www8.cao.go.jp/kourei/whitepaper/w-2023/zenbun/05pdf_index.html)

直井道子, 2001,『幸福に老いるために―家族と福祉のサポート―』勁草書房
小田利勝, 2004,『サクセスフル・エイジングの研究』学文社
鈴木広, 1983,「生きがいの社会学的構造」九州大学公開講座委員会編『九州大学公開講座7　生きがいの探求』九州大学出版会：309-333
高野和良, 2003,「高齢社会における社会組織と生きがいの地域性」『生きがい研究』9：69-89
――, 2014,「社会参加と生きがい―生き生きと暮らすために―」直井道子・中野いく子・和気純子編『高齢者福祉の世界（補訂版）』有斐閣：93-110
――, 2022,「過疎農山村地域における地域集団参加の変化―大分県中津江村1996年調査・2007年調査・2016年調査から―」高野和良編『新・現代農山村の社会分析』学文社：1-24
徳野貞雄, 1998,「少子化時代の農山村社会―『人口増加型パラダイム』からの脱却をめざして―」山本努・徳野貞雄・加来和典・高野和良『現代農山村の社会分析』学文社：138-170
――, 2007,『農村の幸せ, 都会の幸せ―家族・食・暮らし―』日本放送出版協会
――, 2011,『生活農業論―現代日本のヒトと「食と農」―』学文社
山本努, 1996,『現代過疎問題の研究』恒星社厚生閣
――, 2017,『人口還流（Uターン）と過疎農山村の社会学（増補版）』学文社
吉武由彩, 2022,「過疎農山村地域における高齢者の生きがい―大分県中津江村1996年調査・2007年調査・2016年調査から―」高野和良編『新・現代農山村の社会分析』学文社：95-119
吉武由彩・楊楊, 2023,「福祉―高齢者の生活と幸福感を中心に―」山本努・吉武由彩編『入門・社会学―現代的課題との関わりで―』学文社：107-125

自習のための文献案内）…………………………………………………………

① 神谷美恵子, 2004,『神谷美恵子コレクション　生きがいについて』みすず書房
② 見田宗介, 1970,『現代の生きがい―変わる日本人の人生観―』日本経済新聞社
③ 鈴木広, 1983,「生きがいの社会学的構造」九州大学公開講座委員会編『九州大学公開講座7　生きがいの探求』九州大学出版会, 309-333
④ 直井道子, 2001,『幸福に老いるために―家族と福祉のサポート―』勁草書房
⑤ 山本努, 2017,『人口還流（Uターン）と過疎農山村の社会学（増補版）』学文社
⑥ 高野和良, 2014,「社会参加と生きがい―生き生きと暮らすために―」直井道子・中野いく子・和気純子編『高齢者福祉の世界（補訂版）』有斐閣：93-110
⑦ 高橋勇悦・和田修一編, 2001,『生きがいの社会学―高齢社会における幸福とは何か―』弘文堂

⑧　吉武由彩・楊楊, 2023,「福祉―高齢者の生活と幸福感を中心に―」山本努・吉武由彩編『入門・社会学』学文社：107-125（『入門・社会学』シリーズ 1 巻）

生きがいの定義や特徴を学ぶには，まず ① を参考にしてほしい。初版は 1966 年だが現在は著作集などの形でも収録されている。② や ③ は社会学における生きがいの研究。高齢者の生きがいに限定した議論ではないが，日本人の生きがいの特徴が分析されている。④ は高齢者の主観的幸福感や，高齢者へのサポートについて分析している。⑤ は主に過疎地域における生きがいについて分析されている。生きがいと地域差について考える時に参考にしてほしい。⑥ は高齢者における社会参加と生きがいについて詳しい。⑦ は生きがいに関する複数の論考が含まれる。国際比較の論考もある。⑧ では中国の農村高齢者の生きがいについて分析されている。

第6章　地域組織と地域活動

――高齢者の見守り活動と地区社会福祉協議会の調査から

吉武　由彩

■1．世帯の小規模化

日本における2022年の**高齢化率**は29.0％であるが（内閣府　2023：2），高齢者はどのように生活しているのか。図6-1は65歳以上の高齢者のいる世帯について1975年以降の世帯構造の推移を示している。世帯の状況をみると，1975年では「三世代世帯」が半数以上を占め（54.4％），次いで「夫婦のみ世帯」13.1％，「親と未婚の子の世帯」9.6％，「単独世帯」8.6％とそれぞれ1割前後を占めていた（厚生労働省　1999，2001，2006，2016，2022）。しかし2021年では，高齢者世帯をめぐる状況は大きく変化し，「三世代世帯」の占める割合は約1割（9.3％）と大きく低下する。他方で，「夫婦のみ世帯」3割強（32.0％），「単独世帯」3割弱（28.8％），「親と未婚の子の世帯」約2割（20.5％）となり，単独世帯または夫婦のみ世帯という小規模世帯が半数を超えていることがわかる（**世帯の小規模化**）。

日本において高齢化率は高まっているものの，高齢者は単独世帯や高齢の夫婦のみ世帯という小規模世帯で暮らす割合が高まり，不安定な状況におかれている。このような状況に対し，世帯は小規模化しても，高齢者は子や孫との接点を失ったというわけではなく，別居の子どもや孫と会ったり電話で話したりする高齢者は多い。子どもは何かあればすぐに駆けつけられる距離に住み，頻繁に会ったり電話で話したりして，依然として高齢者の生活を支えている。高齢者の生活を別居の子ども（別居子／他出子）が支えていることは4章においても論じられる通りである[1)]。他方で，高齢者の生活について，地域住民同士で支え合っていこうという動きもある。そこで本章では，高齢者の生活を支える

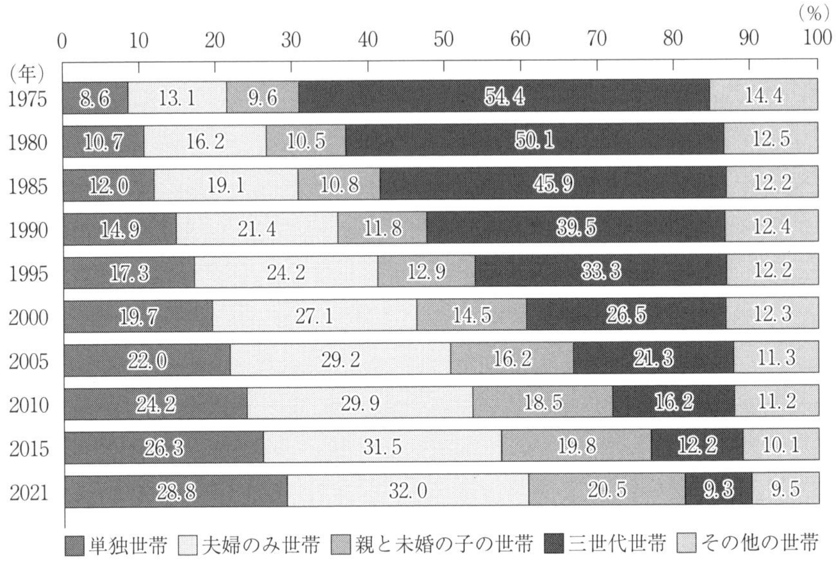

図6-1　高齢者のいる世帯の世帯構造の推移

出典）厚生労働省（1999, 2001, 2006, 2016, 2022）より作成[2)]

近隣関係や地域組織，地域活動について調査結果を交えながら確認する。さらに，具体的な地域福祉活動の一例として高齢者の見守り活動を取り上げその状況を確認する。

2．地域社会への期待の高まり

日本社会においてはこれまで親族共同体や地域共同体が福祉の担い手としての役割を果たしてきたが，**産業化**や**都市化**の進展により，子ども世代が都市に出て会社員として働くようになり，親族関係や地域関係は希薄化し，個人の生活を支える機能は弱まってきた。さらに，近年，従来の公的な福祉サービスが十分に対応できない問題が出現してきている（厚生労働省「我が事・丸ごと」地域共生社会実現本部　2017：1-4）。要介護の親と障害をもつ子の世帯や，介護と育児という2つのケアを担っている世帯（「ダブルケア」）など，複合的な事例が出現し，**制度の谷間**にあって，従来の公的サービスでは対応できない場合があることが明らかになってきた。そこで，従来のように高齢や障害といった対象者ごとの「縦割り」の支援から，分野を超えて総合的に支援をするという「丸ごと」の支援への転換が必要となっていると指摘される。

さらに，そのような中，「地域は，生活に身近であるから，住民同士が，日々の変化に気づき，寄り添いながら支え合うことができる」（厚生労働省「我が事・丸ごと」地域共生社会実現本部　2017：3）として，地域社会へ期待が寄せられている。地域社会においてつながりを育み，誰もが地域で自分らしく生活していくことができる社会の構築が必要になっていると述べられ，政策的には「**地域共生社会**」の実現が目指されている。「地域共生社会」とは，「制度・分野ごとの『縦割り』や『支え手』『受け手』という関係を超えて，地域住民や地域の多様な主体が『我が事』として参画し，人と人，人と資源が世代や分野を超えて『丸ごと』つながることで，住民一人ひとりの暮らしと生きがい，地域をともに創っていく社会を目指すもの」（厚生労働省「我が事・丸ごと」地域共生社会実現本部　2017：2）である。

上記のように地域社会への期待は高まっているものの，住民同士で支え合うことができれば，公的な福祉サービスは不要というわけではない。「地域づくりの取組は，地域における住民相互のつながりを再構築することで，生活に困難を抱える方へのあらゆる支援の土台をつくるためのものでもあるが，これにより，市町村や公的支援の役割が縮小するものではない」（厚生労働省「我が事・丸ごと」地域共生社会実現本部　2017：4）という指摘もなされている。地域において多様なニーズが現れる中，地域住民や地域組織にすべてを期待し背負わせることは，過剰な負担となってしまいかねない。地域の生活課題に対しては，住民，自治会・町内会，ボランティアやNPO，事業者や社会福祉協議会，行政などさまざまな関係者が連携して課題に対処していく包括的支援体制を構築していくことが重要である。

■3．地域の多重性と重層的な圏域設定

地域社会へ期待が寄せられていることを確認してきたが,「地域」は多重性をもち，隣近所，自治会・町内会の圏域，小学校区の圏域，市町村の支所の圏域，市町村全域，都道府県全域など重層的に構成されていることにも注意が必要である。地域社会において地域福祉活動が活発に行われるためには，重層的な**圏域設定**も重要である（図6-2)。一般的には活発な活動が行われている地域では，「① 班，組といわれるような近隣の単位で見守り等の活動，② それよりも大きな圏域である自治会・町内会の単位でサロン活動や防犯・防災活動，③ さらに大きな圏域である校区で，地域福祉に関わる者の情報交換や連携の場（プラットホーム）の設定，住民の地域福祉活動に対する専門家による支援，地域福祉計画の作成や市町村地域福祉計画作成への参画，④ さらに市町村の支所の圏域，そして市町村全域と圏域が広がるにつれて，より専門的な支援や公的な福祉サービスの提供，広域的な企画，調整」（これからの地域福祉のあり方に関する研究会　2008：19）がなされているという。このように地域福祉活動の実施にあたっては，各活動内容によってある程度適切な圏域が存在すると考えられる。たとえば「サロン活動であれば，高齢の参加者が歩いて会場の集会所に通うことになれば，自ずとその範域は狭くせざるを得ない」（高野　2017：194）というように，実際に活動を実施するにあたってはある程度適した圏域が存在するだろう。

しかし，圏域設定の問題はより複雑である。地域福祉活動実施にあたっては，一律にある圏域がもっとも適しているというわけでもない。都市部であるのか農村部であるのかなど，地域特性に応じて適切な圏域は異なる可能性があるし，どの圏域に地域住民がもっとも帰属意識や地域貢献意識をもつのか（地域住民に支持される圏域）も異なる可能性がある（高野　2017)。高野和良（2017：190-200）は地域福祉活動は地域住民の地域貢献意識に支えられていると指摘し，質問紙調査の結果より，住民が「自分たちの地域」として思い浮かべる範囲は地域によって異なることを示す[3)]。活動実施にあたっては，住民の地

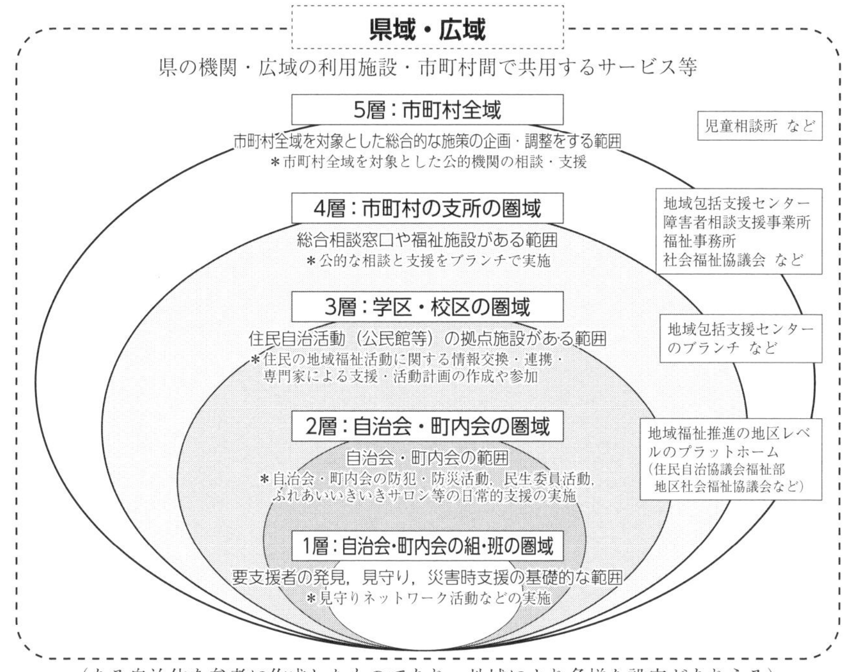

図6-2　重層的な圏域設定のイメージ

出典）これからの地域福祉のあり方に関する研究会（2008）より

域貢献意識や帰属意識の圏域も加味しながら，それぞれの地域において適切な圏域を模索していくことが重要であろう。

■4．近隣関係：都市高齢者

実際には高齢者はどのような地域との関わりをもっているのか。**近隣関係**について全国調査の結果からみてみよう。地域の高齢者に対しては，日常的な近所づきあいの中で，それとなく見守りをしていたり，ちょっとした困りごとへのお手伝いをしたり，話し相手になったり，情報交換をしたりということも多い。同じ地域に住む住民だからこそ，早期に高齢者の変化に気づき，素早く専門機関につなぐことができるということもあるだろう。

「高齢者の生活と意識に関する国際比較調査」(60 歳以上対象) では，近所づきあいについて尋ねている (内閣府　2011，2021)[4]。前章 4 節でも確認したが，全国調査の回答者はその多くが都市に居住する人びとであるため，今回の全国調査の結果も都市高齢者の特徴を示したものととらえ結果を確認していく[5]。本調査にて近所の人たちとのつきあい方を尋ねた結果が表 6-1 である。1990 年には，「物をあげたりもらったりする」がもっとも多く 6 割を超え (61.7%)，次いで「外でちょっと立ち話をする程度」が 5 割弱 (48.9%) となっていた。しかしその後，両者の関係は逆転し，2020 年には「外でちょっと立ち話をする程度」がもっとも多く 6 割を超え (64.7%)，次いで「物をあげたりもらったりする」が 5 割弱 (48.7%) となっている。高齢者の近隣関係については，基本的に近所の人びととのつきあいがみられるが，その中身をみると，近年「外でちょっと立ち話をする程度」という比較的ゆるやかな関係に変化していることがうかがえる (ただし，2020 年はコロナ禍での調査結果である)。

表6-1　近所の人たちとのつきあい方の推移 (複数回答，60歳以上)

(%)

	1990年	1995年	2000年	2005年	2010年	2015年	2020年
お茶や食事を一緒にする	30.9	32.3	32.0	32.4	29.3	24.2	14.2
趣味をともにする	26.8	24.3	25.4	25.5	20.2	15.6	11.2
相談ごとがあった時，相談したり，相談されたりする	24.3	26.4	29.2	24.2	22.6	18.6	20.0
家事やちょっとした用事をしたり，してもらったりする	4.6	4.4	6.5	8.2	10.1	5.2	5.5
病気の時に助け合う	13.9	13.2	9.8	8.7	9.3	5.9	5.0
物をあげたりもらったりする	61.7	63.3	61.2	51.4	51.6	41.9	48.7
外でちょっと立ち話をする程度	48.9	48.7	53.5	66.3	70.7	67.3	64.7
その他	2.8	2.8	2.2	2.5	1.2	9.7	10.6

出典) 内閣府 (2011：5，2021：80) より作成[6]

■5．地域社会における住民組織・集団の諸類型

地域社会との関わりについては，近所づきあいのような**インフォーマル**な形だけでなく，**地域組織**への参加といった**フォーマル**な形での関係性もあるだろう。高齢者の地域活動への参加の実態をみていく前に，地域にはどのような地域組織や団体があるのか確認しよう。表6-2は，地域における住民組織・集団を類型化したものである（鯵坂　2006：175）。地域社会にはさまざまな地域組織や団体が存在し，住民の生活を支えていることがわかる。①住民自治組織は，一定の地域に住む住民を構成員として多面的な活動をする組織であり，**町内会・自治会**などが該当する。②行政協力組織は，行政事務の補完も担っているが，とくに民生委員児童委員協議会や社会福祉協議会は地域における高齢者の生活を大きく支えている。③年齢・性などによる階層別組織は，当該地域のある年齢や性別の人びとを構成員として活動する組織であり，地域婦人会や老人会などがある。④職業・産業組織は，商工会や農協，漁協などが該当するが，とくに農村では地域社会とのつながりも強い。⑤宗教団体は，氏子や檀家などの団体が該当する。⑥同郷的団体は，出身地域を同じくする人びとの団体であり，県人会などが該当する。⑦余暇をめぐる集団は，趣味やスポーツなどの団体である。⑧自発的な運動組織は，住民運動団体，生協，ボランティア団体などである。⑨自覚的階級・階層別組織は，日本経済団体連合会・経済同友会・日本商工会議所の地方組織などである。⑩政党は，各政党の地域組織・議会の会派（および後援会）などである。

上記の地域における住民組織・集団の中でも，**町内会・自治会**は地域の人びとにとってもっとも身近な団体であろう。そこでもう少し補足したい。町内会・自治会は一定の範域に住む住民を構成員とする任意加入の地域組織であるが，全戸加入が原則とされ，自動的に加入している場合などもみられる。加入は世帯単位となるが，近年では加入率の低下や役員の担い手不足，活動の低下などが問題となっている。活動内容については，「町内会・自治会等の地域のつながりに関する調査」によると，多くの町内会・自治会で活動が実施されて

いる順から，「行事案内，会報配布等の住民相互の連絡」(90.6%)，「市区町村からの情報の連絡」(73.5%)，「盆踊り，お祭り」(71.2%)，「街灯の管理」(66.3%)，「行政への陳情，要望」(64.2%)，「運動会等のスポーツレクリエーション活動」(63.5%)，「地域の清掃，環境美化」(63.5%)，「献血の協力」(62.4%)，「防災，防火」(61.0%)，「慶弔」(58.9%)，「防犯」(50.2%)，「敬老会，成人式等の行事開催」(49.4%) などとなっている (内閣府国民生活局総務課 2007 : 6)。行政からの情報連絡 (行政補完機能)，祭りやレクリエーション活動，環境美化，防災・防犯，高齢者などへの福祉活動と，町内会・自治会の活動は多岐にわたることがわかる。加えて，必ずしも多くの町内会・自治会で実施されているわけではないが，高齢者に関する活動について補足すると，「独居老人宅訪問等の社会福祉活動」(24.0%) が実施されている場合もある。

町内会をめぐっては，第二次世界大戦後に GHQ (連合国最高司令官総司令部) によって，行政の末端機構として戦争遂行に加担したとみなされ，一時期解散が命じられていた (高木 2005 : 1-9, 538-540)。1951 年にサンフランシスコ平和条約が締結されてからは，町内会の禁止が解かれ，町内会が復活していく。

表6-2　地域住民組織・集団の諸類型

類型	例
① 住民自治組織	町内会，自治会，部落会 (それらの連合会) など
② 行政協力組織	民生委員児童委員協議会，社会福祉協議会，納税組合，防犯協会，消防分団，保健委員会，日赤奉仕団，献血友の会，体育振興会など
③ 年齢・性などによる階層別組織	子ども会，青年会 (団)，地域婦人会，老人会，PTA など
④ 職業・産業組織	商店会，商工会，同業者組合，経営者クラブ，農業協同組合，水利組合など
⑤ 宗教団体	各宗派の信者団体，神社氏子会など
⑥ 同郷的団体	同郷会・郷友会，県人会，エスニック・グループなど
⑦ 余暇をめぐる集団	趣味の会，スポーツクラブ，社会教育・文化団体など
⑧ 自発的な運動組織	住民・市民運動団体，生活協同組合，ボランティア組織など，NGO・NPO
⑨ 自覚的階級・階層別組織	日本経済団体連合会・経済同友会・日本商工会議所などの地方組織，労働組合の地方組織，科学者の団体，青年会議所，地域商工団体，婦人・女性の団体などの地域組織
⑩ 政党	各政党の地域組織・議会の会派 (および後援会) など

出典) 鯵坂 (2006 : 175) より (一部変更)[7]

町内会に関しては，封建的な組織であり，戦後の都市化や近代化の進展とともに消滅するという見方が多くなされてきた。他方で，都市化や近代化が進展しながらも町内会は存続し続けたことから，近江哲男や中村八郎らによって町内会は消滅しないという主張もなされた。中村は「なぜ前近代的，あるいは農村的といわれる町内会が日本の都市に存続するか」（中村　1990：69）を検討し，「町内会が日本の都市に存続するのはそれが日本では文化型となっているから」（中村　1990：69）だと述べている。

町内会に対しては現在でも，前述のように，加入率の低下や役員の担い手不足などの問題が指摘され，もはや町内会は不要ではないかと考える人もいるだろう。他方で，近年では高齢化が進展する中，地域社会において高齢者の生活を支えるという観点から期待も寄せられている。批判と期待の両方が向けられているのである。

▶練習問題1

表6-2をみて，これまであなたやあなたのまわりの人びとが参加した経験がある地域組織を思い浮かべてみよう。その地域組織ではどのような活動がなされていただろうか。

6．地域組織，地域活動：都市高齢者

前節にて確認してきた多様な地域組織の中でも，高齢者はどのような組織や集団に参加しているのだろうか。全国調査の結果から，都市高齢者の状況を確認しよう。「高齢者の日常生活・地域社会への参加に関する調査」（60歳以上対象）によると，参加している団体の推移は表6-3の通りである（内閣府　2014，2022）[8)]。まず，いずれかの団体に参加している割合をみてみると，1993年から2021年にかけておおよそ6割前後を示していることがわかる。基本的に高齢者における団体参加の割合は高く，活発な参加がみられる。次に，団体参加の中身をみていこう。1993年では，参加が多い順に「町内会・自治会」31.0%，

表6-3　地域組織，団体参加の推移（複数回答，60歳以上）

（%）

地域組織，団体参加の割合	1993年	1998年	2003年	2008年	2013年	2021年
町内会・自治会	31.0	34.6	39.1	40.9	26.7	21.8
健康・スポーツのサークル・団体	9.9	9.8	14.1	16.8	18.3	17.3
趣味のサークル・団体	18.4	19.8	22.0	20.0	18.4	16.4
老人クラブ	27.0	24.8	20.9	14.5	11.0	10.1
退職者の組織	*	8.3	7.4	7.7	5.7	6.2
ボランティア団体（社会奉仕団体）	4.4	5.6	6.0	7.4	5.4	5.3
いずれかの団体に参加している割合	63.0	66.4	65.3	66.9	57.9	61.7

※「退職者の組織」については1993年では項目がなかったため*と表記している。
出典）内閣府（2014：44，2022：93）より13項目中の上位６項目に限定し作成

「老人クラブ」27.0%，「趣味のサークル・団体」18.4%などとなっていた。他方で2021年では，多い順に「町内会・自治会」21.8%，「健康・スポーツのサークル・団体」17.3%，「趣味のサークル・団体」16.4%，「老人クラブ」10.1%などとなっている。健康やスポーツの団体では参加率が高まっているものの，地域的な性格をもつ団体であり，団体参加のうち，参加率が高い主要な団体である「町内会・自治会」や「老人クラブ」においては参加率が低下していることがわかる。団体参加というのは，会への参加を通して，定期的に他のメンバーと顔を合わせ交流する場でもある。団体参加の低下は，それによる近隣関係など関係性の希薄化にもつながると考えることもできる。

7．近隣関係：農村高齢者

次に農村高齢者の状況を確認していきたい。「高齢者の日常生活に関する意識調査」（60歳以上対象）によると，都市規模別にみた近隣関係は表6-4の通りである[9)]。町村では「親しくつきあっている」が4割（38.4%）を占め，大都市や中都市とくらべて近隣関係が緊密であることがわかる（内閣府　2015a）。さらに，都市間で比較すると，大都市においてもっとも近隣関係が希薄であり，他方で，小都市においては近隣関係が緊密であることがわかる。

表6-4　都市規模別にみた近所づきあいの程度（60歳以上）

（%）

	親しくつきあっている	あいさつをする程度	ほとんどつきあいがない	つきあいがない	わからない	無回答
大都市	22.8	68.1	5.4	2.1	0.4	1.1
中都市	30.7	63.9	3.0	1.5	0.6	0.3
小都市	39.9	55.9	1.8	1.1	0.5	0.8
町村	38.4	53.1	4.6	1.4	0.7	1.7

出典）内閣府（2015a：26）より作成

農村における人間関係をめぐっては，詳しくは5章でも述べてきた。農村高齢者は社会関係が緊密であり，地域組織や地域行事への参加を通して日頃から地域の人びとと顔を合わせる機会も多い。農村高齢者は，近所の人びとと共同飲食やもののやり取り，相互扶助をよくしているという（松岡　2003：78-85，2005：26-35）。高齢者は「トナリ・向かい・近所での『お茶のみ』」（松岡　2005：32）を頻繁にしていて，こうした「お茶のみ」やおしゃべりが高齢者にとって大切な楽しみの時間になっている。さらに，収穫した農作物や山菜を近所の人びとにおすそわけするといったもののやり取りがあり，「留守にするとき，病気や入院のとき，身体の具合が悪いとき，農作業，車庫，除草作業，機械の修理」（松岡　2003：82）の際には，近所の人にお願いをすることがあり，相互扶助がなされているという。

■8．地域組織，地域活動：農村高齢者

次に，農村における地域組織や地域活動の実態を確認する。表6-5は，農山村（大分県日田市中津江村地区）における1996年と2007年の質問紙調査から，高齢者の地域組織や集団参加をまとめたものである（山本・高野　2013：103）（調査概要は5章注14参照）。2007年調査の結果について，前述の全国調査の結果と比較すると，いずれの団体にも「参加していない」のは21.7%であり，農村における団体参加の割合は高いことがわかる。団体参加の中でも，「自治

会，町内会」，「老人クラブ」，「商工会等の協同組合」，「氏子，檀家など」の参加の割合が高い[10)]。農村における団体参加については，「過疎高齢者の多くは青年団，婦人会，消防団といった年齢集団や地域集団への参加経験をもち，こうした組織や集団に参加することを当然と考えており，いわば，参加を前提とした生活構造を持っている」（山本・高野　2013：101–102）と指摘される。過疎地域において高齢者が暮らし続けることができる要因としては，青年期から高齢期まで途切れなくさまざまな伝統的な地域集団や**年齢階梯集団**への参加がなされることも重要であろう。さらには，このような継続的な団体参加を通して，近隣住民との関係性が強められているといえる。

他方で，団体参加が活発とされる農村においても，近年伝統的な地域組織への参加の低下がみられる。表6-5から1996年調査と2007年調査の結果を比較すると，「自治会，町内会」や「スポーツ，趣味等の団体」の参加は高まっているものの，「老人クラブ」，「頼母子講などの『講』」，「地域婦人会」などへの参加は低下している。このような農村の変化については，平成の合併の影響も指摘されている。本調査の対象地域である大分県日田市中津江村地区は，2005年に日田市へ編入合併しているが，合併先の日田市に婦人会が存在しないことによる中津江村地区の婦人会の解散と，それによる集落間の現状共有や交流の機会の減少が起こっているという。他方で，農村では，集落におけるクラブなどの集まりが廃止されたあとも，自主的に集まりをもったり，デイサービスの送迎車内で情報交換やおしゃべりをしたりと（山本・高野　2013：102–106），住民にとって必要な機能が別様に形を変え維持される様子も指摘される。

さらに，長崎県五島列島にて調査を行った叶堂隆三（2004：143–284）でも，条件不利地域では福祉サービスが不十分であることから，高齢者を支えるサポート関係が発達していることが指摘される。町内会による特別養護老人ホームの設立や，宗教的な類縁関係による医療・福祉活動の展開，郵便局や商店街といった生活拠点施設による御用聞きなど，多機能化しながら高齢者を支えている様子が描かれている。鳥取県東伯郡琴浦町において調査を行った池上甲一（2013：122–145）でも，農業協同組合が出資して，社会福祉法人が地域に軽費

表6-5　高齢者における地域組織や集団参加の推移（65歳以上，複数回答）

（%）

	1996年	2007年
自治会，町内会	41.3	57.6
老人クラブ	40.6	29.0
商工会等の協同組合	27.5	27.6
氏子，檀家など	20.3	18.9
社会福祉協議会など	14.5	11.1
頼母子講などの「講」	13.8	6.9
スポーツ，趣味等の団体	13.0	21.7
地域婦人会	7.2	2.3
政党，政治団体など	3.6	2.8
労働組合	2.2	0.5
PTA，子供会など	1.4	1.4
文化等の学習・研究サークル	1.4	2.3
住民運動の団体	1.4	5.1
その他	0.7	6.0
青年団	0.0	0.0
消防団	0.0	0.5
参加していない	11.6	21.7

出典）山本・高野（2013：103）より作成

老人ホーム（ケアハウス）や特別養護老人ホームを設置，運営する事例が描かれている。農業協同組合がとりわけ農村において高齢者の福祉の担い手として大きな期待を寄せられていることが指摘される。

■9．地域住民による高齢者の見守り活動

地域社会において高齢者を支える活動の一例として，地域住民による高齢者の**見守り活動**を取り上げ確認していこう。見守り活動に類する活動は，以前から日常的な近隣関係の中で行われてきたが，1990年代以降組織化された地域福祉活動として注目されるようになってきた（高野　2015a：177）。とくにひとり暮らし高齢者への見守り活動に力が入れられているが，その他にも高齢の夫

婦のみ世帯や，日中高齢者ひとりになる世帯（高齢の親と子どもが同居しているが，日中子どもが仕事に出ている場合）などの複数人世帯も見守り対象となっていることがある。

地域住民による見守りは，「**特定の見守り（個人的な見守り）**」と「**緩やかな見守り**」とに分けられる（小林　2013：162-163)。「特定の見守り（個人的な見守り）」とは，見守りの必要な対象者と見守りの担当者に相互の認識があり，ある程度定期的に訪問や安否確認が行われるものである。民生委員[11)]や老人クラブなどによる訪問活動，地域のサロン活動などが該当する。また，近年自治体や社会福祉協議会などが見守り協力員などの名称でボランティアを募り，定期的に見守り活動をするということも行われている場合がある。他方で，「緩やかな見守り」とは，見守りの必要な対象者と見守りの担当者に相互の認識はなくとも，近隣住民などがさりげなく対象者の様子を気に掛け，何か異変に気付いた時に行動するというタイプの見守り活動である。たとえば，新聞がたまっている，電気がついたままになっている，カーテンが閉まったままになっているなど，いつもとは違うというちょっとした変化を気にかけ，行動するというタイプである。さらに，見守り活動とは，どのように進められていくのか。見守り活動の過程については，おおよそ①問題把握，②情報共有や制度活用，③見守り活動の開始と点検・振り返りとして整理され，資料6-1のような見守り活動の一例が提示されている（高野　2015b：112)。

このような地域住民による見守り活動の成立のためには，**コミュニティ意識**が重要であるという（小林　2013：166-167)。見守る側と見守られる側に個人的な交流がなくとも，同じコミュニティに所属しているという緩やかな帰属意識が，見守り活動を引き起こすと指摘される。そして，コミュニティ意識の醸成にあたっては，「地域住民に対して，『見守り』の必要性への意識を高めるような情報提供を行うこと」（小林　2013：167)，地域住民が異変に気付いたあとに相談・通報可能な**公的な見守り機関**（国や自治体，地域包括支援センターによる見守り体制）を整備することが重要であるという。他方で，**見守り活動における困難**も存在する。プライバシーや個人情報保護の問題，専門機関からのサポー

資料6-1　見守り活動の過程（一例）

例えば，次のような事例は多くの地域福祉活動の関係者にとって経験的に理解できるのではないか。まず，近所の一人暮らしの高齢者が普段と少し違う雰囲気で，軽い認知症ではないかと気になる（問題把握）。近所の知り合いにそのことを話すと，その相手も同じように気になっていたが，何をすれば良いのか迷うまま時間が過ぎていたという（情報共有）。そこで，二人で民生委員に相談したところ（制度活用），民生委員による高齢者への訪問を経て，福祉員や近隣の人々による話し合いがなされ（課題共有），地区社会福祉協議会による見守り活動につながっていく（相互支援活動の開始）。活動が広がるにつれて自分でも何かできるかもしれないという住民の参加が促され，関係機関，団体の連携が生まれ新たなサービスが生み出されていく（相互支援活動の拡大）。しかし，時間の経過のなかで担い手の高齢化や転出によって活動の継続が難しくなる（相互支援活動の終結）といった地域福祉の相互支援活動の一連の典型的な動きがある。

出典）高野（2015b：112）より

トの少なさ，見守り活動にどこまで関わればよいのか悩むこと，担い手不足（高野　2015a：187-189），支援拒否（セルフ・ネグレクト）の問題などがある。

ここまで地域住民による見守り活動についてみてきたが，ほかにも仕事の一環として見守り活動が実質的に行われていることがある。たとえば新聞配達や郵便配達，宅配便，食料や飲料の配達の際に，配達員が新聞がたまっているなどの異変に気づく場合がある。また，水道や電気，ガスの検針の際に，検針員が異変に気づく場合もある。近隣住民だけでなく，こうした事業者とも連携しつつ見守り活動を進めていくことも重要であろう。

▶練習問題 2

「特定の見守り（個人的な見守り）」と「緩やかな見守り」について，それぞれどのような長所と短所があるだろうか。考えてみよう。

■10. 社会福祉協議会

地域住民による高齢者の見守り活動においては，活動実施上の困難も存在することを確認してきたが，このような見守り活動においては，地域住民だけに期待するのではなく，公的な見守り機関の活動（自治体，社会福祉協議会，地域包括支援センターなど）も重要である（小林　2013：168-172；高野　2015a：180-183）。具体的には，「活動方法に関する研修の実施，困難な事例などは専門機関と連携する体制を設けるといった支援」（高野　2015a：180）が求められているというが，公的な見守り機関による地域の見守り活動の担い手への十分な支援がなされることによって，地域の人びとも安心して活動に取り組むことができるだろう。そこで，代表的な公的な見守り機関のひとつとして**社会福祉協議会**を取り上げその活動について確認する。

社会福祉協議会は，地域福祉活動を推進する重要な役割を担っている。「社協」という略称でよばれることも多い。組織としては，全国社会福祉協議会があり，そのほかにすべての都道府県や市町村に都道府県社会福祉協議会や**市町村社会福祉協議会**が設置されている。社会福祉協議会は全国的なネットワークを形成してはいるが，各社会福祉協議会は独立した存在となっている。これらの社会福祉協議会の中でも，地域住民ともっとも密接に関わるのが市町村社会福祉協議会である。市町村社会福祉協議会は社会福祉法第109条において規定されており，①社会福祉を目的とする事業の企画及び実施，②社会福祉に関する活動への住民の参加のための援助，③社会福祉を目的とする事業に関する調査，普及，宣伝，連絡，調整及び助成，④③に掲げる事業のほか，社会福祉を目的とする事業の健全な発達を図るために必要な事業を行うとされている。

また，「市区町村社協経営指針（解説）」では，市町村社会福祉協議会の事業は①法人運営部門，②地域福祉活動推進部門，③福祉サービス利用支援部門，④在宅福祉サービス部門の4部門として整理されている（渋谷　2018a：149-150）。①法人運営部門は，市町村社会福祉協議会の事業全体の管理や運営，市町村社会福祉協議会の組織や部門間の調整などを担当する。②地域福祉活動推進部門は，住民参加による地域福祉活動の推進を担当する部門である。福祉のまちづくり推進と住民による福祉活動の支援，地域福祉活動計画の推進，福祉教育やボランティア活動の推進，福祉情報の発信や福祉に関する調査研究の実施などを担当している。③福祉サービス利用支援部門は，福祉サービス利用者の支援を担当する部門である。生活上の困りごとの相談対応，福祉サービス利用に関する情報提供や支援，高齢者などの権利擁護事業を担当している。④在宅福祉サービス部門は，介護サービスなど在宅福祉サービスを担当する部門である。訪問型，通所型，滞在型などのさまざまな在宅福祉サービスを提供している。

さらに，**地区社会福祉協議会**とよばれる地域組織がある（校区福祉委員会，自治会福祉部会などの名称でよばれることもある）。地区社会福祉協議会とは，住民が地域福祉の推進にあたって組織している任意組織であり，地域によっては組織されていないところもある。おおよそ小学校区単位を範域とし，活動内容はさまざまであるが，「①地区福祉大会，福祉講座，介護教室，研修会等の開催，②地区地域福祉活動計画づくり等の計画づくり，提言活動，③ひとり暮らし高齢者調査等のニーズ調査，④見守り・支援ネットワーク活動（見守り，安否確認，簡易な支援），⑤個別支援活動（食事サービス，ふれあい・いきいきサロン），⑥相談活動，⑦当事者組織活動支援（ひとり暮らし高齢者，介護者等），⑧会費集め，共同募金，バザー等活動財源づくり」（渋谷　2018b：172）などの活動がなされている。

11．見守り活動の事例：山口県下関市豊北町における地域福祉活動

次に，具体的な地域福祉活動の事例として，山口県下関市豊北町における地域福祉活動を取り上げ，高齢者の見守り活動について確認していく[12)]。山口県豊浦郡旧豊北町は，山口県の西部に位置し日本海に面する地域である。漁業集落と農業集落の両方を有する。旧豊北町は，2005年に旧下関市と，旧菊川町，旧豊田町，旧豊浦町，旧豊北町の1市4町の合併により，下関市豊北町となっている。2020年の国勢調査によると，人口7,890人，世帯数は3,580世帯，2015～2020年の人口減少率は14.7%，高齢化率は55.4%である。過疎地域指定を受け，下関市内でもっとも高齢化率が高く，人口減少もいちじるしい地

域である。しかし，長年にわたり活発な住民主体の地域福祉活動がなされており，その活動は全国でも先進的な事例として位置づけられている（平野 2016：79-80）。

下関市豊北町では，旧豊北町社会福祉協議会時代の1980年代から地域福祉活動が進められ，1989年には旧豊北町内の7地区（神玉，角島，神田，阿川，粟野，滝部，田耕）すべてにおいて地区社会福祉協議会が設置されている。地区社会福祉協議会の設置にあたっては，当時の豊北町社会福祉協議会の担当者が，1970年代頃から地域の会合に出かけていき福祉に関する話をしたり，研修会を開いたりと，地域福祉推進の働きかけを行ってきたという。

1990年以降豊北町の7つの地区社会福祉協議会すべてにおいて実施されているのが「福祉の輪づくり運動」であり，「福祉の輪づくり運動」の中でも豊北町の特色といわれるのが，小地域福祉推進会議（初期には「需給調整会議」であったが改称）である。小地域福祉推進会議は，現在では豊北町全域で38班組織され，班ごとに年2～3回開催される（山口県社会福祉協議会　2015：18-19，24-25）。小地域福祉推進会議は，7つの地区単位ではなく，より小規模な範域として38班に分かれて実施されている点にひとつの特徴がある。この38班という範域はおおよそ民生委員の設置単位と重なる範域であり，班によって差はあるが，図6-3のように1～8の自治会が合わさってひとつの班を構成している。班により人口規模や世帯規模にばらつきはあるが，単純計算すると1班あたり約200人，約100世帯となる。小地域福祉推進会議については，より小規模な範域で個別ニーズを潜在化させず，掘り起こしていくという姿勢がみられ，実際の会議の場でも対象者一人ひとりについて丁寧な話し合いが行われている。

小地域福祉推進会議には，地区社会福祉協議会関係者のほかに，自治会長，民生委員，福祉員，婦人会や老人クラブの代表者（山村　2006：17），市町村社会福祉協議会職員，地域包括支援センター専門職などが参加している（豊北地区社会福祉協議会連合会　2016：86）。公的な見守り機関である市町村社会福祉協議会，地域包括支援センターなどの職員も参加し連携がなされている。小地

社会福祉法人　下関市社会福祉協議会　豊北支所

地区社会福祉協議会	小地域福祉推進委員会	自治会数
神玉地区社会福祉協議会	上地区小地域福祉推進委員会	8自治会
	下地区小地域福祉推進委員会	4自治会
	矢玉地区小地域福祉推進委員会	6自治会
	和久地区小地域福祉推進委員会	3自治会
角島地区社会福祉協議会	第1地区小地域福祉推進委員会	5自治会
	第2地区小地域福祉推進委員会	4自治会
	第3地区小地域福祉推進委員会	4自治会
神田地区社会福祉協議会	第1班地区小地域福祉推進委員会	4自治会
	第2班地区小地域福祉推進委員会	1自治会
	第3班地区小地域福祉推進委員会	1自治会
	第4班地区小地域福祉推進委員会	2自治会
	第5班地区小地域福祉推進委員会	1自治会
	第6班地区小地域福祉推進委員会	1自治会
阿川地区社会福祉協議会	第1ブロック地区小地域福祉推進委員会	3自治会
	第2ブロック地区小地域福祉推進委員会	3自治会
	第3ブロック地区小地域福祉推進委員会	2自治会
	第4ブロック地区小地域福祉推進委員会	4自治会
	第5ブロック地区小地域福祉推進委員会	1自治会
粟野地区社会福祉協議会	第1班地区小地域福祉推進委員会	3自治会
	第2班地区小地域福祉推進委員会	3自治会
	第3班地区小地域福祉推進委員会	3自治会
	第4・第5班地区小地域福祉推進委員会	1自治会
滝部地区社会福祉協議会	第1班地区小地域福祉推進委員会	2自治会
	第2班地区小地域福祉推進委員会	1自治会
	第3班地区小地域福祉推進委員会	1自治会
	第4班地区小地域福祉推進委員会	3自治会
	第5班地区小地域福祉推進委員会	2自治会
	第6班地区小地域福祉推進委員会	1自治会
	第7班地区小地域福祉推進委員会	2自治会
	第8班地区小地域福祉推進委員会	2自治会
	第9班地区小地域福祉推進委員会	3自治会
	第10班地区小地域福祉推進委員会	1自治会
田耕地区社会福祉協議会	第1グループ地区小地域福祉推進委員会	2自治会
	第2グループ地区小地域福祉推進委員会	2自治会
	第3グループ地区小地域福祉推進委員会	2自治会
	第4グループ地区小地域福祉推進委員会	4自治会
	第5グループ地区小地域福祉推進委員会	2自治会
	第6グループ地区小地域福祉推進委員会	2自治会

図6-3　小地域福祉推進会議構成図

出典）山口県社会福祉協議会（2015：19）より

表6-6　小地域福祉推進会議の配布資料

① ひとり暮らし高齢者（70歳以上）

自治会	氏名	ニーズ，支援状況等（※）	相互支援者（※）
△△自治会	○○　○○	足が弱っているので，集金集会に出にくいようだ。息子がよく来ている。	○○さん（隣） ○○民生委員
	○○　○○	元気。まだ田を作っている。家が離れていて声かけが難しいが民生委員さんの畑が近い。	○○さん（近所） ○○民生委員
	○○　○○	元気。息子がちょくちょく帰っている。生活バスを利用している。	○○さん（実弟） ○○さん（近所）
	○○　○○	元気だが，1か月前にご主人を亡くされて気落ちしているようだ。	○○さん（兄嫁） ○○さん（福祉員）
	○○　○○	元気。畑仕事。バイクで通院。毎日の食事づくりが心配だが，娘が週に三回程度食事をつくりに来ている。	○○さん（実妹） ○○さん（近所）
	○○　○○	元気。耳が遠いので訪問してもなかなか出て来ない。近くの友達と毎日のようにウォーキング。畑づくりなど。	○○さん（近所）
	○○　○○	元気。今は自分で買物に行けるが，将来が不安な様子。近くの友達と毎日のようにウォーキング。	○○さん（近所）

※の欄は参加者が記入。
出典）山口県社会福祉協議会（2015：25）より

域福祉推進会議では，「ひとり暮らし高齢者（70歳以上）」，「二人暮らし高齢者（70歳以上）」，「その他気になる人」などという項目が設けられ，該当する対象者の名前が書き込まれた資料が配られる（表6-6）。この資料をもとに，一人ひとりについて，「○○さんはどうしていたよ」というように情報を持ち寄り（情報共有），対象者の様子を確認し，対象者のニーズや支援状況について話し合いが行われる。さらに，支え合いマップを活用しながら，上記の対象者について見守りネットワークや緊急時の対応などを話し合うこともある。

そのほかの下関市豊北町における地区社会福祉協議会による活動としては，配食サービス，介護予防研修会，三世代交流事業，サロン活動，地域福祉に関する啓発宣伝活動，福祉員の活動支援，高齢者の外出（買い物）支援，男性料理教室，友愛訪問，小学校児童との交流事業などがある。地区によって活動内容は異なるが，多様な活動が行われている（下関市社会福祉協議会豊北支所・豊北地区社会福祉協議会連合会　2014：5-80）。

これらの地区社会福祉協議会による活動の財源についても言及しておこう。下関市豊北町では，豊北町内の7つの地区社会福祉協議会が，豊北地区社会福祉協議会連合会を形成している。前述のように，旧豊北町は，2005年に旧下関市との合併により，下関市豊北町となっている。これにより市町村社会福祉協議会も合併することになったが，合併を契機に，従来豊北町では一世帯当たり年額1,000円であった社会福祉協議会会費が，年額50円であった旧下関市と調整する形で，新たに下関市全体として100円へ統一されることに決まった（山村　2016：3-4）。活動費が1,000円から100円へと減額され，財源が減ることによって，これまでの活動を継続できなくなることが危惧された。そこで，従来どおり1,000円の活動費を集め，活動を維持することを目的に，7つの地区社会福祉協議会の連合体として豊北地区社会福祉協議会連合会が設立された。現在，連合会として集めた1,000円の内100円を下関市社会福祉協議会への財源とし，残った900円については，「地区社会福祉協議会連合会費」を導入し連合会の財源として独自の財源確保を行い，それを7地区に配分することで，事業を継続している。連合会設立にあたっては，市町村社会福祉協議会による連合会設立と会費納入に関する住民説明会が合計18回にわたりなされている。

下関市豊北町における住民主体の地域福祉活動の事例を確認してきた。事例からは，地域における個別ニーズの発見と対応（「小地域福祉推進会議」）は小地域で，そのほかの地域福祉活動は地区社会福祉協議会で，会計は地区社会福祉協議会連合会でといったように，活動の内容によって適切な圏域を設定し，重層的な圏域設定により地域福祉活動を推進している様子が見て取れる。また，公的な見守り機関としての市町村社会福祉協議会が，地区社会福祉協議会の設立期から現在にいたるまで住民による地域福祉活動をサポートしてきた様子もうかがえる。

■12. 地域福祉活動の実施と地域特性

最後に，地域福祉活動の実施にあたっては，どの地域でも同じように活動を実施すればよいというわけではない。3節でも言及したが，**地域特性**や地域の現状を把握し，それらに応じて活動を実施していくことが必要になる。そのためには，準備作業として，地域に関する既存の資料や統計データを収集し，人口動態，産業構造，気候や地理的条件，地域資源の整備状況，地域組織の活動状況，地域住民の意識・態度などの状況を確認する必要がある（和気　2018：198-199）。加えて，既存のデータの収集だけでなく，住民座談会やフィールドワーク，集落点検などの実施により地域に関する新たな情報や住民の声を収集することも必要になる。住民座談会やフィールドワーク，集落点検は，住民が地域の現状に関する共通認識をもち，地域における活動に主体的に関わっていく契機にもなり得るという観点からも重要である。集落点検の方法については，7章を参考にしてほしい。加えて，住民による地域福祉活動の実現につなげるための方法として，近年社会福祉法に基づき，行政による**地域福祉計画**や社会福祉協議会による**地域福祉活動計画**の策定が進められている。計画策定にあたっては，計画策定過程における住民参加を重視することで，住民の主体的な活動を引き出すことが目指されている。

地域社会においては人口減少や少子高齢化の進展などの人口構造の変化，人びとの流動性の高まりや近隣関係の希薄化，地域団体への参加の弱まりなどがみられ，地域福祉活動の継続は厳しい状況におかれている。地域福祉活動実施には，担い手や後継者確保の問題，活動継続の問題，財源問題などさまざまな問題があるという話を聞くことも多い。それぞれの地域社会のおかれた状況や活動を支える人びとの状況をふまえつつ，これからの地域福祉活動のあり方を考えていく必要があるだろう。

注）

1）「高齢者の生活と意識に関する国際比較調査」によると，2020年には60歳以上の別居の子どもがいる高齢者のうち，子どもと会ったり電話で連絡をとる頻度は，「ほとんど毎日」14.8%，「週に 1 回以上」27.1%であり，約 4 割（41.9%）が頻繁に連絡を取り合っていることがわかる（内閣府　2021：122）。また，「一人暮らし高齢者に関する意識調査」によると，65 歳以上の一人暮らし高齢者のうち，子どもが「いる」人びとは 74.9%であり，さらに子どもがいて片道 1 時間未満の距離に住んでいる割合は全体の半数（50.6%）である（内閣府　2015b：112）。

2）2020（令和 2）年の「国民生活基礎調査」は新型コロナウイルス感染拡大のため中止となっている。

3）高野は，「自分たちの地域」という場合に人びとが思い浮かべる地域とは，「もっとも小さな範囲である集落（組，班など）からはじまって，小学校区（小字区分），中学校区（大字区分），市町村といった広がりをもつ」（高野　2017：190）と指摘する。大分県日田市での 2016 年の質問紙調査（調査概要は 5 章注 14 参照）の結果によると，市部である旧日田市と農村部である旧中津江村，旧上津江村では，地域として思い浮かべる範域が大きく異なったという（表 6-7）。

4）「高齢者の生活と意識に関する国際比較調査」は，1980 年度調査，1985 年度調査，1990 年度調査，1995 年度調査，2000 年度調査，2005 年度調査，2010 年度調査，2015 年度調査，2020 年度調査と 9 回にわたって実施されてきた。このうち 2020 年度調査（内閣府　2021：1-3）は，全国 60 歳以上の人びとを対象に（施設入所者は除く），郵送調査法により実施された。標本抽出は層化二段無作為抽出法により行われた。設定標本数 2,500 人，有効回収数 1,367 人（54.7%）である。

5）5 章表 5-4 参照。内閣府（2022）など全国調査では，回答者の約 9 割が都市部に居住する対象者であり，町村に居住する対象者の回答は 1 割程度にすぎない。

6）表 6-1 では 1990 年～ 2010 年調査までは，近所の人たちと「週 1 回以上」つきあいがあると回答した人に，近所の人たちとのつきあい方を尋ねている。ただし，2015 年～ 2020 年調査では全員に近所の人たちとのつきあい方を尋ねている。

表6-7　地域の支え合い活動の際の「地域の範囲」

（%）

	合併後の日田市	合併前の旧市町村	大字区分（中学校区程度）	小学校区	集落（小字区分）	その他
旧日田市（n＝137）	23.4	10.2	5.1	36.5	24.1	0.7
旧中津江村（n＝148）	12.2	45.3	3.4	15.5	23.6	0.0
旧上津江村（n＝113）	5.3	52.2	3.5	16.8	21.2	0.9
全体（n＝398）	14.1	35.2	4.0	23.1	23.1	0.5

出典）高野（2017：200）より

7）表 6-2 に関して，鰺坂学（2006：175）では「民生児童委員会」と記されていたが，これは「民生委員児童委員協議会」のことと思われるため本書では修正した。また，鰺坂（2006：175）では，「日経連」と記されていたが，日本経営者団体連盟（日経連）は 2002 年に経済団体連合会（経団連）と統合し，「日本経済団体連合会（経団連）」となっている。そこで本書では「日本経済団体連合会」と修正した。

8）「高齢者の日常生活・地域社会への参加に関する調査」（内閣府　2022）の調査概要は 5 章の注 5 参照。

9）「高齢者の日常生活に関する意識調査」は，2014 年に全国 60 歳以上の人びとを対象に，郵送法により実施された（内閣府　2015a：1-2）。標本抽出は層化二段無作為抽出法により行われた。標本数 6,000 人，有効回収数 3,893 人（64.9％）である。なお，都市規模について，表 6-4 における「大都市」は「東京都区部と政令指定都市」，「中都市」は「人口 10 万人以上の市（大都市を除く）」，「小都市」は「人口 10 万人未満の市」をさす（内閣府　2015a：7）。

10）表 6-5 は対象を高齢者に限定しているため，必ずしも参加率は高くないが，農村においては「地域婦人会」，「青年団」，「消防団」などもそのほかの年齢層では参加率が高く，高齢者の生活を支えている。

11）民生委員は民生委員法によって定められ，地域住民から推薦され，厚生労働大臣から委嘱を受けて活動している人びとであり，児童委員を兼ねている。任期は 3 年であるが，再任可能である。無給で活動することから，委嘱ボランティアともよばれている（少額の活動費の支給あり）。地域における高齢者や障害者，子育て家庭への声かけや見守り，相談・支援などを担っている。民生委員は，表 6-2 に示されている民生委員児童委員協議会（略称：民児協）に所属し活動している。民生委員については，近年，活動量の増加による負担感の問題や，担い手不足などの問題を抱えている。

12）山口県下関市豊北町における地域福祉活動については，山村敏史（2006，2015，2016），草平武志・長谷川真司（2017），吉武由彩（2017）などにおいても紹介されている。

参考文献）

鰺坂学，2006，「地域住民組織と地域ガバナンス」岩崎信彦・矢澤澄子監修『地域社会学講座第 3 巻　地域社会の政策とガバナンス』東信堂：173-187

平野隆之，2016，「第 12 回　日本地域福祉学会・地域福祉優秀実践賞の選考結果について」『地域福祉実践研究』7：79-80

豊北地区社会福祉協議会連合会，2016，「住民主体による地域福祉活動の推進」『地域福祉実践研究』7：86-88

池上甲一，2013，『シリーズ地域の再生 14　農の福祉力―アグロ・メディコ・ポリスの挑戦―』農山漁村文化協会

叶堂隆三，2004，『五島列島の高齢者と地域社会の戦略』九州大学出版会
小林良二，2013，「地域の見守りネットワーク」藤村正之編『協働性の福祉社会学—個人化社会の連帯—』東京大学出版会：159-181
これからの地域福祉のあり方に関する研究会，2008，『地域における「新たな支え合い」を求めて—住民と行政の協働による新しい福祉—』(2018年10月8日取得，http://www.mhlw.go.jp/shingi/2008/03/s0331-7.html)
厚生労働省，1999，「平成10年　国民生活基礎調査の概況」(2015年11月24日取得，http://www.mhlw.go.jp/www1/toukei/h10-ktyosa/index_8.html)
——，2001，「平成12年　国民生活基礎調査の概況」(2015年11月24日取得，http://www.mhlw.go.jp/toukei/saikin/hw/k-tyosa/k-tyosa00/index.html)
——，2006，「平成17年　国民生活基礎調査の概況」(2015年11月24日取得，http://www.mhlw.go.jp/toukei/saikin/hw/k-tyosa/k-tyosa05/)
——，2016，「平成27年　国民生活基礎調査の概況」(2022年5月14日取得，https://www.mhlw.go.jp/toukei/saikin/hw/k-tyosa/k-tyosa15/index.html)
——，2022，「令和3年　国民生活基礎調査の概況」(2022年10月1日取得，https://www.mhlw.go.jp/toukei/saikin/hw/k-tyosa/k-tyosa21/index.html)
厚生労働省「我が事・丸ごと」地域共生社会実現本部，2017，『「地域共生社会」の実現に向けて（当面の改革工程)』(2021年5月2日取得，https://www.mhlw.go.jp/file/04-Houdouhappyou-12601000-Seisakutoukatsukan-Sanjikanshitsu_Shakaihoshoutantou/0000150632.pdf)
草平武志・長谷川真司，2017，「人口減少社会，少子高齢化社会，過疎地域の福祉で支えるまちづくり」『コミュニティソーシャルワーク』20：13-21
松岡昌則，2003，「過疎山村における高齢者の生活補完—秋田県山本郡藤里町米田地区の事例—」『社会学研究』73：71-88
——，2005，「農村高齢者の楽しみと地域の社会関係—秋田県山本郡藤里町米田地区の事例—」『生きがい研究』11：22-40
内閣府，2011，「平成22年度　第7回高齢者の生活と意識に関する国際比較調査結果（全体版)」(2015年11月24日取得，http://www8.cao.go.jp/kourei/ishiki/h22/kiso/zentai/index.html)
——，2014，「平成25年度　高齢者の地域社会への参加に関する意識調査結果（全体版)」(2015年11月24日取得，http://www8.cao.go.jp/kourei/ishiki/h25/sougou/zentai/index.html)
——，2015a，「平成26年度　高齢者の日常生活に関する意識調査結果（全体版)」(2022年10月1日取得，https://www8.cao.go.jp/kourei/ishiki/h26/sougou/zentai/index.html)
——，2015b，「平成26年度　一人暮らし高齢者に関する意識調査結果（全体版)」(2015年11月24日取得，http://www8.cao.go.jp/kourei/ishiki/h26/kenkyu/zentai/index.html)

――, 2021,「令和2年　第9回高齢者の生活と意識に関する国際比較調査（全体版）」(2022年9月3日取得, https://www8.cao.go.jp/kourei/ishiki/r02/zentai/pdf_index.html)

――, 2022,「令和3年度　高齢者の日常生活・地域社会への参加に関する調査結果（全体版）」(2022年9月3日取得, https://www8.cao.go.jp/kourei/ishiki/r03/zentai/pdf_index.html)

――, 2023,『令和5年版　高齢社会白書（全体版）』(2023年10月17日取得, https://www8.cao.go.jp/kourei/whitepaper/w-2023/zenbun/05pdf_index.html)

内閣府国民生活局総務課, 2007,「平成18年度　国民生活モニター調査結果（概要）（町内会・自治会等の地域のつながりに関する調査）」(2018年10月8日取得, http://warp.da.ndl.go.jp/info:ndljp/pid/10361265/www5.cao.go.jp/seikatsu/monitor/pdf/chiikitsunagaricyousa070824.pdf)

中村八郎, 1990,「文化型としての町内会」倉沢進・秋元律郎編『町内会と地域集団』ミネルヴァ書房：62-108

渋谷篤男, 2018a,「社会福祉協議会」『社会福祉学習双書』編集委員会編『社会福祉学習双書 2018　第8巻　地域福祉論―地域福祉の理論と方法―』全国社会福祉協議会：143-151

――, 2018b,「地域福祉推進基礎組織」『社会福祉学習双書』編集委員会編『社会福祉学習双書 2018　第8巻　地域福祉論―地域福祉の理論と方法―』全国社会福祉協議会：170-175

下関市社会福祉協議会豊北支所・豊北地区社会福祉協議会連合会, 2014,『平成25年度　地区社協概況』

高木鉦作, 2005,『町内会廃止と「新生活共同体の結成」』東京大学出版会

高野和良, 2015a,「人口減少社会における社会的支援と地域福祉活動―山口県内の『見守り活動』の実態から―」徳野貞雄監修, 牧野厚史・松本貴文編『暮らしの視点からの地方再生―地域と生活の社会学―』九州大学出版会：175-194

――, 2015b,「相互支援活動の地域福祉社会学」『現代の社会病理』30：107-118

――, 2017,「地域福祉活動と地域圏域」三浦典子・横田尚俊・速水聖子編『地域再生の社会学』学文社：189-205

和気康太, 2018,「地域福祉の対象とニーズの把握方法」『社会福祉学習双書』編集委員会編『社会福祉学習双書 2018　第8巻　地域福祉論―地域福祉の理論と方法―』全国社会福祉協議会：198-206

山口県社会福祉協議会, 2015,『山口県内の社会福祉協議会における総合相談・支援活動の実施体制のあり方についての提言』(2018年10月18日取得, http://www.yamaguchikensyakyo.jp/sys/pdf/uploads/attach/GKfS35KLyAtqUxp5_150812171112.pdf)

山本努・高野和良, 2013,「過疎の新しい段階と地域生活構造の変容―市町村合併前後の大分県中津江村調査から―」『年報村落社会研究』49, 農山漁村文化協

会：81-114
山村敏史，2006,「地域福祉型福祉サービスによる地域の福祉力向上」『月刊福祉』89(1)：16-19
――，2015,「住民主体による地域福祉活動の推進」第29回日本地域福祉学会大会報告原稿
――，2016,「社会福祉協議会の取り組み　住民主体による福祉のまちづくり―下関市社会福祉協議会―」『厚生福祉』6222：2-4
吉武由彩，2017,「過疎地域における住民主体の地域福祉活動の展開とその可能性―下関市豊北町の事例から―」難波利光編『地域の持続可能性―下関からの発信―』学文社：251-265

自習のための文献案内

① 高野和良，2015,「人口減少社会における社会的支援と地域福祉活動―山口県内の『見守り活動』の実態から―」徳野貞雄監修，牧野厚史・松本貴文編『暮らしの視点からの地方再生―地域と生活の社会学―』九州大学出版会：175-194
② 小林良二，2013,「地域の見守りネットワーク」藤村正之編『協働性の福祉社会学―個人化社会の連帯―』東京大学出版会：159-181
③ 叶堂隆三，2004,『五島列島の高齢者と地域社会の戦略』九州大学出版会
④ 川上富雄，2014,『〔図解〕 超少子高齢・無縁社会と地域福祉』学文社
⑤ 吉武由彩編，2023,『入門・福祉社会学―現代的課題との関わりで―』学文社（『入門・社会学』シリーズ4巻）

社会学における地域福祉活動や見守り活動の研究については①や②がある。社会学者によるこの領域の研究はあまり多くはない。まずは①や②を参考にしてほしい。③は農村における高齢者の生活について，社会関係や地域組織の観点から分析されている。④は社会学の書籍ではないが，地域福祉に関する入門書である。図表が多数用いられ，初学者にもわかりやすくまとめられている。⑤は福祉社会学の入門書である。高齢者の生活や地域福祉活動についても扱われている。

第7章 T型集落点検

——これまでの調査事例から

松本 貴文

1．T型集落点検とは：背景と目的

本章では，地域社会調査の一例として，農村社会学者徳野貞雄が開発した住民参加型・ワークショップ型の地域社会調査法である，**T型集落点検**について紹介する。名前に「集落」とあることからもわかるように，主たる対象として想定されているのは農村の小規模な地域社会である。なお，「T型」とは，この調査法のカギとなる**家族樹形図**を表現しており，夫婦と子どもとをつないだ図がTの形になることに由来する。

この調査の特徴は，学術的な情報の収集だけでなく，住民自身が調査への参加を通じて集落の将来像を描き，その実現に向けて具体的な行動計画を作成することまでを目標としていることである。いわゆる，**アクションリサーチ**型の調査法であり，調査それ自体がまちづくりの一環となるように設計されている。

周知のように，現在，日本の農村では少子高齢化による人口減少が続いており，末端部の集落では無住化すら危惧される状況となっている。こうした状況を上手く表現して注目されたのが，2章でも紹介した限界集落という概念であった。実際に濃淡こそあれ過疎農村住民の多くが，人口減少や高齢化によって地域の活気がなくなったと感じており，地域の将来を不安視している。農村が抱える最大の社会問題は，高齢化にともなう人口減少であるという認識がなかば常識として定着しており，いかに人口を維持するかがまちづくりの中心課題であると考えられるようになっている。

T型集落点検は，こうした現状認識やまちづくりの課題設定を疑うことから誕生した。人口増加こそが経済を成長させ地域を発展させる，という信念は否定しがたいように感じられる。しかし，それは普遍的に妥当する法則ではない。たしかに人口増加は経済成長と密接に結びついている。しかし人口増加抜きの経済成長を考えることも可能であり，人口増加や経済成長が地域をよりよくするとも限らない。本来，人口や経済というモノサシだけでは，生活の場としての地域のよしあしを測ることはできないからである。それでも人びとが人口増加にこだわるのは，日本では明治維新から2000年代初頭まで人口増加が常態化し，その間さまざまな要因によって人びとの生活条件が改善されてきたことによって，両者を結びつける思考法が定着したからである。

徳野はこのような思考様式を**人口増加型パラダイム**とよび，今日の農村が抱える最大の社会問題は，人口減少そのものではなく人口増加型パラダイムへの固執にあると指摘する。もちろんこの思考法自体が完全に誤っているわけではない。だが，人口減少期の地域社会について考える上で，これにしがみつくことの弊害は大きい。人口増加の実現がきわめて難しく，結果的に悲観的な展望しか描くことができなくなってしまうからである。したがって，人口減少社会においては，たとえ人口や経済が縮小したとしても，住民が安心して生活できる地域社会を目指す**縮小論的地域社会**の探求こそが，地域再生のために必要となる（徳野　2010）。

しかし，地域の消滅が危惧されるほど少子高齢化・人口減少が深刻化している中で，どうすれば縮小しながらも持続可能な地域社会を構築していけるのだろうか。ここで注目されるのが，**他出子**の存在である。他出子の中には集落の近くに住み日常的に生活支援を行っているものも少なくない。彼（女）たちの存在は集落の現実的生活基盤の中に組み込まれており，中には修正拡大集落とでもよぶべき広域的な地域社会を形成している事例もある（5章）。これを集落の将来構想を描くために生かそうというのが，T型集落点検の根幹にある発想である。

しかしながら，他出子を含んだ新たな形態の地域社会は，集落を地理空間的にとらえる視点からは不可視の存在である。したがって，集落を社会関係・社会集団の累積空間としてとらえなおし，他出子たち**準村人**ともよぶべき人びととの関係を含む集落の姿を浮かびあがらせる必要がある（徳野　2008）。そのための手段がＴ型集落点検であり，ここで把握された集落の状況をもとに，人口が減少する中での地域の将来構想と具体的な実践計画を導きだすことが，この調査の目的となる。

■2．Ｔ型集落点検と関係人口

ところで，人口減少社会における農村の地域社会を考える上で，空間的な集落を超えた関係に着目することが重要だというアイデアを聞いて，「**関係人口**」という言葉を想起する人もいるだろう。現在，まちづくりとの関連で，地域に居住する定住人口と観光客などの交流人口との間に位置する存在である，関係人口に注目が集まっている。総務省の「関係人口ポータルサイト」によれば，関係人口には，近居か遠居かを問わず「地域内にルーツのある者」や地域と過去の勤務や居住，滞在などで「何らかの関りがある者」，地域を行き来する「風の人」などが含まれるとされている。

この関係人口の原点には，Ｔ型集落点検と関連の深い修正拡大集落の考え方があるとの指摘もある（平井　2022）。たしかに，関係人口の具体例としてあげられている「地域内にルーツがある者」の中には，当然，他出子も含まれるだろう。しかし，そうした類似性と同時に両者には明確な違いも存在する。Ｔ型集落点検の考え方の特徴を理解するためにも，ここではその違いに着目し，①政策との接点と②視点をおく場所という２つの点から説明する[1)]。

まず，①政策との接点である。関係人口という概念は，2016年に『ソトコト』編集長の指出一正や『東北食べる通信』創刊者の高橋博之によって提唱されたとされる。この概念は，定住促進と観光客の獲得に軸足をおく，従来の国や地方自治体の地域政策を批判する文脈で登場した。その後，総務省に設置された「これからの移住・交流施策のあり方に関する検討会」において，地域や地域住民と多様な関わりをもつ関係人口が地域づくりの担い手として重要であると指摘され，2018年度には「『関係人口』創出事業」（2019年度からは「関係人口創出・拡大事業」）が開始された。このように既存の政策批判の中から生まれ，登場後まもなく国の政策に取り入れられたことからも，政策との近さや接点の大きさが，関係人口概念の特徴のひとつであることがわかる。「関係人口は政策用語として，地方部に対して『関心』をもち，積極的に『関与』する都市住民の数という位置づけになっている」（嵩・清野　2023：35），ともいわれている。

これに対し，T 型集落点検は不可視化されている集落の現実的生活基盤を把握するために生まれた方法であり，政策との関わりは薄い。もちろん，地方自治体がまちづくりを進めるためにこの手法を取り入れることもできるし，実際に行われてきた。しかし，何らかの政策との関わりにおいて調査が実施される場合であっても，T 型集落点検では地域住民が自らの生活や地域社会に対する認識を深めることの方が重視される。また，T 型集落点検は生活をみることを重視する農村社会学の伝統と関連が深く，知識が生み出されてきた背景という点でも関係人口とは大きく性格が異なる。

次に，② 視点をおく場所の違いである。関係人口は，集落（地域社会）の外側の動きに注目した概念である。主に都市から地域に関わりをもとうとする人びとの動きに目が向けられており，そのため地域との関係の内実は抽象的で曖昧である。したがって，関係人口の中には，特産品の購入やふるさと納税による寄付を継続的に行う人びとから，二地域居住している人びとまでが含まれる。田中輝美は，このような曖昧さによる混乱を回避するためには，関係人口の学術的定義が必要であると指摘している。その上で田中は，関係人口を「特定の地域に継続的に関心を持ち，関わるよそ者」と定義し，「新たな地域外の主体の概念」と位置づけている（田中　2021：77）。ここでも，関係人口は「地域外」の存在とみなされている。

これに対し，T 型集落点検は，買い物や通院の際の送迎，農作業の手伝い，さらには米や野菜を送るといった，実際の日常生活の中での具体的な相互扶助に目を向ける。そして，そこから，集落という地域社会の広がりをとらえ直そうとする。ここで注目されているのは地域社会そのものの中にある生活上の基盤であって，その外側や新しいまちづくりのための事業構想でもない。当然，T型集落点検の視野には，ふるさと納税を行う人びとや特産品の購入者は含まれない。集落における人びとの生活と直接関係をもたないからである。徳野は，T型集落点検を含む自身の立場を「21世紀のイエ・ムラ論」とよぶが，ここまで述べてきた違いをふまえる時その意味は明確であろう[2)]。

■3．T型集落点検の進め方

T型集落点検の考え方が明確になったところで，次に，その具体的な手順を説明しよう。以下の記述は，徳野（2005）の内容を筆者なりに整理しなおしたものである。

(1)集落の住民に，公民館などの施設に集まってもらう。(2)組や班などとよばれる小規模な近隣集団単位に分かれてもらい，模造紙に道路と家屋を書き込んだ簡易の地図（大雑把な内容でかまわない）を作成する。(3)簡易地図上のそれぞれの家屋の横に，その世帯の家族樹形図を書きこみ，組・班の年齢別人口構成図や世帯分布表を作成する。これをもとに集落の現状について，住民どうしでコミュニケーションをとりながら視覚的に確認してもらう。(4)さきほど作成した家族樹形図に，別の色を使って他出家族員を書きたす。一緒に，他出家族員の居住地や帰省頻度なども書いておく。これで家族樹形図は完成となる。家族関係をもとに，集落外まで広がる社会関係のネットワークが模造紙の上に描き出されたことになる。

さらに集落を構成する各世帯の暮らしの状況を正確に把握するため，(5)世帯ごとに農業や農外就労，家事・育児，通院・介護，交通手段，後継者確保の状況などを聞き取り，(4)とは別の模造紙にまとめる。他出子からの支援がある場合には，その内容を書きこんでおく。各家族の暮らしの状況についても住民間で共有する。これで集落全体の生活基盤の大枠が描き出されたことになる。家族樹形図と暮らしの状況をまとめた模造紙の例は図7-1のとおりである。

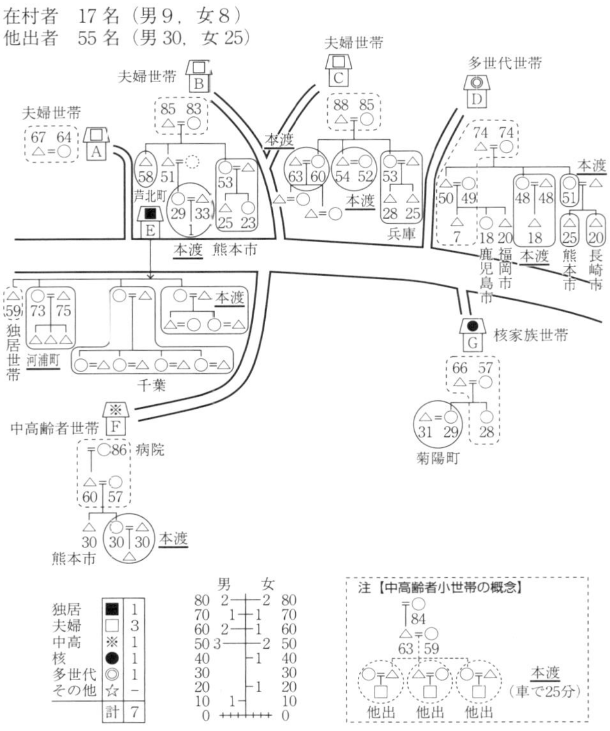

在村者　17名（男9，女8）
他出者　55名（男30，女25）

夫婦世帯 A
夫婦世帯 B
夫婦世帯 C
多世代世帯 D
E 芦北町
中高齢者世帯 F 病院
核家族世帯 G
独居世帯 河浦町
本渡
熊本市
兵庫
千葉
鹿児島市
福岡市
熊本市
長崎市
菊陽町

独居	■	1
夫婦	□	3
中高	※	1
核	●	1
多世代	◎	1
その他	☆	−
	計	7

男		女
80	2―2	80
70	1―1	70
60	2―1	60
50	3―2	50
40	―1	40
30		30
20	―1	20
10	1―	10
0		0

注【中高齢者小世帯の概念】
本渡（車で25分）
他出　他出　他出

「T型集落点検」図の例　天草市D集落甲組

甲組――各戸の生活・経済課題

	家の生活課題				農業・経済的課題					
	10年後の家の存続	他出子からのサポート	進路・結婚問題	高齢者問題	農地	作物	就業	現在の労働力	10年後の労働力	10年後の農地の荒廃
□ A	(○)	(×)	(×)	(○)	田―40a 小作(貸)	米 20a 飼料 20a	―(年)	―	―	他人が作っている これからが不明
□ B	(○)	(○) 週に1回	(×)	(△)	田―40a 小作(貸)	葉タバコ 40a	―(年)	―	―	〃
□ C	(○)	(◎) 誰かが毎日来る	(×)	(△)	田―65a 小作(貸)	葉タバコ 60a 米 5a	―(年)	―	―	〃（来年からなくなるかも）
◎ D	◎	◎	× なし	○	田―60a	米 20a 飼料 20a	2人	1.5人	1.5人	なし
■ E	(○)	(○) 誰かが定期的に来る	(×)	(○) いない	田―20a 小作(貸)	米 20a	―(年)	―	―	―
※ F	◎	◎	△ これから	○ 病院	田―55a	米 55a	2人	2人	2人	なし
● G	○	△	×	○ なし	田―75a	米 75a (家・JA・個人)	1人	1人	1人	なし
	◎ 2 ○ 5	◎ 3 ○ 2 △ 1	△ 1 × 6	○ 5 △ 2	190a (自作) 165a(貸)					

図7-1　T型集落点検結果の一例

出典）徳野（2010：37）より作成

ここからは，集落の夢を実現するための実践計画を立てるパートである。(6)以上の作業が終わったら，家族樹形図を使って，5年後，10年後の集落の状況をシミュレーションしてみる。その際，別の模造紙に記録した暮らしの状況についても，望ましいものから危機的なケースまでいくつかの予想をたててみる。それをもとに，個々の世帯や集落の抱える課題などを整理する。あわせて，これを実現したいという集落の夢についても話し合う。(7)最後に課題解決と夢の実現に向けた，集落の実践計画を作成する。

なお，実際にはこの作業を3回程度に切り分けて実施していく。1回ごとに要する時間は2～3時間程度である。場合によっては，短縮版として(1)～(4)までの核となるステップのみを1回のワークショップで実施することもある。

■4．これまでのT型集落点検

これまで開発者である徳野は全国各地でこの調査を実践しており，筆者も2005年から調査員としてそれに同行してきた。記憶に残っている調査地として，熊本県山都町，同天草市，同多良木町，同御船町，福岡県大木町，同八女市星野村，同福岡市西区，長崎県東彼杵町，大分県中津市耶馬渓町，宮崎県諸塚村などの九州地方の各所や，岡山県美咲町，広島県三次市作木町，島根県飯南町，徳島県美波町など中国・四国地方の各所をあげることができる。

このほかに筆者は未参加であったものの何らかの記録が残されているものとして，岐阜県郡上市，青森県平川市，宮城県石巻市での調査をあげることができる。郡上市と平川市での調査については，それぞれ林琢也（2015）と山下祐介（2012）の研究の中で紹介がなされている。林の研究は調査後の実践段階までの記録を含んでおり，T型集落点検の抱える課題について有益な指摘が含まれているので，のちに改めて参照する。東日本大震災の震災復興支援の一環として行われた石巻市での調査の様子は，TV番組として放送された（NHK「限界集落を未来につなぐ～石巻市・北上町相川～」2013年8月25日放送）。海外でも実践事例があり，トルコ共和国東部の黒海沿岸地方にある数集落で実施された調査結果について報告がなされている（オズシェン　2015)。このトルコでの調査でも，季節に応じて集落と都市を移動する若者たちが，集落の生活を支える重要な担い手となっていることが明らかにされている。

このほかに，T型集落点検を念頭におきつつ，多様な手法を組み合わせて地域課題の解決に取り組んだ事例も存在する。奈良女子大学を中心に，農学・機器開発・スポーツ科学・社会学など多様な分野の研究者が参加した「高齢者の営農を支える『らくらく農法』の開発」プロジェクトでは，奈良県吉野郡下市町のある地区をフィールドとしながら，集落の持続可能性を高めていくために，都市の他出子と集落をつなぐ方法としてT型集落点検の一部を取り入れている。このプロジェクトでは，ほかにも住民の健康状態を把握する「からだ点検」や，伝統行事や郷土食などの資源に関するワークショップを開催しており，集落再生に資する地域参加型研究法のためのマニュアルも作成されている（「らくらく農法集落点検マニュアル　準備・実践編」)。なお，「らくらく農法」プロジェクトの意義については，帯谷・水垣・寺岡（2017）を参照してほしい。

以上のように，これまで多くの事例を積み上げてきたT型集落点検だが，ひとつだけ代表例をあげるとすれば，やはり熊本県多良木町槻木地区での調査だろう。この調査およびその後の実践内容については，すでに徳野による詳細な報告がなされている（徳野　2014)。その一部を紹介しよう。

槻木地区ではT型集落点検の結果，深刻な少子高齢化が生じており（高齢化率75%，55歳以下の住民はいない)，交通手段の工夫や密接な他出子との関係などを通じて生活の維持はなされているものの，集落の存続については非常に厳しい状況にあることが明らかになった。それでも，住民のおよそ9割が槻木地区に住み続けることを希望しており，これを実現するため集落存続に向けた「槻木プロジェクト」が立ち上げられることになった。このプロジェクトでは，集落の住民の暮らしを支える「ソーシャルワークのプロ」を集落支援員として雇用し，集落に移住してきた集落支援員世帯の子どもたちのために休校になっていた小学校の復興を実現した。

槻木プロジェクトは超限界集落の再生に，住民，研究者，福祉関係者，行政

資料7-1　槻木プロジェクト終了の経緯

熊本県多良木町が少子高齢化と人口減からの脱却を目指し，県外の子育て世帯を招き入れた槻木地区再生事業が行き詰まった。福岡県春日市から移り住んだ集落支援員上治（うえじ）英人さん（44）は，町長交代に伴う事業縮小を理由に，7月に辞任し町を離れる。事実上，町が“解雇”する形だ。事業の柱として町が再開させた槻木小も娘2人の転校に伴い，再び休校となる。（…中略…）

「上治さんが辞めたら，私はどこにも行けんごとなる。どぎゃんなっとですか」。槻木地区の中村イツ子さん（88）は，上治さんが運転する車中で不安を訴えた。上治さんも「私も残念かです」と答えた。

槻木に住み続けたい——。熊本大と町の全世帯調査で約9割がこう回答したのを受け，2013年に事業は始動。同9月，支援員となった上治さんは高齢者を診療所や商店に車で送迎したり，地元野菜を福岡市で出張販売したりしてきた。14年には長女の入学に伴い槻木小が7年ぶりに再開。住民は学校行事に足を運び，にぎわいが戻った。国内外のメディアも取材に来た。

しかし，今年2月の町長選で状況は一変。町議時代から事業に批判的だった吉瀬浩一郎氏が事業縮小を公約に掲げて推進派の前町長を破り，初当選した。

町は人口約1万人，槻木の人口はうち1%。その再生事業費は約2,140万円（13～16年度）に上った。全校児童が上治さんの娘2人だけの槻木小の運営管理費も年約800万円。吉瀬氏は「槻木小の児童1人当たりの教育予算は，町内の他の小学校の数十倍かかる」などと費用対効果への疑念を主張してきた。上治さん世帯のほか子育て世帯は増えず「槻木だけ振興策が手厚い」と町民の不満もじわじわと広がった。

吉瀬町長は4月，「同等の仕事と比べて給料が高過ぎる」として上治さんの給料を1割削減。5年の区切りとなる18年9月以降は，槻木出身者に支援員を交代させる方針を示していた。

出典）2017年6月22日の『西日本新聞』記事より一部抜粋

など多様な主体が連携して取り組んだ稀有な実践であったが，2017年に突如頓挫することとなる。その経緯は上記の資料7-1に示したとおりである。槻木プロジェクトは，まちづくりに対しそれぞれの立場からさまざまな解釈・評価がなされることを深く考えさせられる事例でもある[3)]。

■5．T型集落点検の現場(1)：T型集落点検までの事前準備

さて，このように平場農村から山村まで全国津々浦々で実施され，まちづくりプロジェクトを生み出してきたT型集落点検だが，実際に現場ではどのよ

うなことが行われているのか。ここからは筆者が実施した熊本県山都町御所地区での調査を事例に具体的に紹介していこう。

山都町は熊本県北部に位置する過疎農山村で，2005年に矢部町，清和村，蘇陽町の2町1村合併によって誕生した。周辺の中心都市である熊本市からは自動車で約1時間，周囲を阿蘇の外輪山と九州山地に囲まれた，丘陵や渓谷からなる自然豊かな町である。「通潤橋」や「清和文楽」など歴史的・文化的資源にも恵まれ，自然の中に豊かな精神文化が築かれてきた地域でもある。しかしながら，少子高齢化や人口減少の進展速度は県内でも有数で，2020年の国勢調査では13,503と前回（2015年）から10.9%の減少で，人口のピークであった1955年の43,098と比較すると3分の1以下に減少している。高齢化率も50.1%と非常に高い。

御所地区は山都町の中でも比較的標高の高い（北部は600m以上）ところにあり，かつては「陸の孤島」ともよばれた地区である。現在は道路の整備が進み，交通の条件は大幅に改善している。御所地区には7つの集落が含まれており，この集落が現在でも共同作業やお祭りなどを行う住民生活の基礎的な単位として機能している。

筆者は，御所地区に設置されている自治組織である御所自治振興区の依頼を受け，2012年に地区内の3つの集落でT型集落点検を実施した（ここではA，B，Cという仮称でよぶことにする）。調査の目的は，御所自治振興区の今後の活動計画に資する情報を収集することであった。なお，紹介するケースでは，前節で説明した手順を2回（第1回調査：6～7月，第2回調査：11～12月）にわけて実施することとし，1回あたりの調査時間は2時間と設定した。調査の実施にあたっては，経験豊富な熊本大学地域社会学研究室の大学院生らに調査員として参加をしてもらった。また，尚絅大学文化言語学部の学生に調査員の補助をお願いした。調査全体（1年間）のスケジュールはおおよそ表7-1の通りであった。

本調査のプロセスの中で筆者がとくに心がけたことが，⑴なるべく多くの住民に調査に参加してもらうこと，⑵調査で得られた情報をなるべくわかりやすく住民に還元することの2点である。そのため，住民に調査協力を依頼する際には，1世帯から何名でも参加可能であること，女性や若者の参加も大歓迎であることを強調しておいた。また，情報の還元については，第2回調査の際に第1回調査の結果をまとめた資料を配布したほか，1月の地区総出の祭りで報告会を開催，さらに報告書を全世帯に配布するなどの工夫を行った。

こうした作業が重要になる理由は，T型集落点検を含むアクションリサーチ型の調査の理論的基盤と，研究者と住民および住民同士の対話とが深く関係しているからである。アクションリサーチとは「『こんな社会にしたい』という思いを共有する研究者と研究対象者とが展開する共同的な社会実践」（矢守 2010：11）であり，その理論的背景となっているのが**社会構成主義**とよばれる考え方である。社会構成主義の基本的な考え方は「私たちが『現実』だと思っていることはすべて『社会的に構成されたもの』で……そこにいる人たちが，『そうだ』と合意してはじめて，それは『リアルになる』」（Gergen & Gergen 2018：20）と表現できる。そしてこの合意に至るための手段が対話なのである。

これをT型集落点検の文脈におきなおせば，この調査は集落の現状を変えたいと思う研究者と住民が共同で行う社会実践であり，既存の考え方では近いうちに行き詰まってしまうと認識されている集落の現状について，調査を通し

表7-1　御所地区T型集落点検スケジュール

期　間	内　容
2012年 4月～ 5月	•自治振興区および集落の役員に対する調査の趣旨説明と協力依頼 •集落の役員に対する聞き取り調査
6月～ 7月	•第1回調査の実施
8月～10月	•第1回調査結果の集計 •各集落での追加の聞き取り調査
11月～12月	•第2回調査の実施 •第2回調査結果の集計
2013年 1月	•調査結果の報告
3月	•報告書の提出
4月以降	•まちづくり実践への参加（後述）

た対話のプロセスの中で修正していくことが目指される。そして，再構成された集落の現実を起点として，夢の実現に向けた実践計画を作成していくことが最終目標となる。それを達成するには，なるべく多くの住民に対話に参加してもらわねばならず，住民相互で集落の現状や将来について議論し，自分たちの生活基盤を主体的に再評価してもらうことが欠かせない。だからこそ，集まってもらうこと，情報を還元することが重要な意味をもつのである。

■6．T型集落点検の現場(2)：T型集落点検当日

次に具体例から当日の様子を確認していこう。御所地区3集落での調査の中から，A集落での当日の様子を手元にある日誌をもとに再現してみることにする。

調査は集落の公民館で18時開始を予定していた。17時ごろ筆者と調査員・補助員3名，自治振興区の役員2名で会場に入り，設営や打ち合わせを行った。筆記具などの道具はすべて筆者が事前に準備し持参した。打ち合わせが終わると役員の方が携帯電話を使って参加をよび掛けてくださり，18時の開始時には23名の住民が集まった。参加者のバラエティーは豊かで，女性や若い世代が目立った。

はじめに自治振興区の役員の方から開会の挨拶を兼ねて今回の調査の趣旨説明が行われ，その後筆者が20分程度をかけて調査の目的や具体的な手順などを説明した。その際，情報の公開に関するルールについても説明し，住民間相互で話をしやすい環境づくりを心がけた。その後，3つの班に分かれ，調査手順の(1)～(4)までの作業を，調査員の支援のもと住民に行ってもらった。また，今回は本来3回かけて実施する予定の内容を2回で終えるため，手順(5)の暮らしの実態把握については，A4一枚の簡単な質問紙を参加者に配布し個別に記入をお願いした。資料7-2は作業の様子である。

A集落が活気のある集落であったことも影響してか，調査は終始和やかな雰囲気の中で進められ，家族樹形図の作成も想定以上にすばやく終了した。家

資料7-2　Ａ集落でのＴ型集落点検の様子

出典）いずれも筆者撮影

族樹形図の完成後，参加者全体でそれをみながら集落の現状について感想を述べてもらった。最後に，筆者が本日のまとめと次回の予定を説明し，予定通り20時ころまでに無事閉会となった。なお，当日作成した図と暮らしの状況を回答してもらった質問紙については，筆者が持ち帰り集計作業を行った。集計結果については，11月に行った第２回目のＴ型集落点検の際に資料として配布し，この結果を参照しながら集落の課題を整理し，行動計画をまとめてもらった。

Ａ集落は順調に調査が進んだ事例で，もちろん，すべての集落でこれほどスムーズにことが進むわけではない。とくに情報の開示や利用の方法をめぐっては質問や批判を受けることもしばしばある。ただし，経験則でしかないが，きちんと丁寧に説明すれば，たいてい参加者の理解を得ることが可能である。調査の終了後には，「楽しかった」，「やってよかった」という感想が寄せられることも多い。身近な人びとの近況を知るよいチャンスになることや，農山村の集落といえども近年では地域住民どうしがコミュニケーションをとる機会が減少していること，漠然と知っていることを形にすることで思ってもみなかった結果がみえてくることなどが，そうした反応につながっているのかもしれない。

■7．T 型集落点検からみえてくるもの

表 7-2 に御所地区での調査結果の概要をまとめた。これをみると，A 集落は今回調査した 3 集落の中で，もっとも人口・世帯が多く，高齢化率は低く，世帯規模も大きいことがわかる。規模の大きな専業農家が集落の半数を占め（21 世帯），集落機能もきちんと維持されており，老人会，後継者会，女性たちの講などの活動も活発であった。集落内に日用品を扱う商店も残っており，交通など他の諸条件も悪くない。もちろん，一切課題なしというわけではないが，集落が近い将来消滅するかもしれないという不安はまったく顕在化していなかった。

これに対し，残りの B，C 集落は，人口・世帯規模が小さく，高齢化率も高い。主要な集落活動の中に，維持が困難になっているものも存在した。たとえば，B 集落では，氏神を祭る神社の老朽化が進んでいるが，改修の費用を工面する見込みが立たない状況が続いていた。また，農家の後継者がなかなか定まらないため，高齢になっても農作業を続ける住民が多く，両集落ともに老人会の活動が停滞しつつあった。このように，これら 2 集落は，典型的な過疎農山村集落の特徴を示していた。では，こうした集落のみえ方が T 型集落点検の結果からどう変わっていくのか。C 集落を例に確認しよう。

C 集落は，今回の調査開始時点で，もっとも不安を抱える住民が多い集落だった。御所地区の中でも山都町中心部に近く交通の便のよいところにあり，小学校などの施設へのアクセスも恵まれているものの，伝統的に小規模農家が多数を占め，早くから兼業化が進み，農業をやめた世代から転出が進んだ。集落の高齢化率は 4 割を超え，高齢者のみの独居世帯が全体の 4 分の 1 を占めるまでになっていた。こうした状況を反映してか，初回調査の際には，参加者から「いまさらこんな作業をやって，ほんとに何か効果があるのか」という諦めともとれる意見が寄せられた。筆者も，その言葉が強く頭に残り，当初，C 集落に対し「危機的な集落」という印象を抱いた。参加者も他集落に比して高齢の方が多く，なんとなく暗く・重たいイメージをもったまま第 1 回調査が始まっ

表7-2　御所地区のＴ型集落点検結果の概要

	A 集落	B 集落	C 集落
人口（高齢化率）	154人（33.1%）	83人（42.2%）	79人（41.8%）
世　帯	41世帯中，3世代同居が約4割を占める（17世帯）。単独世帯は少なく（4世帯），平均世帯員数は3.76人。	24世帯中10世帯が3世代同居。ただし3人以下の小規模世帯も多い。平均世帯員数は3.45人。	3集落のなかで最も世帯の縮小が進んでいる。25世帯中7割が3人以下の世帯。平均世帯員数は3.16人。
農　業	経営規模が大きい（3ha 以上が13世帯）。集落の半数以上が専業農家。	経営規模が大きい（3ha 以上が9世帯）。A 集落より兼業化が進んでいる。	経営規模が小さい。大多数が兼業農家（15世帯）。非農家も多い（6世帯）。
農外就労	3世代同居世帯の世帯主に兼業に出ているものが多い。また自営業も2世帯ある。兼業先として大規模農家での雇用も目立つ。	夫が農業，妻が農外就労という世帯が多い。女性のほとんどはパートタイマーで，「専業農業（＋妻のパート）」型。	男性が農外就労，女性が農業という世帯が多い。農業経営の規模が小さいため，勤めに出ている人の比率は最も高い。
その他	最も奥まった集落で，町の中心地からの距離は遠いが，近年道路も整備され交通の便はよい。移動販売車もやってくるなど利便性は相対的に高い。	A 集落と同様，もともと非常に交通の便が悪い奥まった場所であったが，道路整備が進んだため，利便性はかなり向上している。	3集落中，最も町の中心部に近く諸条件に恵まれている。また，農地の条件も他の2集落に比して良好である。

出典）御所地区での調査結果から筆者作成

た。家族樹系図に描かれた集落の人口構成図にも，たしかに住民が悲観的になってしまう状況が表れているように思えた（図 7-2）。

しかし，他出子との関係を書きこんでいくと，C 集落の他出子 39 人の内 29 人が集落から日帰り可能な圏域に居住しており，20 人は月に 1 回以上の頻度で帰省していることがわかった。さらに，この 20 人の内 10 人までが，実際に家事，介護，農作業，集落の共同作業などを手伝っていた。これら準村人の数を加えると集落の年齢別人口構成も，やや違ったもののようにみえてきた（図 7-3）。

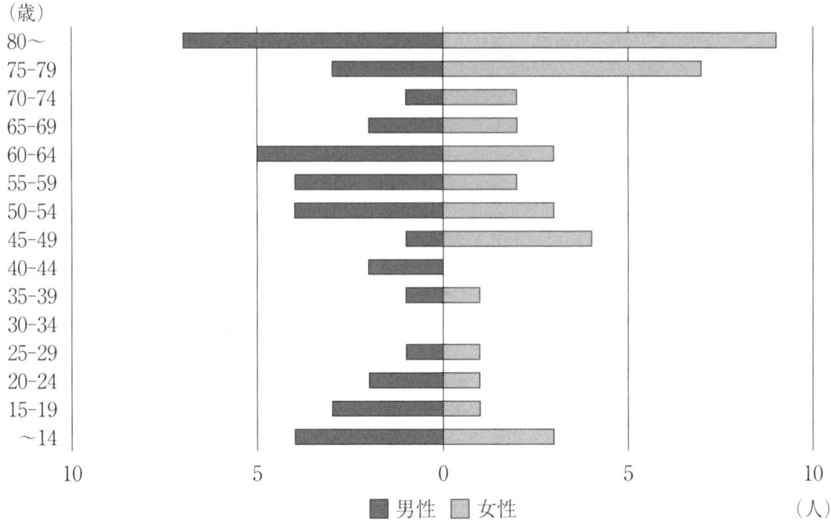

図7-2　C集落の年齢別人口構成

出典）C集落の調査結果から筆者作成

さらに，8月に実施した追加の聞き取り調査からは，縮小した集落機能を穴埋めするための動きがすでに内発的に起こっていることもわかってきた。そのひとつが，集落活動への女性の参加促進である。C集落では兼業化が早い時期から進んだこともあって，女性が農業の中核的な担い手となってきた。大型の機械を乗りこなす女性たちも少なくないという。そうしたこともあって，C集落では，今後の集落維持の鍵は女性の活躍だと考え，山都町内でも珍しい女性区長を誕生させた。

もうひとつ重要な動きが，退職者を中心とする有志によるまちづくり団体の結成である。きっかけは退職してUターンした2名の男性が，自分たちの親の世代の暮らしに欠かせなかった炭焼きをもう一度復活させようと一念発起し，裏山を整備して炭焼き小屋を建設したことだった。そこに同年代が集まるようになり，定期的にバーベキューなどを楽しむうちにいつしかまちづくりにも取り組むようになった。今では集落の共同作業で中心的な役割を担っているほか，裏山の間伐作業を引き受けるなど活躍している。調査当時は炭焼き小屋

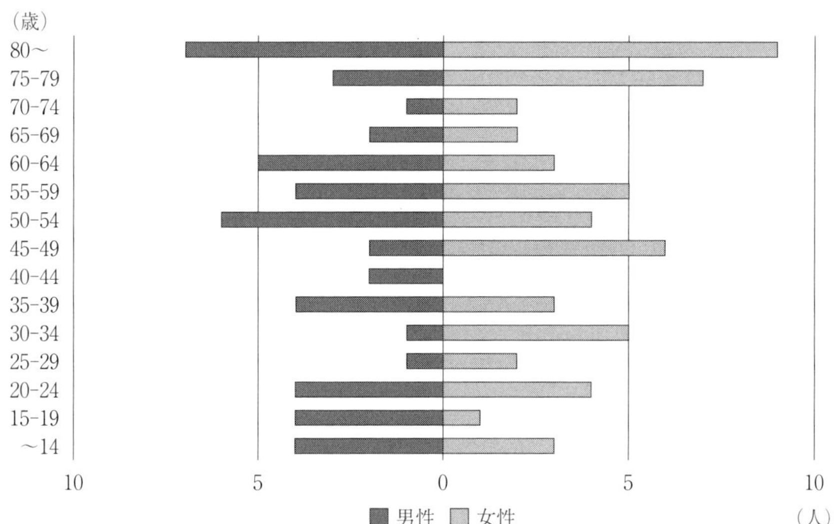

図7-3　頻繁に（月1回以上）**帰省する他出子世帯を加えたC集落の年齢別人口構成**

出典）C集落の調査結果から筆者作成

の周辺に紫陽花を植え，小川を整備して水遊びのスポットを設けるなど，子どもたちを招いて交流ができる場づくりを進めていた。こうしたことが明らかになっていくにつれ，C集落の将来展望は決して悲観的なものではないという印象が，筆者にも住民にも生まれてきた。

結局，こうした情報はすべて住民がなんとなく知っていたことばかりである。しかしながら，徳野のいう人口増加型パラダイムや通俗的な限界集落論の枠組みのもとでは，人口や経済に目がいきその他の集落に関する情報がみえなくなってしまう。筆者も集落の雰囲気から，なんとなくC集落を「危機的」だと感じてしまった。しかし，実際の生活レベルに目をむけ，社会関係や社会集団の新たな広がりに気づけば，集落のみえ方もおのずと変わってきた。2回目調査を終えて集落の祭りに参加した際，挨拶をされた80歳の古老が，自分の住む集落のことを「楽園」と表現されていた。多少の誇張があったかもしれないが，集落でずっと生活を続けてこられた方であるだけに説得力のある言葉だった。やはり，C集落には，人びとが豊かな暮らしを送るための条件がある程度整っているのだということを，強く実感することができた。

このように，どんなに少子高齢化の進んだ集落にも，住民の暮らしを支える仕組みが隠されている可能性は十分にある。T型集落点検は，この仕組みを家族関係に焦点をあててあぶり出すことで，今後のそのあり方を議論の俎上に載せる手段となる。地域の将来について建設的に議論するためにも，集落の生活に密着した現状分析が必要なのである。

8．T型集落点検と実践

調査結果の報告を受けて，御所地区ではいくつかのまちづくり実践が生まれた。まず，集落単位ではB集落，C集落でそれぞれ新しい取り組みがなされた。B集落では，集落の共同作業である草刈りに，熊本市内に住む他出子やT型集落点検の調査員だった大学生にも参加してもらうという企画が立ち上がった。B集落でもC集落と同様，高齢化がかなり進展してきているため，共同作業に参加するメンバーが集落外まで広がれば，住民にとっては大きな支えとなると考えてのことだった。外部から大学生らが参加することになり，盛大に打ち上げを開催することも決まった。

当日は住民のほか，他出子や調査員ら大学生が道路の草刈りに参加し，作業後のバーベキューは大いに盛り上がった。この行事に参加していたある他出子の女性が，「報告書を読んで集落の近況を知ることができてよかった」という感想を述べていた。情報をしっかり提供していくことが，他出子の集落活動への参加を促していく第一歩となることを実感する一言だった。残念ながら，この行事に筆者や調査員が参加したのは一度きりであったが，集落の役員の方々は今後も継続したいと話していた。

C集落では，有志による地域資源マップ作りが行われた。出来上がったマップには集落に点在する御堂や，学校跡地にある大樹，炭焼き小屋，コウモリの出るトンネルなどユニークな情報が盛り込まれていた。さらに，このマップにある資源を生かして，子どもたちとの交流を広げていこうということになり，その第一歩として，町内や熊本市に住む家族を招いて炭焼き体験会が開催された。参加したのは５名足らずであったが，裏山に繁茂している竹を伐採し炭窯に並べる作業は参加者からも好評であった。

以上は集落単位の反応だが，個々の家族単位でも面白い反応がみられた。調査から２～３年たって再会したＡ集落のある女性が，Ｔ型集落点検の結果を受けて，張り切ってもうひとり子どもを生んだと話してくれたのである。これは想定外の効果だった。

ここにあげた実践的な成果はささやかなものであり，今後の集落での暮らしにどの程度の影響があるのかはよくわからない。継続性についても不透明で，筆者たち調査員グループが関わりを終えるとともに，終了してしまった可能性もある。とはいえ，たとえこれらの事業が一度きりで終了してしまっていたとしても，Ｔ型集落点検を実施したことの意義が失われてしまうわけではない。

どういうことか。昨今，「限界集落」や「地方消滅」といった言葉が独り歩きし，過疎農山村住民の不安は日増しに高まっている。こうした不安を利用して，ショック療法的に地域に活力を取り戻させようとする動きもある。しかし，強烈なショックは人びとから思考力を奪い，無気力な状態を生み出しかねない。人びとが将来の生活について考え行動を起こすには，「自分たちの行動しだいで集落の未来は変えられる」という視点に立つことが必要である。こうした視点の転換を通じて，小さくても主体的な活動が生まれていくことが，これからのまちづくりにおいて重要な意味をもつ。Ｔ型集落点検の最大の意義は，そうした機会を生み出すことにある。

■9．Ｔ型集落点検のこれから：課題と展望

Ｔ型集落点検の課題と今後の展望についてもふれておきたい。岐阜県郡上市でのＴ型集落点検に参加し，その後の地域での実践を観察してきた林は，Ｔ型集落点検を「他出した家族の活用を促す画期的な調査手法」と評価した上で，その課題として⑴他出子活用のむずかしさ，⑵家族関係のあり方への懸

念，(3)他出子活用の時間的限界の３つをあげている（林　2015：151)。他出子に協力を依頼するのに抵抗がある。どの家族でも親子関係が良好なわけではない。他出子の協力も一代で終了するのだから延命措置でしかない。いずれも大変説得力のある指摘である。

しかし，これらの課題を乗り越えていくことは不可能ではない。とくに，林も述べているように他の実践と他出子活用を連携させることが有効であろう。槻木プロジェクトの例をみてもわかるように，T型集落点検は家族機能だけに頼ってすべての問題を解決しようとしているわけではない。住民の生活から集落の基盤を見直し，そこから課題解決に向けて必要な取り組みを住民が主体となって検討する手段であって，他出子活用は非常に重要だがあくまで多様な選択肢の内のひとつでしかないのである。それに住民が集落の存続に力点をおかず，「残った住民が安心して生活できるむらづくり」などを目標に定めても一向にかまわない。集落の存続がT型集落点検の絶対的な目標というわけでもないのである。

その点で，先ほど取り上げた奈良県での取り組みのように，多様な要素を織り交ぜていく手法も魅力的である。御所地区の調査でも，C集落の住民が地域の資源マップを自分たちで作成するなどの活動が生まれ，その資源と他出子活用を連携させようとする試みとして炭焼き体験が行われた。また，B集落でのバーベキュー大会のように，楽しみという要素をくわえることで他出子への声掛けのハードルを下げることも可能である。このように，地域の現状や目標に合わせて多様な手法と組み合わせることで，集落の存続を目指す・目指さないにかかわらず，実り豊かな実践の可能性が開かれていくのではないだろうか。

注)

1）本節を執筆するにあたり，徳野貞雄氏に関係人口論についての考えを伺った。以下の内容はそれをもとに筆者が整理を行ったものである。

2）平井太郎（2022）も，T型集落点検を「イエ・ムラ論」の文脈に位置づけている。

3）槻木プロジェクトを研究者の目線から批判的に検討したものとして金子（2016）

がある。金子は，自身のコミュニティ研究の視点から，槻木プロジェクトに対して次の5つの疑問があると述べている。(1) 汎用性を持ち得るのか。(2) 集落支援員や小学校復校によって発生する財政負担に対し，それを負担するより大きな単位の社会（国，県など）から評価が得られるのか。(3) 国による集落支援委員に対する財政的支援の期限が不透明な中で，町や県がいつ・どこまで支援を続けるのか。(4) 復校した小学校に通う子どもへの教育効果は担保されるのか。(5) 集落支援員による支援の限界をどう考えるのか。以上の金子の指摘と徳野（2014）の議論と比較することで，地域社会学が地域再生について論じる際の視点の違いについて考えるためのヒントが得られるだろう。槻木地区の再生を検討する際，金子の疑問すべてに答えられるような計画を立てるとすればどのようなものになるだろうか（果たして可能だろうか）。ぜひ一度考えてみてほしい。

参考文献)……………………………………………………………………

Gergen, K. J. and M. Gergen, 2004, *Social Construction: Entering the Dialogue*, Taos Institute Publications.（＝2018，伊藤守監訳『現実はいつも対話から生まれる―社会構成主義入門―』ディスカヴァー・トゥエンティワン）

林琢也，2015，「『取り残される農村』は消滅していくのか？―郡上市和良町での『経験』とそれをもとにした『反証』―」『地理空間』8(2)：321-336

平井太郎，2022，「『限界集落』の『限界』はどう乗り越えられるのか―ここに生きる意味の承認―」平井太郎・松尾浩一郎・山口恵子『地域・都市の社会学―実感から問いを深める理論と方法―』有斐閣：106-184

金子勇，2016，「サステナビリティ論による地方創生研究」『「地方創生と消滅」の社会学―日本のコミュニティのゆくえ―』ミネルヴァ書房：73-99

嵩和雄・清野隆，2023，「地域の社会構成とつながりを知る」國學院大學地域マネジメント研究センター編『「観光まちづくり」のための地域の見方・調べ方・考え方』朝倉書店：33-41

帯谷博明・水垣源太郎・寺岡伸悟，2017，「参加型アクション・リサーチとしての『集落点検』―『らくらく農法』プロジェクトの事例から―」『ソシオロジ』61(3)：59-74

オズシェン・トルガ，2015，「生活構造論的視点から現代トルコ農村を読み直す―T 型集落点検のトルコ社会への応用可能性を探る―」徳野貞雄監修『暮らしの視点からの地方再生―地域と生活の社会学―』九州大学出版会：129-152

田中輝美，2021，『関係人口の社会学―人口減少時代の地域再生―』大阪大学出版会

徳野貞雄，2008，「コンピュータに頼らない『T 型集落点検』のすすめ―他出した村人を含めて集落の将来計画を立てる―」『現代農業　2008 年 11 月増刊号』農山漁村文化協会：110-120

――，2010，「縮小論的地域社会理論」の可能性を求めて―都市他出者と過疎農山村―」『日本都市社会学会年報』第 28 号：27-38

――, 2014,「『超限界集落』にける集落の維持・存続」徳野貞雄・柏尾珠紀『T 型集落点検とライフヒストリーでみえる家族・集落・女性の底力―限界集落を超えて―』農山漁村文化協会：56-113
山下祐介, 2012,『限界集落の真実―過疎の村は消えるのか？―』筑摩書房
矢守克也, 2010,『アクションリサーチ―実践する人間科学―』新曜社

自習のための文献案内）

① 徳野貞雄・柏尾珠紀, 2014,『T 型集落点検とライフヒストリーでみえる家族・集落・女性の底力―限界集落論を超えて―』農山漁村文化協会（とくに第Ⅰ部第 1 章～第 3 章）
② 吉本哲郎, 2008,『地元学をはじめよう』岩波書店
③ 平井太郎, 2022,『地域でアクションリサーチ―話し合いが変わる―』農山漁村文化協会
④ ランディ・ストッカー, 帯谷博明・水垣源太郎・寺岡伸悟訳, 2023,『コミュニティを変えるアクションリサーチ―参加型調査の実践手法―』ミネルヴァ書房

① の第Ⅰ部は, 徳野自身による T 型集落点検の紹介。T 型集落点検の全容を理解する上で最良の入門書。本章で紹介した槻木地区の事例分析のほか, 基礎的な考え方を説明した論文も収められている。② は, 地元学という住民参加型・アクションリサーチ型調査法を紹介した一般書。地元学は T 型集落点検と同様, 農山村をみるモノサシを変え住民が主体的に地域について考えていくための方法として提唱されたが, 両者の具体的なプロセスは大きく異なっているところが興味深い。③ は著者の経験をもとに, 少子高齢化の進む現代農村でアクションリサーチを実践するための方法論をまとめた研究書。具体的な調査の過程をもとに, 理論や概念の構築がなされているところがすぐれている。④ は住民自身が成果を活用できる参加型調査の教科書。体系的でありながら平易な記述で読みやすい。

索　　引

【た　行】

【な　行】

【は　行】

【ま　行】

【や　行】

【ら　行】

編・著者紹介

＊山本　努（はじめに，第1章，第2章，第3章）
山口県生まれ，神戸学院大学現代社会学部　教授
専攻　地域社会学，農村社会学
主な著書・論文　『人口還流（Uターン）と過疎農山村の社会学（増補版）』学文社，2017年（日本社会病理学会学術出版奨励賞）
『よくわかる地域社会学』ミネルヴァ書房，2022年（編著）
『入門・社会学―現代的課題との関わりで』学文社，2023年（共編著）

Miserka Antonia（ミセルカ・アントニア）（第3章1節～7節）
オーストリア・ニーダーエスターライヒ州生まれ，ウィーン大学大学院東アジア研究科研究員
専攻　日本学，農村社会学
主な著書・論文　「過疎農山村地域への人口還流と地域意識」高野和良編『新・現代農山村の社会分析』学文社，2022年

松本貴文（第4章，第7章）
熊本県生まれ，國學院大學観光まちづくり学部　准教授
専攻　農村社会学，地域社会学
主な著書・論文　「現代農山村集落における住民生活と地域社会の変化」高野和良編『新・現代農山村の社会分析』学文社，2022年
「移動型社会における農村の生活構造とコミュニティ―熊本県あさぎり町須恵地区和綿の里づくり会の事例から―」日本村落研究学会企画，高野和良編『年報村落社会研究第59集　生活者の視点から捉える現代農村』農山漁村文化協会，2022年

吉武由彩（第5章，第6章）
長崎県生まれ，熊本大学大学院人文社会科学研究部　准教授
専攻　福祉社会学，地域社会学
主な著書・論文　「過疎農山村地域における高齢者の生きがい」高野和良編『新・現代農山村の社会分析』学文社，2022年
『匿名他者への贈与と想像力の社会学―献血をボランタリー行為として読み解く―』ミネルヴァ書房，2023年
『入門・福祉社会学―現代的課題との関わりで』学文社，2023年（編著）

（＊は編者）

改訂版　地域社会学入門

2019年 9 月 10 日　第 1 版第 1 刷発行
2024年 1 月 10 日　改訂版第 1 刷発行

編著者　山 本　努
発行者　田 中　千津子

発行所　〒153-0064　東京都目黒区下目黒3-6-1
☎ 03(3715)1501　FAX 03(3715)2012
振替　00130-9-98842
株式会社 学 文 社

Printed in Japan

ISBN 978-4-7620-3286-8

印刷／㈱亨有堂印刷所